ZDROWA

ciąża

NA DIECIE WEGAŃSKIEJ

Holistyczne podejście do ciąży na diecie roślinnej

REED MANGELS, PhD, RD

studio koloru

Oryginalne wydanie w języku angielskim przez Adams Media, An Imprint of Simon & Schuster, Inc., 57 Littlefield Street, Avon, Massachusetts 02322 pod tytułem: *Your Complete Vegan Pregnancy. Your All-in-One Guide to a Healthy, Holistic, Plant-Based Pregnancy*
Autor: Reed Mangels, PhD, RD.
Opracownie graficzne: Heather McKiel
Ilustracje użyte w książce © Getty Images

Wydano po raz pierwszy przez Adams Media, kwiecień 2019, w wersji z miękką okładką.

Zawiera materiał z następującej publikacji wydanej przez Adams Media, an Imprint of Simon & Schuster, Inc.: *The Everything Vegan Pregnancy Book* by Reed Mangels, PhD, RD, LD, FADA, copyright © 2011, ISBN 978-1-4405-2551-3.

Informacje zawarte w tej książce nie powinny być używane do diagnozowania jakichkolwiek problemów medycznych. Nie wszystkie diety i plany treningowe są odpowiednie dla każdego. Zawsze należy się skonsultować z odpowiednio wykwalifikowanym personelem medycznym przed rozpoczęciem diety, przyjęciem jakichkolwiek lekarstw, bądź rozpoczęciem treningów. Autor i wydawca nie akceptują odpowiedzialności prawnej za cokolwiek wynikającego pośrednio lub bezpośrednio z użycia tej książki.

Książka jest napisana jako źródło ogólnych informacji i nie powinna być używana do diagnozowania lub leczenia jakichkolwiek dolegliwości. Biorąc pod uwagę złożoną i indywidualną dla każdego naturę problemów zdrowotnych, ta książka nie może zastąpić profesjonalnej porady medycznej. Pomysły, zabiegi i sugestie zawarte w książce mają uzupełniać, a nie zastępować, porady wykwalifikowanego personelu medycznego. Skonsultuj się z lekarzem przed wprowadzeniem w życie jakichkolwiek sugestii zawartych w książce, jak również w celu zdiagnozowania wszelkich dolegliwości, które mogą wymagać opieki lekarskiej. Autor i wydawca nie akceptują odpowiedzialności prawnej za cokolwiek wynikającego pośrednio lub bezpośrednio z użycia tej książki.

Zawsze używaj zdrowego rozsądku i zasad BHP przy używaniu sprzętu kuchennego, piekarników i kuchenek, oraz obchodzeniu się z surową żywnością. Jeśli dzieci pomagają w przygotowaniu któregoś przepisu, zawsze powinny być nadzorowane przez osobę dorosłą.

WYDANIE POLSKIE
Copyright © for the Polish Edition by: **studio koloru**, Łódź 2019

90-349 Łódź, Tymienieckiego 22/24
www.studiokoloru.eu

ISBN 978-83-62238-51-4

Wydanie I, 2019

Tłumaczenie: Magdalena Ryżewska
Projekt okładki: Tomasz Gaworowski
Druk i oprawa: www.poligraf.net.pl

Jeśli nie ma podanych źródeł w przypisach, to zostały one sporządzone przez redakcję w oparciu o informacje uzyskane mailowo lub telefonicznie od:
– konsultacje dotyczące świadczeń finansowanych przez NFZ – Anna Leder, rzeczniczka prasowa ŁOW NFZ;
– pozostałe informacje od pracowników: Departamentu Bezpieczeństwa Żywności i Żywienia – Główny Inspektorat Sanitarny; Departamentu Promocji i Jakości Żywności – Ministerstwa Rolnictwa i Rozwoju Wsi.

Spis treści

Część 1

Podstawy

Rozdział 1

Diety wegańskie: podstawy

Niezależnie od tego, czy jesteś weganką od wielu lat, wegańską nowicjuszką, czy zaledwie zastanawiasz się nad przejściem na taką dietę, ciąża powoduje, że zadajesz pytania o prawidłowe żywienie w tym okresie. Bądź spokojna, Akademia Żywienia i Dietetyki (niegdyś Amerykański Związek Dietetyków) oznajmiła, że dobrze zaplanowane diety wegańskie są „odpowiednie dla wszystkich stadiów cyklu życiowego, włączając w to ciążę i karmienie".

Ciąża (bądź okres przedciążowy) jest wspaniałym czasem, by nauczyć się więcej o wegańskiej diecie, tak żebyś mogła być pewna, że dokonujesz najlepszych możliwych wyborów żywieniowych.

Definicja weganina

Stowarzyszenie Wegańskie, założone w 1944 roku i działające w Wielkiej Brytanii, definiuje weganizm jako „styl życia, który stara się wykluczyć, na ile to jest możliwe, wszystkie formy wyzysku i okrucieństwa wobec zwierząt w celach żywieniowych, odzieżowych i innych". Vegetarian Resource Group, grupa non profit ze Stanów Zjednoczonych, stwierdza: „Wegetarianie nie jedzą mięsa, ryb ani drobiu. Weganie, poza trzymaniem się diety wegetariańskiej, nie używają żadnych innych produktów pochodzenia zwierzęcego, takich jak jajka, nabiał, miód, skóra, futra, jedwab, wełna, kosmetyki i mydła na bazie produktów zwierzęcych".

Mówiąc najprościej, weganie unikają używania produktów pochodzenia zwierzęcego oraz pokarmów i składników wytworzonych ze zwierząt. Niektóre z nich są dosyć oczywiste, takie jak kurczaki, bulion wołowy lub kazeina z mleka. Inne mogą być jednak mniej widoczne. Na przykład, żelatyna produkowana jest z kości zwierząt i ich tkanki łącznej. Karmina (zwana też koszenilą) to czerwony barwnik spożywczy wytwarzany z wysuszonych ciał żuków płci żeńskiej. To są przykłady produktów, których weganie unikają. Bez względu na to, czy jesteś weganką od lat, czy dopiero od niedawna, prawdopodobnie już jesteś przyzwyczajona do czytania listy składników na opakowaniach i podejmowania decyzji o tym, które produkty czy składniki wpasowują się w twój system wartości.

> Co dziwne, nie ma ogólnokrajowych zasad regulujących używanie określenia wegańskie na etykietach produktów. Niektóre prywatne firmy i organizacje non profit wypracowały swoje własne standardy i wytyczne co do tego, co to właściwie jest wegańskie jedzenie. Dlatego zawsze warto sprawdzić listę składników, aby upewnić się, że dany produkt zgadza się z twoją definicją pokarmu wegańskiego.

Weganie starają się też unikać pokarmów, do produkcji których używa się produktów pochodzenia zwierzęcego. Dla przykładu, niektóre rafinerie filtrują cukier przez węgiel kostny, żeby usunąć z niego zabarwienie. Produkty pochodzenia zwierzęcego mogą też być używane w produkcji wina. Do klarowania wina używa się białka kurzego, kazeiny (z mleka), żelatyny i kleju rybiego. Pokarmy wzbogacane witaminą D zawierają jedną z dwóch jej form: albo witaminę D_2, albo D_3. Witamina D_3 jest najczęściej wytwarzana z lanoliny, oleistej substancji z wełny owczej.

Co to są pokarmy wegańskie?

Weganie jedzą rozmaite pokarmy, z których wiele jest dobrze znanych ludziom na bardziej tradycyjnej amerykańskiej diecie. Na przykład, wegańskie śniadanie może się składać z soku pomarańczowego, grzanki z dżemem, owsianki z rodzynkami i kawy lub herbaty. Na lunch można zjeść zwykłą kanapkę z masłem orzechowym i galaretką plus jabłko i trochę frytek, a na obiad może być fasolowe burrito, zielona sałatka z włoskim dressingiem i jabłka z kruszonką.

Weganie mogą też wybierać pokarmy, które są mniej znane. Dla przykładu, śniadanie może składać się z wegańskich „kiełbasek" i naleśników, na lunch można podać burgera warzywnego, a na obiad seitan (wymawiane *sejtan*) z grilla z komosą ryżową i wegańskimi kluskami, a potem mrożony deser na bazie mleka kokosowego.

Wiele pokarmów zazwyczaj produkowanych ze zwierząt jest dostępnych w wersjach wegańskich w dużych supermarketach i sklepach ze zdrową żywnością. Od makaronu z serem przez paluszki rybne do grillowanych żeberek, istnieje wiele wygodnych (i pysznych) opcji wegańskich.

Dodatkowo, wegańskie książki kucharskie i portale internetowe oferują przepisy na wegańskie wersje tradycyjnych potraw. W przepisach mogą być zawarte proste wskazówki, np. sugestia, żeby zastąpić jajka siemieniem lnianym bądź tofu, albo bardziej skomplikowane instrukcje, uczące jak stworzyć potrawy, które smakują jak owoce morza lub nabiałowy ser.

W dzisiejszych czasach również wiele restauracji oferuje w swoich menu opcje wegańskie. Jeśli nie widzisz czegoś, na co masz ochotę, nie wahaj się zapytać, czy wersja wegańska jest dostępna. Szefowie kuchni zazwyczaj chętnie godzą się ugotować potrawę, która będzie się zgadzać z twoimi wymaganiami dietetycznymi. Restauracje etniczne często serwują potrawy wegańskie albo takie, które łatwo pod weganizm zmodyfikować. Oto kilka przykładów:

- Wegetariańska pizza bez sera — poproś o dużo ulubionych warzyw na wierzchu. Zapytaj, czy ciasto zawiera ser, mleko bądź jajka
- Chińskie warzywa w stylu moo shu — przy zamawianiu upewnij się, czy kucharz wie, że ma nie dodawać jajek
- Falafel — chrupkie pulpety z ciecierzycy w chlebkach pita z pikantnym sosem
- Indyjskie curry i gulasze z roślin strączkowych (dhal) — poproś, żeby ugotowano je na oleju, a nie na maśle klarowanym
- Fasolowe burrito i taco — bez sera i kwaśnej śmietany; upewnij się, że przesmażana fasola nie zawiera smalcu
- Makaron z grzybami albo sosem marinara (bez parmezanu)
- Etiopska yndżera i gulasz z soczewicy.

Dopasowanie diety wegańskiej do twojego stylu życia

Kiedy postanawiasz przejść na weganizm, nie nakładasz na siebie żadnych konkretnych zobowiązań co do tego, jak dużo (albo jak mało) będziesz musiała gotować. Niektórzy weganie uwielbiają przygotowywać posiłki i tworzyć nowe przepisy. Mogą mieć całe półki książek kucharskich i najnowszego sprzętu kuchennego, podczas gdy inni polegają na daniach na wynos, gotowych potrawach i posiłkach szybkich w przygotowaniu. Możesz należeć do jednej z tych grup albo odnajdować się gdzieś pośrodku. Możesz nawet zmieniać swój styl z dnia na dzień. Najważniejsze, aby pamiętać, że jak najbardziej możesz dopasować wegańską dietę do swoich preferencji kuchennych. Jeśli chcesz być pasjonatem kulinarnym, będziesz mieć mnóstwo okazji do próbowania nowych składników i odkrywania nowych technik. Jeśli musisz zrobić obiad w dwadzieścia minut, półprodukty, takie jak fasola z puszki, mrożone warzywa czy szybko gotujący się makaron, spełnią twoje potrzeby.

> Według sondy z 2016 roku przeprowadzonej w Stanach Zjednoczonych przez Vegetarian Resource Group, mniej więcej 1,5 proc. populacji konsekwentnie trzyma się diety wegańskiej. To skok o 1 proc. w porównaniu z rokiem 2009. To oznacza, że około 3,7 miliona osób dorosłych w Stanach Zjednoczonych to weganie. Dorosłych wegetarian w USA jest około 4,3 miliona, z czego połowa to mężczyźni, a połowa kobiety.

Kluczowe składniki, których potrzebujesz

Klucz do żywieniowo poprawnej diety wegańskiej okazuje się całkiem nieskomplikowany. Spożywanie różnorodnych pokarmów, w tym owoców, warzyw, dużo zieleniny, produktów pełnozbożowych, fasoli, orzechów i nasion, praktycznie gwarantuje, że spełnisz większość swoich potrzeb żywieniowych. Kolejne rozdziały dostarczą dodatkowych szczegółów o konkretnych składnikach odżywczych, których koniecznie trzeba być świadomym.

Weganie są najczęściej pytani zwłaszcza o jeden element żywienia: białko. Chociaż wiele pokarmów dostarcza nam pewnej ilości białka, to wysuszone nasiona roślin strączkowych są szczególnie dobrym jego źródłem w diecie wegańskiej. Od wegetariańskiej fasolki po bretońsku przez chili sin carne (bez mięsa) do zupy z soczewicy, łatwo dodać fasolę do jadłospisu. Produkty sojowe, takie jak tofu, tempeh, mleko sojowe, „mięso" sojowe czy świeża soja w strąkach są równie bogate w białko. Nie zapominaj też o pełnych ziarnach, orzechach, masłach orzechowych, warzywach, ziemniakach i nasionach (pestki dyni, słonecznika, sezam itp.), które też są świetnym sposobem na zwiększenie ogólnego spożycia białka.

Kiedy stosujesz dietę wegańską, twoje zapotrzebowanie na żelazo i cynk wzrasta, gdyż nie są one łatwo wchłaniane z roślin strączkowych i zbóż. Istnieją metody na zwiększenie absorpcji tych minerałów. Dodawanie do większości posiłków pokarmów zawierających witaminę C (na przykład cytrusów, pomidorów, kapusty albo brokuła) może znacznie zwiększyć wchłanialność żelaza i cynku. Dobre źródła tych pierwiastków dla wegan to fortyfikowane płatki śniadaniowe, zarodki pszenne, produkty sojowe, fasola, pestki dyni i słonecznika oraz gorzka czekolada.

> Patrząc na wartości kaloryczne, wiele z najlepszych źródeł żelaza to pokarmy wegańskie. Dla przykładu, porcja ugotowanego szpinaku warta 100 kcal dostarcza prawie 16 mg żelaza, a 100 kcal buraka liściowego zawiera go ponad 11 mg. Porównaj to z wartą 100 kcal porcją pieczonej polędwicy wołowej, która dostarcza mniej niż miligram żelaza, albo z taką samą ilością mleka odtłuszczonego, z 0,1 mg tego pierwiastka.

Wapń i witamina D są niezbędne dla zdrowych kości, dlatego warto upewnić się, że twoja dieta dostarcza ci wystarczające ich ilości. Niektóre produkty wegańskie są fortyfikowane wapniem i witaminą D. Czytaj etykiety na mleku sojowym i innych mlekach roślinnych, aby sprawdzić, czy zostały wzbogacone o te pierwiastki. Wapń znajduje się też w warzywach o ciemnozielonych liściach, w tofu wytworzonym z pomocą soli wapnia i w suszonych figach. Witamina D jest produkowana przez twoją skórę, kiedy wychodzisz na słońce. Wegańskie preparaty z witaminą D to kolejny sposób na zaspokojenie twojego zapotrzebowania. Oczywiście, aktywność fizyczna jest niezbędna do budowania zdrowych kości, więc nie przegap żadnej okazji, by się spocić!

Witaminy B_{12} nie da się w definitywny sposób pozyskać z niefortyfikowanych pokarmów wegańskich, ale istnieją wegańskie produkty wzbogacane o ten istotny składnik. Fortyfikowane pokarmy to m.in. niektóre marki płatków śniadaniowych, drożdże odżywcze, mleka roślinne i wegetariańskie substytuty mięsa. Jeśli nie jesteś pewna, czy dostarczasz sobie dość witaminy B_{12} wzbogacaną żywnością, przyjmowanie zawierającego ją suplementu jest dobrym pomysłem.

Ryby i tran są często promowane jako źródło kwasów tłuszczowych omega 3. Weganie mają inne opcje. Składnik ten występuje m.in. w siemieniu i oleju lnianym, orzechach włoskich i ziarnach konopi. Istnieją nawet wegańskie wersje kwasów tłuszczowych omega 3, zazwyczaj znajdowanych w tranie — DHA (kwas dokozaheksaenowy) i EPA (kwas eikozapentaenowy).

W dokumencie z 2016 roku, przedstawiającym stanowisko Akademii Żywienia i Diete-tyki, stwierdzono, że poprzez rozsądne wybory żywieniowe łatwo jest trzymać się zdrowej diety wegańskiej — dobrej dla ciebie, dla twojego nienarodzonego maleństwa i dla planety.

Dlaczego wybierać weganizm?

Ludzie decydują się na weganizm z wielu różnych powodów. Niektórzy przechodzą na taką dietę z powodów medycznych — być może przeszli kryzys zdrowotny albo chcą zmniej-szyć ryzyko, jeśli w ich rodzinie występują choroby serca bądź nowotwory. Inni postana-wiają nie używać produktów pochodzenia zwierzęcego, bo wiedzą, że istnieją alternatywy, które nie wymagają krzywdzenia zwierząt. Powody dla trzymania się diety wegańskiej mogą też u każdego ewoluować z czasem. Dla przykładu: ktoś, kto przeszedł na dietę wegańską w trosce o dobrobyt zwierząt, może dostrzec znaczne korzyści zdrowotne płynące z takiego sposobu odżywiania się. Ktoś, kto został weganinem po ataku serca, może prze-czytać coś o przemysłowych fermach i trwać w weganizmie, by pomóc zwierzętom.

> Każdego roku w Stanach Zjednoczonych ubija się ponad 9 miliardów kurcza-ków. Dodatkowo rocznie zabija się ponad sto milionów krów, świń i owiec.

Dla zwierząt

Niektórzy decydują się przejść na weganizm, bo wierzą, że jedzenie jajek i nabiału wspiera przemysł mięsny. Dla przykładu, kurczaki płci męskiej niepotrzebne do produkcji jajek są zabijane. Cielęta płci męskiej są często hodowane na cielęcinę. A kiedy krowy albo nioski przestają produkować mleko i jaja, często sprzedaje się je na mięso.

Dodaj do tego inne problemy, takie jak nędzne warunki, w jakich zwierzęta żyją, i łatwo dostrzeżesz, dlaczego ludzie postanawiają nie jeść mięsa i produktów pochodzenia zwie-rzęcego. Okropne zabiegi, takie jak obcinanie dziobów, rogów, ogonów czy kastracja, są rutynowo przeprowadzane w przemyśle mięsnym. Zwierzęta są zamykane w ciasnych klat-kach i często podaje się im hormony, by zwiększyć produkcję i przyspieszyć tempo ich wzrostu. Rybołówstwo przyczynia się do śmierci morskich stworzeń, które są schwytane nieumyślnie i potem wyrzucane.

Dla Ziemi

W 2006 roku Organizacja Narodów Zjednoczonych do spraw Wyżywienia i Rolnictwa opublikowała ważny raport pt. „Żywy inwentarz rzuca długi cień: wpływ na środowisko i dostępne opcje", w którym podsumowała, jak zwierzęta hodowlane wpływają na nasze otoczenie. Raport wykazał, że hodowla wpływa w znaczny sposób na degradację gleby, zmianę klimatu, zanieczyszczenie powietrza, zanieczyszczenie i niedobór wody oraz utratę różnorodności biologicznej. Stwierdzono, że sektor ten jest odpowiedzialny za produkcję większej ilości gazów cieplarnianych niż przemysł samochodowy i reszta transportu. Żywy inwentarz odpowiada też za dwie trzecie emisji amoniaku, co w znaczny sposób przyczynia się do powstawania kwaśnych deszczy.

Według raportu, w Stanach Zjednoczonych „hodowla przemysłowa jest odpowiedzialna za około 55 proc. erozji i sedymentacji, 37 proc. ogólnego użycia pestycydów i około 50 proc. stosowanych antybiotyków".

Dla własnego zdrowia

Oprócz zdrowia planety i zdrowia zwierząt, wielu wegan zauważa, że ich wybory żywieniowe korzystnie wpływają na ich własne zdrowie. Dieta wegańska nie zawiera cholesterolu i zazwyczaj jest uboga w nasycone kwasy tłuszczowe, co oznacza, że sprzyja zdrowemu sercu. Weganie często jedzą duże ilości pokarmów bogatych w błonnik, takich jak fasola, pełne ziarna oraz owoce i warzywa. Jako grupa, weganie i wegetarianie zazwyczaj są szczuplejsi niż osoby odżywiające się w inny sposób. Dieta wegańska jest używana w leczeniu dolegliwości, takich jak choroby serca i cukrzyca typu II.

Inne powody

Co prawda kwestie etyczne, środowisko i zdrowie są najczęściej podawane jako powody decyzji o przejściu na weganizm, można też zidentyfikować inne motywacje. Niektórzy ludzie wybierają weganizm w związku z głodem na świecie. Inni przechodzą na wegańską dietę, ponieważ stosują ją ich bliscy. Jeszcze inni odkrywają, że jest to bardzo ekonomiczny styl odżywiania i oszczędzają w ten sposób pieniądze. Niektórzy chcą unikać hormonów i innych dodatków często używanych w produktach pochodzenia zwierzęcego. Dla innych weganizm jest częścią stylu życia, który odrzuca wszelkie formy przemocy.

Z jakiegokolwiek powodu sama przeszłaś na weganizm, to ważne, żeby nie osądzać innych ludzi. Wybory każdej jednostki różnią się w zależności od ich osobistych przekonań, pochodzenia, argumentów, które przekonały ich do weganizmu i poziomu ich wiedzy. Bądź świadoma tego, że nikt nie jest idealny, staraj się robić swoje najlepiej jak możesz i unikaj oceniania innych. W taki sposób będziesz mogła używać swojego stylu życia do promowania bardziej humanitarnego i troskliwego świata.

Korzyści zdrowotne z bycia weganinem

We wspomnianym już dokumencie z 2016 roku, przedstawiającym stanowisko Akademii Żywienia i Dietetyki wobec wegetarianizmu, czytamy: „odpowiednio zaplanowane diety wegetariańskie (włączając w to wegańskie) są zdrowe, kompletne żywieniowo i mogą być pomocne w leczeniu i zapobieganiu niektórym chorobom". Znaczne korzyści zdrowotne wiążą się ze stosowaniem diety wegańskiej i innych rodzajów diet wegetariańskich.

Dla przykładu, badania z 2007 roku, opublikowane przez Brazylijskie Stowarzyszenie Kardiologiczne, pokazały, że wegetarianie i weganie mają we krwi niższy poziom trójglicerydów i cholesterolu LDL (niskiej gęstości) w porównaniu z wszystkożercami. Cholesterol LDL jest często nazywany „złym" cholesterolem, ponieważ jest związany z podwyższonym ryzykiem chorób serca. W porównaniu z wegetarianami, którzy jedzą jajka i nabiał, weganie mają najniższy poziom trójglicerydów, cholesterolu ogólnie i cholesterolu LDL.

Według artykułu z 2009 w publikacji *Diabetes Care*, jedną z głównych korzyści bycia weganinem jest to, że ich masa ciała jest zazwyczaj niższa niż u wegetarian i mięsożerców. Ponieważ nadwaga zwiększa ryzyko wystąpienia wielu przewlekłych chorób, takich jak choroby serca, cukrzyca typu II, nadciśnienie, a nawet rak piersi, niższa przeciętna waga to niekwestionowana zaleta.

Wysokie ciśnienie zwiększa ryzyko wystąpienia chorób serca i wylewu krwi do mózgu. Weganie zazwyczaj mają niższe ciśnienie niż mięsożercy i w związku z tym rzadziej chorują na nadciśnienie.

W kilku programach badawczych używano diety wegańskiej bądź prawie wegańskiej do leczenia ludzi z chorobami serca. Uzyskano bardzo pozytywne rezultaty w modyfikowaniu czynników ryzyka, takich jak otyłość i poziom cholesterolu LDL.

Wegetarianie są zazwyczaj obarczeni niższym ryzykiem zachorowania na nowotwór niż mięsożercy. Liczba badań z udziałem wegan jest ograniczona. Badanie z 2015 przeprowadzone przez Uniwersytet Loma Linda odkryło, że weganie są w grupie niższego ryzyka zachorowania na raka prostaty w porównaniu z wegetarianami, a badanie z 2013 roku z tego samego uniwersytetu wykazało, że istnieje u nich zmniejszone prawdopodobieństwo zachorowania na raka piersi, macicy i jajników. Ogólnie, u wegan odnotowano niewielką redukcję (14 proc.) zachorowalności na wszystkie rodzaje nowotworów, której nie zaobserwowano u wegetarian. Bycie wegetarianinem natomiast redukuje o 24 proc. ryzyko zachorowania na raka przewodu pokarmowego.

Jak zaobserwowano w badaniu z 2013, przeprowadzonym na Uniwersytecie Loma Linda, weganie rzadziej chorują na cukrzycę typu II. Cukrzyca typu II jest najpowszechniejszą formą tej choroby. Czynniki ryzyka sprzyjające jej rozwojowi to m.in. nieodpowiednia dieta, nadwaga i brak aktywności fizycznej. Niskotłuszczowa dieta wegańska była z dobrym skutkiem stosowana do leczenia cukrzycy typu II. Weganie cieszą się również o połowę mniejszym ryzykiem nabycia zespołu metabolicznego w porównaniu do osób na innych dietach.

Rozdział 2

Przygotowanie do ciąży po wegańsku

Ciąża to okres wielkich zmian dla ciebie i twojej rodziny. Perspektywa powitania nowego przybysza jest taka ekscytująca! Dużo trzeba się nauczyć w procesie przygotowywania się do rodzicielstwa, dlatego miej dla siebie cierpliwość. Nawet zanim zajdziesz w ciążę, możesz podjąć pewne kroki, aby upewnić się, że jesz tak zdrowo, jak to tylko możliwe. Zdrowe odżywianie, regularna aktywność fizyczna i przyjrzenie się swojemu stylowi życia pod kątem zdrowia fizycznego i emocjonalnego to rzeczy, którymi możesz się zająć w ramach przygotowań. Możesz też wybrać lekarza prowadzącego, któremu ufasz i który będzie cię wspierał.

W poszukiwaniu idealnej wagi

Jeśli planujesz mieć dziecko, Amerykańskie Kolegium Położników i Ginekologów[1] zaleca, by postarać się osiągnąć zdrową wagę przed zajściem w ciążę. Jeśli masz niewielką niedowagę, przybranie kilku kilogramów może pomóc zwiększyć szansę na udane poczęcie jak również zredukować ryzyko urodzenia zbyt małego dziecka i komplikacji porodowych. Jeśli masz nadwagę, utrata na wadze przed zajściem w ciążę może ci pomóc uniknąć cukrzycy ciążowej, nadciśnienia, preeklampsji[2] i cięcia cesarskiego. Nadwaga u mam może powodować hipertrofię wewnątrzmaciczną, czyli masę ciała u dziecka równą bądź wyższą niż 4000 gramów, co może utrudniać przejście przez kanał rodny. Hipertrofia zwiększa też ryzyko otyłości dziecięcej. Ponieważ odchudzanie nie jest zalecane w trakcie ciąży, rozsądnie jest zrzucić kilka kilogramów w okresie ją poprzedzającym.

Jeśli potrzebujesz przybrać na wadze

Wegetarianie i weganie zwykle ważą mniej niż osoby na tradycyjnych dietach. To nie znaczy, że nie spotkasz wegan o różnych kształtach i rozmiarach, tyle tylko że istnieje prawdopodobieństwo, że będziesz ważyć mniej, jeśli stosujesz dietę wegańską. Spójrz na tabelkę poniżej, żeby sprawdzić, czy twoja waga przed ciążą kwalifikuje się jako niedowaga. Jeśli tak, spróbuj przybrać kilka kilogramów przed poczęciem.

Oto kilka pomysłów, jak dodać więcej kalorii do swojej diety. Więcej kalorii równa się więcej masy.

- **Upewnij się, że jesz często.** Często to znaczy śniadanie, lunch, obiad plus co najmniej jedna obfita przekąska. Może to być coś tak prostego jak owoc i garść orzechów, a na śniadanie możesz zjeść np. miskę płatków pełnoziarnistych z owocami i mlekiem sojowym.
- **Pij** koktajle, szejki, soki owocowe i warzywne oraz gorącą czekoladę (zrobioną z fortyfikowanego mleka sojowego). Woda, kawa i herbata to wspaniałe, wolne od kalorii napoje, ale jeśli próbujesz przybrać na wadze, pij też coś innego. Dobrze jest ograniczyć ilość kofeiny.
- **Pofolguj sobie.** Jasne, chcesz jeść zdrowo, ale kiedy próbujesz przybrać trochę na wadze, pozwól sobie na trochę wysokokalorycznych przysmaków — np. gałkę

---

1   W Polsce istnieje Polskie Towarzystwo Ginekologów i Położników (PTGiP, www.ptgin.pl) – dawniej Polskie Towarzystwo Ginekologiczne.

2   Preeklampsja – stan przedrzucawkowy jest ciężkim powikłaniem ciąży, w jej przebiegu dochodzi do upośledzenia przepływu krwi w łożysku, co prowadzi do niedotlenienia płodu, nadciśnienia u ciężarnej (> 140/90) i proteinurii (> 0,5 g/dobę). *Preeklampsja*, www.alablaboratoria.pl/19672-preeklampsja, 05.09.2019.
Znane też jako ciężkie zatrucie ciążowe.

mrożonego deseru bez nabiału, wegańskie ciasteczko lub babeczkę, batonik z granoli lub garść mieszanki studenckiej.

- **Zostaw sałatkę na sam koniec.** Zauważyłaś kiedyś, że jeśli zjesz dużą sałatkę, nie jesteś już głodna? To świetna strategia na utratę wagi, ale jeśli chcesz trochę przytyć, nie wypełniaj się niskokalorycznymi pokarmami, zanim będziesz mogła skosztować potraw wysokoenergetycznych.
- **Dodaj trochę oleju, orzechów albo inny wysokotłuszczowy produkt.** Porównując wartości kaloryczne w każdym gramie produktu, w pokarmach wysokotłuszczowych są one wyższe niż w przypadku skrobi czy białka. Wykorzystaj ten fakt i podsmaż warzywa na oliwie z oliwek, posmaruj bajgla na śniadanie wegańską margaryną lub masłem orzechowym, dodaj kremowy wegański sos do sałatki.

Jeśli twój wzrost to	Jeśli twoja waga przed ciążą jest poniżej tej wartości, wtedy masz niedowagę
147 cm	41 kg
150 cm	43 kg
152 cm	44 kg
155 cm	45 kg
157 cm	47 kg
160 cm	48,5 kg
162 cm	50 kg
165 cm	52 kg
168 cm	53,5 kg
170 cm	55 kg
172 cm	57 kg
175 cm	58 kg
178 cm	60 kg
180 cm	62 kg
183 cm	63,5 kg

Dodatkowo, gdy chcesz przytyć trochę przed zajściem w ciążę, przyjrzyj się swoim zwyczajom, jeśli chodzi o aktywność fizyczną. Ćwiczenia są świetne (więcej na ten temat dalej), ale to raczej nie jest najlepszy czas, żeby spędzać na nich kilka godzin dziennie, gdyż będziesz musiała jeść jeszcze więcej, aby zrównoważyć kalorie, które spalasz.

Jeśli potrzebujesz stracić na wadze

Chociaż wielu wegan mieści się w przeciętnym przedziale wagowym, na pewno są tacy, których waga jest wyższa niż być powinna. Jeśli należysz do tej kategorii, kilka miesięcy na odpowiedniej diecie i zwiększona aktywność fizyczna mogą przynieść znaczne korzyści z punktu widzenia zbliżającej się ciąży. Oczywiście, jeśli już zaszłaś w ciążę, nie jest to najlepszy czas na dietę odchudzającą.

Jeśli twój wzrost to	Jeśli twoja waga przed ciążą jest powyżej tej wartości, wtedy masz nadwagę
147 cm	54 kg
150 cm	56 kg
152 cm	58 kg
155 cm	60 kg
157 cm	62 kg
160 cm	64 kg
162 cm	66 kg
165 cm	68 kg
168 cm	70 kg
170 cm	72 kg
172 cm	74 kg
175 cm	77 kg
178 cm	79 kg
180 cm	81 kg
183 cm	83 kg

Żeby osiągnąć zdrową wagę przed ciążą, skup się na zdrowym jedzeniu. Jedz dużo owoców, warzyw i pełnych ziaren każdego dnia, a do tego niewielkie ilości fasoli i produktów sojowych. Ogranicz wysokokaloryczne pokarmy o niskiej wartości odżywczej, takie jak słodycze, napoje gazowane, olej, margaryna, przekąski i sosy do sałatek. Pamiętaj, wszystko, co teraz poprawisz w swoich nawykach żywieniowych, sprawi, że będzie ci łatwiej utrzymywać zdrową dietę w trakcie ciąży.

Możesz uznać za pomocne skonsultowanie swojej diety odchudzającej z rejestrowanym dietetykiem (RD)[3], ekspertem w dziedzinie żywności i żywienia, który musi spełnić konkretne wymagania edukacyjne i zawodowe, żeby otrzymać ten tytuł.

Oprócz tytułu dietetyka, twój doradca do spraw żywienia może mieć też inne kwalifikacje. W wielu stanach Ameryki obowiązują regulacje prawne dotyczące dietetyków i specjalistów żywieniowych, więc możesz napotkać tytuły, takie jak LD (licencjonowany dietetyk) bądź LN (licencjonowany specjalista do spraw żywienia). Możesz znaleźć swojego RD, kontaktując się z Akademią Żywienia i Dietetyki[4]. Twój lekarz prowadzący bądź lokalny szpital również mogą polecić dietetyków w twojej okolicy.

Według Akademii Żywienia i Dietetyki, wymagane kwalifikacje do otrzymania tytułu RD to co najmniej licencjat z atestowanej szkoły wyższej bądź uniwersytetu, plus akredytowany program praktyki zawodowej. Rejestrowani dietetycy muszą zdać trudny egzamin zawodowy i muszą stale poszerzać swoją edukację, by utrzymać tytuł. Niektórzy dietetycy posiadają wysokie stopnie naukowe i dodatkowe certyfikaty w swojej specjalności.

Kwas foliowy i witamina B12

Kwas foliowy (witamina B_9) i witamina B_{12} to dwa ważne związki, o których trzeba wiedzieć jeszcze przed zajściem w ciążę. Kwas foliowy przepisuje się wszystkim kobietom rozważającym macierzyństwo. Ponieważ weganie muszą przyjmować witaminę B_{12} w postaci fortyfikowanej żywności bądź suplementów, to ważne, by upewnić się, że wybierasz pokarmy i preparaty dostarczające ten kluczowy składnik.

Kwas foliowy znacznie obniża ryzyko wad cewki nerwowej u rozwijającego się płodu (powodujących wrodzone wady mózgu i rdzenia kręgowego, takie jak rozszczep kręgosłupa lub bezmózgowie). Ponieważ cewka nerwowa formuje się w ciągu pierwszych czterech tygodni ciąży, czyli często zanim kobieta zda sobie sprawę, że spodziewa się dziecka, Centrum Kontroli i Prewencji Chorób (CDC) rekomenduje, by wszystkie kobiety w wieku rozrodczym wybrały jedną z następujących opcji:

---

3   W Polsce poradnie dietetyczne nie są finansowane przez NFZ. Natomiast lekarz i położna udzielą informacji na temat żywienia w ciąży.

4   W Polsce nie ma obowiązku rejestracji dietetyków. Informacje na ich temat można uzyskać np. w Polskim Towarzystwie Dietetyki.

- Przyjmowanie codziennie preparatu witaminowego, zawierającego kwas foliowy. To może być albo suplement z samym kwasem foliowym albo multiwitamina. Większość multiwitamin sprzedawanych w USA zawiera tej substancji 400–800 mikrogramów, czyli ilość, jaką nieciężarna kobieta potrzebuje każdego dnia. Sprawdź etykietę na opakowaniu, aby upewnić się, że twoje witaminy zawierają co najmniej 100 proc. zalecanej dziennej dawki kwasu foliowego. Dla orientacji, procent zalecanego dziennego spożycia (ZDS) to informacja o tym, ile danego składnika znajduje się w jednej porcji danego produktu spożywczego. Dzienne spożycie obliczone jest w oparciu o dietę wartą 2000 kalorii, odpowiednią dla zdrowych osób dorosłych. Kolejna rzecz, której warto być świadomym, to gen MTHFR. Jest to gen, który koduje procesy związane z metabolizmem kwasu foliowego. Jeśli kobiety są nosicielkami niektórych mutacji tego genu, mogą mieć podwyższone ryzyko poronienia i innych komplikacji. Łatwo to sprawdzić za pomocą prostego badania krwi bądź wymazu z wewnętrznej ścianki policzka. Na chwilę obecną jest to dość kontrowersyjna kwestia, ale w przyszłości badania pod tym kątem mogą stać się bardziej powszechne. Więcej informacji znajdziesz na stronie Genetic Home Reference (https://ghr.nlm.nih.gov)[5].
- Codzienne spożywanie miski płatków śniadaniowych albo innego rodzaju fortyfikowanej żywności, która zawiera co najmniej 100 proc. ZDS kwasu foliowego. Sprawdź etykietę na opakowaniu swoich płatków, aby upewnić się, że zawierają wystarczającą ilość tego składnika. Przyjmowanie witamin albo jedzenie wzbogacanej żywności, zawierających co najmniej 100 proc. ZDS kwasu foliowego, lub kombinacja obu metod powinny być częścią codziennej rutyny przez całą ciążę. Dodatkowo, możesz przyswoić pewną ilość kwasu foliowego z innych pokarmów. Związek ten jest dodawany do chleba, produktów zbożowych, makaronu, ryżu i mąki, poza tym naturalnie znajduje się w warzywach o ciemnozielonych liściach, owocach i sokach cytrusowych oraz roślinach strączkowych. Ponieważ zawartość kwasu foliowego w pokarmach waha się i może być trudno zaspokoić całe zapotrzebowanie samym pożywieniem, powinnaś codziennie przyjmować preparat witaminowy albo jeść fortyfikowane płatki śniadaniowe.

5 *Stanowisko ekspertów Polskiego Towarzystwa Genetyki Człowieka i Polskiego Towarzystwa Ginekologów i Położników w sprawie zlecania i interpretacji wyników badań pod kątem wariantów genetycznych w genie MTHFR*, https://journals.viamedica.pl/ginekologia_perinatologia_prakt/article/download/57136/43051, 06.09.2019.

Każdego roku ok. 3 tys. niemowląt przychodzi na świat z wadą cewki nerwowej. Według przewodnika informacyjnego CDC,[6] 70 proc. tych wad można zapobiec, przyjmując wystarczające ilości kwasu foliowego. Mimo to, wg sondy z 2017 r., przeprowadzonej przez organizację March of Dimes,[7] mniej niż 50 proc. Amerykanek w wieku rozrodczym (18–45 lat) bierze codziennie multiwitaminę zawierającą ten związek, by zapewnić sobie jego wystarczającą ilość.

Witamina B_{12} odgrywa istotną rolę w rozwoju mózgu i systemu nerwowego płodu. Weganie muszą spożywać żywność fortyfikowaną bądź przyjmować ją w formie suplementu. Pokarmy, które mogą być wzbogacane witaminą B_{12}, to m.in.:

- Mleko sojowe, mleko ryżowe i inne komercyjne mleka roślinne
- Substytuty mięsa („mięso" wegetariańskie)
- Płatki śniadaniowe
- Drożdże odżywcze[8]

Ponieważ witamina B_{12} odgrywa tak ważną rolę w rozwoju dziecka (jak również jest istotna dla twojego zdrowia), upewnienie się przed zajściem w ciążę, że masz w zwyczaju codzienne spożywanie pokarmów, które są jej wiarygodnym źródłem, to rozsądny pomysł. Przed ciążą potrzebujesz codziennie 2,4 mikrograma witaminy B_{12}; wraz z poczęciem dawka ta wzrasta do 2,6 mikrograma. Sprawdź etykietę, aby upewnić się, że wzbogacany produkt dostarcza co najmniej taką jej ilość.

Pamiętaj, ilości kwasu foliowego i witaminy B_{12}, jakich potrzebujesz, są niewielkie, ale to konieczne, aby je sobie dostarczać. Łatwa metoda na zapewnienie sobie odpowiednich dawek to codzienne przyjmowanie multiwitaminy, która zawiera 400–800 mikrogramów kwasu foliowego i co najmniej 2,4 mikrograma (2,6 mikrograma po zajściu w ciążę) witaminy B_{12}.

---

6   CDC (*Centers for Disease Control and Prevention*) – agencja rządu federalnego Stanów Zjednoczonych wchodząca w skład Departamentu Zdrowia i Opieki Społecznej.

7   March of Dimes to amerykańska organizacja non-profit, która działa na rzecz poprawy zdrowia matek i dzieci. Założona przez prezydenta Franklina Delano Roosevelta, *www.marchofdimes.org*.

8   Drożdże odżywcze to inaczej drożdże nieaktywne, dezaktywowane, płatki drożdżowe.

Niektóre strony internetowe twierdzą, że istnieją inne, nie pochodzące od zwierząt, źródła witaminy B_{12} poza fortyfikowaną żywnością i suplementami. Jako przykłady proponowano miso, kapustę kiszoną, grzyby shiitake, tempeh, chleb na zakwasie, jadalne glony (w tym spirulinę z alg), soję i śliwki umeboshi. Po przebadaniu okazało się jednak, że pokarmy te nie są wiarygodnym źródłem witaminy B_{12}, mogą natomiast zawierać jej analog strukturalny (coś co wygląda jak witamina B_{12}, ale nią nie jest), który może zakłócać wchłanianie właściwej witaminy z pożywienia. Zdrowie twojego maleństwa jest najważniejsze, dlatego wybieraj – jako swoje źródło witaminy B_{12} – wiarygodną fortyfikowaną żywność bądź suplementy.

Jak wybrać personel medyczny

Nawet jeśli twoja ciąża przebiega podręcznikowo, będziesz przez dziewięć miesięcy miała częsty kontakt z personelem medycznym. Amerykańskie Kolegium Położników i Ginekologów rekomenduje, by kobiety odwiedzały swojego lekarza prowadzącego co cztery tygodnie podczas pierwszych dwudziestu ośmiu tygodni ciąży (mniej więcej do siódmego miesiąca)[9]. Po dwudziestym ósmym tygodniu częstotliwość wizyt wzrasta do jednej co dwa–trzy tygodnie, aż dojdziesz do tygodnia trzydziestego szóstego, po którym będziesz odwiedzała lekarza bądź położną co tydzień, aż do porodu. Jeśli cierpisz na jakąś dolegliwość, która stawia cię w grupie podwyższonego ryzyka (np. cukrzyca bądź jeśli w przeszłości zaczęłaś rodzić przedwcześnie), specjalista prowadzący twoją ciążę może wyznaczać ci częstsze wizyty w celu bliższej obserwacji.

Opcje

Kto powinien być twoim przewodnikiem w tej odysei od poczęcia do narodzin?[10] Jeśli obecnie jesteś pod kontrolą ginekologa bądź lekarza rodzinnego, który zajmuje się też

---

9 Zakres świadczeń profilaktycznych i działań w zakresie promocji zdrowia oraz badań diagnostycznych i konsultacji medycznych, wykonywanych u kobiet w okresie ciąży, wraz z okresami ich przeprowadzania można znaleźć pod linkiem:
http://prawo.sejm.gov.pl/isap.nsf/download.xsp/WDU20180001756/O/D20181756.pdf, 18.09.2019.

10 Każda ciężarna powinna pozostawać pod opieką lekarza ginekologa lub położnej. Warto wybrać lekarza lub położną, którzy pracują w placówkach z umową z NFZ – wówczas wszystkie badania i wizyty będą bezpłatne. W przeciwnym wypadku trzeba liczyć się z płaceniem za badania zlecane w trakcie prywatnych wizyt z własnej kieszeni lub z dodatkowego ubezpieczenia, jeśli pacjentka ma taką opcję.

położnictwem, to jest to dobry start. Jeśli nie masz takiej opcji albo chciałabyś przyjrzeć się też innym możliwościom, rozważ:

- Lekarza położnika. Lekarz położnik to lekarz medycyny, który został wyszkolony specjalnie pod kątem zdrowia kobiet i medycyny rozrodczej.
- Perinatologa. Jeśli cierpisz na jakąś przewlekłą dolegliwość, możesz skontaktować się z perinatologiem — lekarzem położnikiem, specjalizującym się w nadzorowaniu ciąż wysokiego ryzyka.
- Położną. Certyfikowane położne są uprawnione do wykonywania zawodu we wszystkich pięćdziesięciu stanach Ameryki. Oferują dostosowaną do pacjentki opiekę podczas ciąży, porodu i okresu połogowego.
- Dyplomowaną pielęgniarkę. Dyplomowana pielęgniarka to wykwalifikowana pielęgniarka z zaawansowaną edukacją medyczną (posiadająca co najmniej tytuł magistra).
- Kombinację personelu. Niektóre kliniki położnicze zatrudniają zespół składający się z lekarzy, położnych i pielęgniarek, gdzie pacjentka może — a czasami musi — spotkać się z jednym bądź wieloma specjalistami w czasie trwania ciąży.

Nawiązywanie kontaktu i skierowania

Znalezienie wymarzonego lekarza może się wydawać kolosalnym wyzwaniem. Przecież to jest osoba, której masz powierzyć kwestie związane z twoją ciążą i porodem. Jeśli nie zamierzasz płacić za całą opiekę prenatalną i poród z własnej kieszeni, istotnym zagadnieniem jest na pewno ustalenie, co pokrywa twoje ubezpieczenie zdrowotne. Niektóre firmy ubezpieczeniowe wymagają, by pacjenci korzystali tylko z opieki lekarzy, którzy podpisali kontrakt z firmą. Uzyskanie aktualnej listy zatwierdzonych placówek leczniczych może pomóc ci w zawężeniu jej pod kątem oferty i lokalizacji.

Wiele kobiet wybiera lekarza tylko z powodów logistycznych (na przykład: bo firma ubezpieczeniowa pokryje wszystkie koszty albo lekarz przyjmuje blisko miejsca pracy pacjentki). Chociaż pieniądze i wygoda to ważne czynniki, stracą wiele na znaczeniu, jeśli nie będziesz zadowolona z opieki, jaką otrzymasz, i roli jaką dany lekarz odegra podczas twojej ciąży i porodu. Bez względu na to, czy jest to twoja pierwsza, czy piąta ciąża, każdy okres oczekiwania na dziecko jest niepowtarzalny i zasługujesz w nim na jak najlepszą opiekę. Porozmawiaj z koleżankami albo innymi kobietami, które znasz i którym ufasz, i poproś o namiary. Pamiętaj, oczywiście, że nie każda szuka tego samego w personelu medycznym; to, co jest ważne dla jednej kobiety, może mało znaczyć dla innej.

Jeśli dopiero co zamieszkałaś w nowej okolicy albo zwyczajnie nie znasz żadnych mam, albo kobiet w ciąży, istnieją inne opcje na znalezienie dobrego lekarza. Lokalny organ wydający zezwolenia na wykonywanie zawodu lekarza (wojewódzka bądź powiatowa komisja lekarska) może zazwyczaj skontaktować cię z lokalnym personelem medycznym. Możesz też zapytać w miejscowym szpitalu bądź centrum położniczym o biuro pomocy pacjentom lub program opieki okołoporodowej[11]. Większość centrów medycznych chętnie zaproponuje ci skierowania do kilku specjalistów, a przy okazji możesz dowiedzieć się więcej o ich ofercie. Jeśli szczególnie interesuje cię praca z personelem medycznym przyjaznym weganom, skontaktuj się z lokalnymi grupami wegan bądź wegetarian i zapytaj, czy ich członkowie mogą polecić kogoś takiego w okolicy.

Zadawaj właściwe pytania

Kiedy już zbierzesz listę potencjalnie odpowiednich nazwisk i numerów telefonów oraz upewnisz się, że może z nimi współpracować twoja firma ubezpieczeniowa, przychodzi czas na część praktyczną. Przedyskutuj ze swoim partnerem, jakie są wasze najważniejsze pytania, troski i oczekiwania. Następnie spiszcie listę pytań, jakie chcielibyście zadać lekarzowi podczas rozmowy. Niektóre rzeczy do rozważenia:

- **Jakie są koszty i opcje płatności?** Jeśli twoja polisa nie pokrywa wszystkich kosztów, dowiedz się, jaką kwotę będziesz musiała zapłacić i czy można płacić w ratach[12].
- **Kto będzie przyjmował twój poród?** Czy będzie to lekarz bądź położna, którą wybrałaś, czy inny pracownik kliniki, w zależności od tego kiedy zacznie się akcja porodowa? Jeśli twój lekarz pracuje sam, dowiedz się, kto opiekuje się jego pacjentami podczas jego wakacji i w sytuacjach awaryjnych.

---

11 Informacje o przychodniach w twojej okolicy i lekarzu możesz uzyskać pod numerem bezpłatnej informacji NFZ – Telefoniczna Informacja Pacjenta 800 190 590 lub w Centralnym Rejestrze Lekarzy i Lekarzy Dentystów Rzeczypospolitej Polskiej (CRL) na stronie internetowej Naczelnej Izby Lekarskiej – https://www.nil.org.pl/rejestry/centralny-rejestr-lekarzy.

12 Każda ciężarna w Polsce ma zagwarantowaną bezpłatną opiekę medyczną, może także skorzystać w okresie ciąży i połogu z rozszerzonych świadczeń stomatologicznych, m.in. rozszerzone leczenie kanałowe. Ponadto świadczenia ambulatoryjnej opieki specjalistycznej i świadczenia szpitalne powinny być udzielone kobietom w ciąży w dniu zgłoszenia. W sytuacji gdy udzielenie świadczenia zdrowotnego nie jest możliwe w dniu zgłoszenia do placówki medycznej, świadczeniodawca powinien wyznaczyć inny termin poza kolejnością przyjęć, wynikającą z prowadzonej przez niego listy oczekujących. Natomiast świadczenie z zakresu ambulatoryjnej opieki specjalistycznej powinno zostać udzielone nie później niż w ciągu 7 dni roboczych od dnia zgłoszenia ciężarnej.
Co przysługuje kobiecie oczekującej dziecka, dowiesz się z informatora Ministerstwa Zdrowia „Ciąża i Poród", który dostępny jest na stronie www.mz.gov.pl w zakładce „Zdrowie i profilaktyka" – „Zdrowie matki i dziecka".

- **Kogo będziesz widywać podczas wizyt?** Placówki zatrudniające większą liczbę personelu najczęściej dyżurują przy porodach na zmiany, możesz więc poprosić, by przy każdej wizycie prenatalnej przyjmował cię inny lekarz, tak aby zwiększyć prawdopodobieństwo, że na sali porodowej zobaczysz znajomą twarz.
- **Jaki jest twój stosunek do rutynowego zakładania wlewów dożylnych, epizjotomii, wywoływania porodu, znieczulenia i innych ingerencji w akcję porodową?** Jeśli masz jakieś szczególne oczekiwania co do medycznych interwencji podczas porodu, powinnaś je teraz zgłosić.
- **W którym szpitalu bądź centrum porodowym będziesz rodzić?** Dowiedz się, z którym szpitalem współpracuje twój lekarz prowadzący i, jeśli to możliwe, zdobądź więcej informacji na temat zasad i reguł obowiązujących w tej placówce. Czy dostępny jest oddział dla noworodków, gdyby po narodzinach pojawiły się problemy? Wiele szpitali oferuje przyszłym rodzicom wycieczki po sali porodowej[13].
- **Jakie jest ich nastawienie do planowania porodu?** Czy lekarz wraz z tobą zaplanuje poród i czy, co ważniejsze, będzie się tego planu trzymał? Czy plan będzie podpisany imiennie i na stałe dołączony do twojej teczki, na wypadek gdyby ktoś inny miał dyżur w dzień porodu?
- **Jak wygląda kontakt telefoniczny, jeśli jesteś czymś zaniepokojona lub masz pytania?** Większość placówek położniczych stosuje jakiegoś rodzaju selekcję, czyli szereguje telefony od pacjentów względem ważności. Zapytaj, w jakim czasie placówka oddzwania i jaka jest ich polityka, jeśli chodzi o telefony od pacjentów w nocy albo w weekend.

Niektóre placówki zatrudniają personel, który odpowiada na tego rodzaju pytania przez telefon, inne umówią cię na wizytę twarzą w twarz z twoim potencjalnym lekarzem bądź położną[14]. Tak czy inaczej, upewnij się, że otrzymasz wyczerpujące odpowiedzi na pytania, tak abyś mogła podjąć w pełni świadomy wybór.

---

13 Zazwyczaj szpitale umożliwiają swoim przyszłym pacjentkom obejrzenie oddziału, organizują dni otwarte lub szkołę rodzenia. Warto wcześniej obejrzeć miejsce, w którym chcemy urodzić dziecko i poznać zasady w nim panujące.
NFZ opłaca poród i opiekę nad noworodkiem, od możliwości organizacyjnych szpitala i kwalifikacji personelu zależy, czy jest to np. poród w wodzie itd.

14 NFZ wprowadził kilka lat temu koordynowaną opiekę nad kobietą w ciąży, podczas porodu i połogu. Placówki, które obejmują ciężarne tak zorganizowaną opieką, umożliwiają 24-godzinny kontakt telefoniczny z lekarzem lub położną, którzy w razie potrzeby rozwieją wątpliwości lub udzielą wskazówek, jak się zachować. Ciężarna zawsze może poprosić o kontakt do lekarza czy położnej i wcześniej ustalić sposób komunikowania się w nagłych sytuacjach. Poradnie ginekologiczne nie pracują całą dobę, natomiast szpitale – tak.

Komfort i komunikacja

Jak w każdym dobrym związku, komunikacja między pacjentem i personelem medycznym jest kluczowa. Czy twój lekarz zachęca cię do zadawania pytań, odpowiada na nie wyczerpująco i naprawdę słucha, kiedy mówisz o tym, co cię niepokoi? Czy upewnia się, że odpowiedział na wszystkie pytania, zanim zakończy wizytę? Czy pielęgniarki i personel administracyjny są wyczuleni na potrzeby pacjenta i równie chętnie odpowiadają na pytania?

Dobra opieka zdrowotna to proces partnerski, albo dokładniej — wysiłek zbiorowy. W ostateczności to ty podejmujesz decyzje (w końcu to twoje ciało i twoje dziecko), twój lekarz ma być jak twój trener i opiekun, oferować ci wsparcie i wiedzę, jakiej potrzebujesz, by dotrzeć do mety. Jeśli twój doktor nawet nie słucha, kiedy mówisz o tym, czego potrzebujesz, na pewno tych potrzeb nie spełni. Pamiętaj również, że komunikacja działa w dwie strony. Twój lekarz na pewno zna się na rzeczy i może ci przekazać wiele przydatnych informacji, zwłaszcza jeśli jesteś nowicjuszem w tym temacie.

Płeć lekarza może być dla ciebie istotna. Niektóre kobiety czują się bardziej komfortowo z lekarką, ponieważ specjalista płci żeńskiej może wiedzieć, jak to jest być w ciąży z własnego doświadczenia. Inne kobiety wolą być pod opieką lekarza mężczyzny, z różnych powodów. Przykładanie wagi do płci może się wydawać głupie albo, co gorsza, może trącić dyskryminacją lub hipokryzją. Kwestia jest na tyle poważna, że była tematem pewnej liczby badań klinicznych i ankiet wypełnianych przez pacjentów, publikowanych w literaturze medycznej, gdzie niektórzy wypowiadali się za a inni przeciwko wyraźnemu preferowaniu którejś z płci. Sedno sprawy w tym, że to ty będziesz musiała poddawać się opiece lekarza, którego wybierzesz, przez dziewięć miesięcy, i jeśli spędzisz ten czas czując dyskomfort, stres i nadmierną powściągliwość — emocje, które mogą mieć na dłuższą metę negatywny wpływ na twoją ciążę — nie będzie to wcale zdrowe. Cokolwiek wybierzesz, upewnij się, że jest to wybór, z którym czujesz się komfortowo.

Na koniec, jeśli musisz poruszyć trudne tematy ze swoim lekarzem, lepiej zrób to od razu. To ważne, żeby już na początku ciąży porozmawiać z personelem medycznym o ryzyku związanym z porodem. Dla przykładu, według informacji Centrum Kontroli Chorób, prawie 1,3 mln dzieci (ok. 1 na 3) urodziło się w USA w 2016 roku przez cesarskie cięcie. Szczerze porozmawiaj ze swoim lekarzem o tym, jak podszedłby do takiej, w końcu powszechnej, sytuacji, aby upewnić się, że macie takie samo zdanie na ten temat.

Jak rozmawiać z personelem medycznym o diecie wegańskiej

Możesz mieć szczęście i napotkać personel medyczny, który albo stosuje dietę wegańską, albo ma na jej temat dogłębną wiedzę. Jeśli tak, wspaniale. Jednak biorąc pod uwagę liczbę wegan w Stanach Zjednoczonych, bardziej prawdopodobne jest, że twój lekarz będzie miał zaledwie powierzchowną znajomość tematu. To świetna okazja, by doszkolić specjalistów, pod których opieką się znajdujesz, tak byście mogli razem pracować ku zapewnieniu ci zdrowej ciąży.

Możesz się zastanawiać, czy w ogóle powinnaś wspominać cokolwiek o diecie, jaką stosujesz. W duchu szczerej i otwartej komunikacji, powinnaś. Stwierdzenie czegoś w stylu „Jestem weganką już piąty rok i całkiem mi odpowiada taka dieta" daje lekarzowi informację, że jest to coś, co robisz od dawna, i że jesteś pewna swojego wyboru. Jeśli pracowałaś (bądź zamierzasz pracować) z dietetykiem, również możesz o tym wspomnieć.

Być może twój lekarz uśmiechnie się, powie coś pozytywnego („Świetnie! Niektórzy z moich najzdrowszych pacjentów to weganie") i skończy temat. Być może zapyta o więcej szczegółów, na przykład jakich produktów unikasz i jak dostarczasz sobie niezbędne składniki odżywcze. Bądź na nie gotowa (ale nie przyjmuj od razu postawy obronnej). Opisz swoją dietę w prosty, pozytywny sposób: „Jem rośliny strączkowe, pełne ziarna, orzechy, owoce i warzywa. Nie jem mięsa, ryb, drobiu, jaj i nabiału". Zastanów się, skąd bierzesz istotne składniki odżywcze, takie jak białko, witamina B$_{12}$, wapń, żelazo i witamina D (więcej na ten temat w następnych rozdziałach) i bądź gotowa odpowiadać na pytania. To może być okazja, żeby w przygotowaniu do ciąży doszlifować swoje wybory żywieniowe.

Jeśli chcesz wejść w temat głębiej, przedstaw swojemu lekarzowi aktualne informacje o weganizmie: „Przeczytałam ostatnio, że Akademia Żywienia i Dietetyki oznajmiła, iż dobrze zaplanowane diety wegańskie są odpowiednie dla kobiet w ciąży". Podaj źródła. Zaoferuj lekarzowi linki do dokumentu przedstawiającego stanowisko Akademii wobec diet wegetariańskich albo do innych materiałów. Przynieś ze sobą tę książkę i podziel się nią z lekarzem. Utrzymując ton rozmowy w pozytywnym, lekkim klimacie i dzieląc się wiedzą, dajesz personelowi medycznemu znać, że jesteś gotowa do bycia partnerem w dyskusji i że znasz się na swojej diecie.

Jeśli, pomimo twoich wysiłków, potencjalny lekarz prowadzący wciąż próbuje cię zniechęcić do diety wegańskiej, to może być czas na to, by grzecznie zakończyć wizytę i zastanowić się, czy to aby na pewno jest odpowiedni lekarz dla ciebie.

Aktywność fizyczna

Kobiety często zastanawiają się, czy próbując zajść w ciążę, powinny zacząć albo przestać ćwiczyć, albo czy powinny zmniejszyć lub zwiększyć intensywność swoich treningów. W większości przypadków zaleca się regularną aktywność fizyczną przed poczęciem. Dużo ruchu pozwala zachować dobre zdrowie na całe życie. Ćwiczenia mogą pomóc ci zrzucić kilka kilogramów przed zajściem w ciążę, jeśli tego potrzebujesz. To, czy będziesz mogła pozostać aktywna w trakcie ciąży, zależy od twojego zdrowia i poziomu aktywności przed nią.

Jeśli dopiero zaczynasz ćwiczyć, wybierz coś prostego, jak spacery, pływanie lub jazda na rowerze. Jeśli nie jesteś przyzwyczajona do dużej ilości ruchu, zapytaj lekarza, jakiego rodzaju aktywność jest uznawana za bezpieczną i uważaj, żeby się na początek nie przetrenować. Stopniowo możesz zwiększać intensywność i czas trwania ćwiczeń.

Część 2

Co jeść podczas zdrowej ciąży

Rozdział 3

Zapotrzebowanie na białko

Jakie pytanie żywieniowe jest weganom zadawane najczęściej? Jeśli myślisz, że jest to coś w stylu „skąd bierzesz białko?", to masz rację. Ludzie błędnie myślą, że wystarczającą ilość białka można zdobyć, tylko stosując dietę bogatą w wołowinę, wieprzowinę, kurczaka, ryby, nabiał i jajka, uzupełnioną proszkiem proteinowym „tak na wszelki wypadek". Nic się nie martw. Większość ludzi, w tym weganie, spożywa dość białka, nawet jeśli ich zapotrzebowanie na nie jest akurat podwyższone, bo dużo ćwiczą albo, co nas bardziej interesuje, bo są w ciąży.

Ile białka potrzebujesz?

Słowo *proteina* pochodzi ze starogreckiego *proteios*, co znaczy „pierwszorzędny". Być może wybrano ten wyraz ze względu na zasadniczą funkcję, jaką białko pełni w organizmie. Białka są odpowiedzialne za wszystko, począwszy od struktury twoich mięśni i kości, przez właściwe działanie systemu odpornościowego do procesów trawiennych. Dodatkowo, wiele hormonów jest pochodną białka, a wystarczająca jego ilość pomaga zachować zdrową skórę, włosy i paznokcie. Podczas ciąży potrzebujesz dodatkowego białka, żeby umożliwić rozwój dziecka — na przykład do budowania mięśni i kości. Potrzebujesz go też więcej, bo wzrasta ilość krwi w twoim ciele, a piersi i macica powiększają się.

> Podczas ciąży przybędzie ci około kilograma czystego białka. Mniej więcej na połowę z tego składają się mięśnie, włosy, skóra, kości, zęby i organy wewnętrzne twojego dziecka. O resztę zwiększa się twój normalny poziom tego składnika.

Zanim zajdziesz w ciążę, potrzebujesz ok. 0,8 g białka na każdy kilogram ciała. Żeby obliczyć zapotrzebowanie, musisz pomnożyć wagę przedciążową w kilogramach przez 0,8 — tyle białka potrzebujesz na co dzień. Dla przykładu, jeśli ważyłaś 60 kg, mnożysz 60 przez 0,8 (może być na kalkulatorze, to nie jest sprawdzian!) i otrzymujesz wynik 48 g.

Zapotrzebowanie na białko w czasie ciąży

Już we wczesnej ciąży zapotrzebowanie na białko zwiększa się, by umożliwić zmiany zachodzące w twoim organizmie i rozwój dziecka. Potrzebujesz dziennie około 25 g dodatkowego białka w porównaniu do okresu przed ciążą. Oblicz swoje normalne zapotrzebowanie (0,8 razy waga przedciążowa w kilogramach) i dodaj to tego 25 g. Na przykład, jeśli ważyłaś 60 kg, pomnóż 60 przez 0,8 i dodaj 25, a otrzymasz w wyniku 73 g. Tyle białka powinnaś sobie dostarczać codziennie. Jest to ilość około 50 proc. wyższa niż u kobiet niecieżarnych.

Jeśli jesteś szczęściarą i spodziewasz się bliźniaków, potrzebujesz jeszcze więcej protein. W końcu zamiast jednego dziecka, budujesz dwoje. Mamy oczekujące bliźniąt powinny dodać 50 g białka do swojego przedciążowego zapotrzebowania. Jeśli obliczyłaś, że twoja zwyczajna porcja protein to 48 g dziennie, dodaj do tego 50 g, a otrzymasz w wyniku 98 g, które powinnaś starać się sobie dostarczać każdego dnia.

Niektórzy wegańscy eksperci żywieniowi zalecają, by weganie dostarczali sobie nieco więcej białka niż osoby na innych dietach. Uzasadniają to tym, że wegańskie źródła białka, takie jak rośliny strączkowe, trudniej się trawi. Według nich weganie powinni spożywać ok. 10 proc. więcej tego składnika. To jest na tyle mała różnica, że nie trzeba się nią przejmować. Jeśli chcesz ją dokładnie wyliczyć, pomnóż swoje zapotrzebowanie na białko przez 1,1.

Wegańskie źródła białka

Lista bezbiałkowych wegańskich pokarmów jest znacznie krótsza niż lista pokarmów, które dostarczają ci tego składnika. Żywność zawierająca białko to wszystkie rodzaje roślin strączkowych, od fasolek azuki do żółtego grochu, ziarna, orzechy i nasiona, masła orzechowe i nasienne, warzywa, ziemniaki, produkty sojowe, substytuty mięsa (produkty imitujące mięso) i seitan („mięso" z pszenicy). Lista pokarmów ubogich w białko jest przede wszystkim krótka.

Pokarmy i składniki, które nie są dobrym źródłem białka, to m.in.:

- Tłuszcze i oleje — margaryna, oliwa z oliwek, olej rzepakowy, inne oleje, większość sosów do sałatek
- Cukier i inne substancje słodzące — syrop klonowy, melasa, nektar z agawy
- Napoje bezalkoholowe, kawa, herbata
- Zioła i przyprawy — spożywane ilości są za małe, by dostarczyć znaczące porcje białka
- Owoce — pamiętaj, że owoce to świetne jedzenie, tyle tylko że nie zawierają dużo protein
- Alkohol — ale tak czy inaczej nie pijesz, prawda?

Więc jeśli tylko nie napychasz się codziennie cukierkami, smażonymi bananami i ponczem winnym na każdy posiłek, najprawdopodobniej spożywasz dość białka.

Inna kwestia do rozważenia to, czy dostarczasz sobie wystarczającą ilość kalorii. Najlepiej, jeśli przybierasz na wadze tyle, ile powinnaś w trakcie ciąży. Jeśli tak jest, najpewniej twoje pożywienie ma dosyć kalorii. Nieprzybieranie na wadze może oznaczać, że dostarczasz sobie mniej kalorii niż powinnaś, co oznacza, że białko jest zużywane na podtrzymywanie życiowych procesów w twoim ciele, zamiast na budowanie mięśni dziecka.

Podczas rutynowych prenatalnych wizyt, lekarz będzie badał twój mocz pod kątem obecności białka. To jest przede wszystkim badanie sprawdzające ryzyko preeklampsji, obecność infekcji przewodu moczowego i funkcje nerek. Wyniki nie mówią zupełnie nic o tym, ile białka znajduje się w twojej diecie.

Twoje spożycie białka naturalnie wzrośnie, ponieważ podczas ciąży jesz więcej, zwłaszcza jeśli postarasz się spożywać pokarmy, które są dobrym jego źródłem.

Ile białka zjadasz?

Pewnie nie będziesz siadać do każdego posiłku z kalkulatorem w ręku, by upewnić się, że zaspokajasz swoje potrzeby białkowe. Prawdopodobnie nawet nie musisz się białkiem przejmować. Okazjonalne skontrolowanie spożycia może ci jednak pozwolić zachować spokój sumienia. Oto jak to się robi. Najpierw, zapisz wszystko, co zjadłaś danego dnia, razem z wielkością porcji. Potem skorzystaj z internetowego kalkulatora, aby obliczyć, ile zjadłaś białka. Jedna z polecanych witryn to www.webmd.com/diet/healthtool-food-calorie-counter.

Skorzystaj z etykiet, żeby sprawdzić, jaka jest zawartość białka w produktach nie wpisanych w internetową bazę danych. Sięgnij po zalecenia dotyczące spożycia białka spisane w tym rozdziale, porównaj je do ilości, jakie konsumujesz, i wprowadź poprawki, jeśli są wskazane.

Pamiętaj, to jest tylko jeden dzień. Jeśli jesz praktycznie to samo każdego dnia, możesz być względnie pewna, że wyniki takiego testu dadzą wiarygodny obraz twojej diety. Jeśli twoje nawyki żywieniowe są zróżnicowane, upewnij się, że każdego dnia jesz kilka rzeczy bogatych w białko.

Białko w żywności wegańskiej

Przykłady wegańskich pokarmów szczególnie bogatych w białko to soja, soczewica i tempeh. Dostarczają one 18 lub więcej gramów białka na porcję — porcja to szklanka soi bądź soczewicy, albo 120 g tempeh. Inne produkty z wysoką zawartością protein (10–20 g na porcję) to m.in. tofu, kotlety warzywne i ugotowana fasola. Mleko sojowe, masło arachidowe, jogurt sojowy i komosa ryżowa to też dobre źródła protein. Warzywa, pełne ziarna, makaron, masło migdałowe oraz orzechy i nasiona również są pomocne w zwiększeniu spożycia.

Istnieją łatwe sposoby na włączenie obfitych źródeł białka do codziennego jadłospisu. Wszystkie takie pokarmy są bogate w substancje odżywcze; jedząc je dostarczasz sobie nie tylko białko, ale też wiele witamin i minerałów.

NA ŚNIADANIE

- Posmaruj grzankę albo bajgla masłem orzechowym; masło arachidowe można nawet dodawać do owsianki. Możesz dodać też łyżkę dżemu, by stworzyć owsiankę o smaku słynnej kanapki.
- Zmiksuj miękkie tofu z mlekiem sojowym i owocami (świeżymi, mrożonymi lub z puszki) na szybki koktajl.
- Używaj do ugotowania owsianki mleka sojowego zamiast wody.
- Dla dodania kolorytu użyj do owsianki komosy ryżowej zamiast płatków owsianych.
- Zastąp wodę i inne składniki płynne mlekiem sojowym, gdy pieczesz babeczki bądź smażysz naleśniki.
- W poranki, gdy masz więcej czasu, spróbuj przygotować „jajecznicę" lub tartę z tofu.

NA LUNCH

- Dorzuć garść ciecierzycy albo ugotowanej fasoli do sałatki.
- Użyj do posmarowania kanapki humusu (o jakimkolwiek smaku) zamiast majonezu.
- Przygotuj wegańską zupę-krem na mleku sojowym.
- Zwiększ chrupkość kanapki z masłem orzechowym przez posypanie jej wierzchu posiekanymi orzeszkami.
- Zapakuj bogate w białko resztki z obiadu do odgrzania podczas lunchu.

NA OBIAD

- Zmiksuj białą fasolę bądź miękkie tofu, wymieszaj ze swoim ulubionym sosem pomidorowym i podaj taką mieszankę z pełnoziarnistym makaronem.
- Udekoruj pieczone ziemniaki łyżką sojowego jogurtu i posiekanym szczypiorkiem.
- Polej ryż, makaron albo warzywa sosem arachidowym (domowym lub ze sklepu).
- Dodaj ciecierzycę albo wegańskie pepperoni do warzywnej pizzy bez sera (na wynos bądź domowej).
- Eksperymentuj z komosą ryżową, zastępując nią ryż lub inne ziarna.
- Dodaj wegański substytut mięsa albo seitan do smażonych warzyw.

PRZEKĄSKI

- Zrób własną mieszankę studencką z różnych orzechów i suszonych owoców. Dodaj „orzeszków" sojowych dla dodatkowego białka.
- Posmaruj plastry jabłka bądź gruszki masłem orzechowym.
- Podaj młodą marchewkę albo jicamę (kłębian kątowaty) pociętą w słupki do maczania w humusie lub przesmażanej fasoli.
- Próbuj różnych marek wegańskich batoników energetycznych, aż znajdziesz taki, który ci posmakuje.
- Jedz dodatkowe śniadanie jako przekąskę — miskę płatków z zimnym mlekiem sojowym.

Jeśli lubisz piec, możesz zwiększyć zawartość białka w chlebie czy babeczkach przez dodanie mąki sojowej. W przypadku przygotowania drożdżowego chleba, wsyp dwie łyżki mąki sojowej do szklanki i uzupełnij mąką podaną w przepisie. Powtórz tyle razy, ile potrzeba, aż odmierzysz całą potrzebną mąkę. Mąka sojowa nie może całkowicie zastąpić zwykłej mąki, bo nie zawiera glutenu, który nadaje ciastu strukturę. W przypadku chlebów na proszku do pieczenia i sodzie albo babeczek, możesz zastąpić sojową mąką maksymalnie ¼ objętości zwykłej mąki.

Na pewno jesteś w stanie wymyślić jeszcze więcej sposobów na dodanie wysokobiałkowych produktów sojowych, fasoli, seitana, orzechów i maseł orzechowych do swoich posiłków i przekąsek.

Mieszanie białek

Czy ktoś cię kiedyś zapytał, czy „mieszasz" białka? Teoria o mieszaniu białek opiera się na fakcie, że ludzie potrzebują różnych konkretnych aminokwasów, żeby zbudować każdy rodzaj proteiny. Dla przykładu, białko w twoich włosach składa się z innej mieszanki aminokwasów niż białko, które buduje twoje mięśnie. Na szczęście, twój organizm jest w stanie magazynować aminokwasy między jednym posiłkiem a drugim, więc nie jest konieczne jedzenie idealnie zbilansowanej ich kombinacji za każdym razem.

Twoje ciało nie jest w stanie wytworzyć dziewięciu różnych aminokwasów, więc musi je czerpać z jedzenia. Niektóre pokarmy wegańskie zawierają spore ilości wszystkich dziewięciu. Te pokarmy to m.in. produkty sojowe (soja, tofu, tempeh i mleko sojowe), komosa ryżowa i ziarna konopi. Inne pokarmy przynajmniej częściowo pokrywają zapotrzebowanie na aminokwasy; mogą mieć one więcej lub mniej tego czy innego aminokwasu w porównaniu do tzw. białek referencyjnych (jak krowie mleko albo jajka).

Jedząc zróżnicowaną żywność każdego dnia, możesz wyeliminować potrzebę zastanawiania się nad starannym mieszaniem białek. Większa ilość aminokwasu lizyny w dipie fasolowym, który zjesz na przekąskę, uzupełni pełnoziarnistą grzankę na śniadanie, mniej bogatą w ten związek. Z kolei grzanka dostarczy ci dużo metioniny, której niewiele jest w fasoli. Doświadczeni weganie nie muszą nawet myśleć o mieszaniu białek. Po prostu jedzą w ciągu dnia różnorodne pokarmy, które są dobrymi źródłami białka, takie jak fasola, ziarna, orzechy i produkty sojowe.

Zachcianki

Niektóre wegańskie przyszłe mamy zgłaszają łaknienie na białko. Nagle zapalonej wegance zaczyna się marzyć stek albo pieczony łosoś. Jeśli zdarzy się to tobie, możesz się zastanawiać, czy to wskazuje na deficyt żywieniowy. Najprawdopodobniej wcale nie. Naukowcy nie do końca rozumieją, dlaczego niektórzy ludzie łakną pewnych pokarmów, ale wyniki badań, np. te publikowane w magazynie *Scientific American*, stwierdzają, że rodzaj jedzenia, na który ma się zachciankę, nie ma nic wspólnego z sytuacją żywieniową.

Jak więc możesz wyjaśnić to, że nagle masz ochotę na soczysty kotlet albo kawał sera? Być może to dlatego, że jesteś nauczona, by białko, zwłaszcza mięso lub nabiał, kojarzyło ci się ze zdrowiem. Podczas ciąży, kiedy próbujesz robić wszystko jak najlepiej dla dobra twojego maleństwa, stare nawyki mogą do ciebie wrócić i możesz się zastanawiać, czy dostarczasz sobie wszystko, co potrzebujesz. Zatrzymaj się na chwilę i przyjrzyj się temu, co jesz. Może nawet warto dla spokoju sumienia umówić się z rejestrowanym dietetykiem, który zna się na wegańskim żywieniu. Dietetyk przyjrzy się twoim nawykom żywieniowym i poinformuje cię, czy potrzebujesz cokolwiek zmienić, by dostarczać sobie dość białka dietą wegańską. Najprawdopodobniej nie będziesz musiała niczego zmieniać, ale będziesz się czuła lepiej, jeśli dodatkowa para oczu spojrzy na twój jadłospis.

Zachcianki mogą być też oznaką, że potrzebujesz komfortu, a nie jedzenia. Kiedy śni ci się pieczeń rzymska twojej mamy, może tak naprawdę pragniesz powrotu do starych, dobrych czasów, kiedy twoim najważniejszym obowiązkiem było wyprowadzenie psa albo nakrycie do stołu. W takim przypadku spróbuj znaleźć ukojenie w rzeczach innych niż maminy obiad. Zamów wegańskie jedzenie na wynos, zanurz się w gorącej kąpieli albo zadzwoń do przyjaciółki.

Niektóre kobiety odkrywają, że jedzenie substytutów mięsa pozwala im poradzić sobie z zachciankami. Inne zgłaszają dobre rezultaty po zjedzeniu czegoś słonego lub lekko tłustego, na przykład garści solonych orzechów albo łyżki humusu.

Zachcianki na jedzenie, i to nie tylko na jedzenie wysokobiałkowe, są powszechne podczas ciąży. Czy to będą stereotypowe pikle z lodami, czy coś innego, możesz nagle odkryć, że bardzo chce ci się konkretnego smaku, nawet jeśli niekoniecznie jest to coś, co masz w zwyczaju jadać. Niektórzy naukowcy wierzą, że jest to spowodowane zmianami hormonalnymi zachodzącymi podczas ciąży. Takie zmiany prowadzą do wzmocnienia zmysłu węchu. Węch ma wiele wspólnego ze smakiem, może więc istnieć jakiś związek między węchem, smakiem i zachciankami. Możesz odkryć, że twoje zachcianki zmieniają się z dnia na dzień albo między jedną ciążą a drugą.

Może się okazać, że będziesz łaknąć świeżych owoców i warzyw. W tym przypadku zwyczajnie zapełnij lodówkę świeżymi, zdrowymi przekąskami. Jeśli jednak twoje zachcianki prowadzą do częstego obżerania się śmieciowym jedzeniem, oto wskazówki, jak się z tym zmierzyć.

- Niski poziom cukru we krwi może wywoływać zachcianki. Postaraj się unikać gwałtownych spadków poprzez częste jedzenie niewielkich posiłków i przekąsek.
- Emocjonalny stres może odgrywać pewną rolę. Zapytaj siebie samej, czy naprawdę łakniesz jedzenia, czy jest to tylko reakcja na stres albo nudę. Wymyśl inne metody na rozładowanie napięcia, takie jak spacer czy łagodna joga.
- Czasami zachciankę można zaspokoić jednym czy dwoma kęsami jedzenia, na które masz ochotę. Weź gryza, a potem zajmij się czymś innym. I nie zostawiaj otwartej paczki chipsów na stole!
- Spróbuj znaleźć zdrowsze wersje dań, na które masz ochotę. Jeśli chce ci się frytek, upiecz je w piekarniku; zamiast torby czekoladek, spróbuj wypić kubek kakao.

Zachcianki przejdą z czasem. To mało prawdopodobne, że po porodzie będziesz miała ochotę na kanapkę z masłem orzechowym i chipsami w sosie barbecue!

Mity o białkach

Krąży mnóstwo mitów o białkach. Od plotek, że jeśli nie jesz mięsa, grozi ci deficyt proteinowy, do mylnego przekonania, że białka trzeba starannie mieszać, ludzie są często wprowadzani w błąd. Miejmy nadzieję, że już jesteś przekonana, że jak najbardziej możliwe jest spożywanie wystarczającej ilości białka na diecie wegańskiej i że staranne mieszanie białek przy każdym posiłku nie jest konieczne. Oto kilka innych mitów, z którymi możesz się spotkać.

Białka roślinne są niekompletne

Mit o tym, że białka roślinne są niekompletne, albo w jakiś sposób podrzędne w porównaniu z białkiem zwierzęcym, ma związek z zawartością aminokwasów w proteinach roślinnych. Jakkolwiek białka roślinne zawierają wszystkie dziewięć podstawowych aminokwasów, niektóre z nich mogą być w roślinach obecne w mniejszej ilości niż w białkach pochodzenia zwierzęcego. Mimo to, jeśli włączasz zróżnicowane roślinne źródła protein do swojej diety, najprawdopodobniej dostarczasz sobie taką ilość aminokwasów, jakiej potrzebujesz.

Weganie muszą używać suplementów białkowych

Suplementy białkowe dostępne są w wielu postaciach, najczęściej jako proszek do wymieszania z wodą bądź innym płynem. Wegańskie suplementy białkowe również istnieją i są najczęściej wytwarzane na bazie soi, ryżu albo białka konopnego. Jeśli trzymasz się zróżnicowanej diety wegańskiej, zawierającej dobre źródła białka, to mało prawdopodobne, że potrzebujesz jakichkolwiek suplementów. Oczywiście, jeśli twoje wybory żywieniowe są ograniczone przez alergie bądź nietolerancje pokarmowe, albo jeśli masz szczególnie wysokie zapotrzebowanie na białko z powodu jakiejś dolegliwości, twój dietetyk może takie suplementy zasugerować. Dla większości weganek jest to po prostu zbędny wydatek.

Aktywność fizyczna zwiększa twoje zapotrzebowanie na białko

Temat zapotrzebowania na białko przy ćwiczeniach wysiłkowych jest dość kontrowersyjny. Niektóre badania sugerują, że ludzie intensywnie uprawiający sport mają lekko podwyższone zapotrzebowanie, inne badania z kolei nie wykazały żadnego takiego wzrostu.

Tak czy inaczej, wysiłkowe ćwiczenia, które ewentualnie mogłyby wpływać na potrzeby białkowe, to nie jest rodzaj ćwiczeń, które powinnaś wykonywać w trakcie ciąży. Zapotrzebowanie na białko wzrasta u ludzi, którzy trenują do maratonów na profesjonalnym poziomie albo intensywnie podnoszą ciężary w celach kulturystycznych. Twoje wymogi białkowe są i tak nieco podwyższone w drugim i trzecim trymestrze ciąży; ćwiczenia, jakie wykonujesz w czasie jej trwania — spacer, jazda na rowerze, pływanie albo nawet bieganie — nie powinny być tak intensywne, by dodatkowo je podnosić.

Wegańska etykieta: kiedy inni pytają cię o białko

Jesteś w restauracji ze znajomymi z pracy i komuś przypomina się, że jesteś weganką. Wiedzą też, że jesteś w ciąży. Z zaniepokojoną miną pytają: „Teraz, gdy jesteś w ciąży, jak zamierzasz sobie dostarczyć dość białka na diecie wegańskiej?" Pamiętaj, że najprawdopodobniej:

- Szczerze się o ciebie martwią.
- Prawie nic nie wiedzą o wegańskim żywieniu.
- Oczy zaczną się im zamykać z nudów, jeśli twoja odpowiedź zajmie więcej niż minutę.
- Chcą właściwie tylko zapewnienia, że masz wszystko pod kontrolą i nie robisz nic szkodliwego.

Odpowiadaj krótko, spokojnie, przyjaźnie i w pozytywnym tonie. Nawet jeśli zadawano ci to pytanie już sto razy, po prostu powiedz coś takiego: „Przeczytałam kilka świetnych książek o wegańskim żywieniu, aby się upewnić, że wszystko robię dobrze. Białko, jakiego potrzebuję, pochodzi z fasoli, ziaren, produktów sojowych, orzechów i warzyw." A potem zmień temat: „Ja zamawiam kotlet warzywny z pieczonymi ziemniakami, a wy?"

Rozdział 4

Znaczenie żelaza i cynku

Zapotrzebowanie na żelazo i cynk jest bardzo niewielkie (liczone w miligramach), ale minerały te odgrywają istotną rolę w rozwoju twojego dziecka. Weganie muszą się zmierzyć z dodatkowym równoważeniem zmniejszonej absorpcji żelaza i cynku z produktów roślinnych. Z drugiej strony, rośliny zawierają także substancje zwiększające ich absorpcję. Wielu kobietom lekarz radzi, by podczas ciąży brały preparaty z żelazem, bo większości (nie tylko wegankom) bardzo trudno jest pozyskać wystarczającą ilość tego pierwiastka z samego pożywienia w okresie zwiększonego na nie zapotrzebowania.

Zapotrzebowanie na żelazo

Głównym zadaniem żelaza jest pomaganie czerwonym krwinkom w rozprowadzaniu tlenu po twoim organizmie. Kiedy jesteś w ciąży, żelazo pomaga też w dostarczaniu tlenu twojemu dziecku. Zapotrzebowanie na żelazo wzrasta drastycznie u kobiet ciężarnych, zwłaszcza w drugim i trzecim trymestrze. Podczas ciąży ilość krwi w organizmie zwiększa się o 40–50 proc. Żeby wytworzyć tę dodatkową krew, potrzebujesz więcej żelaza niż na co dzień. Twoje nienarodzone maleństwo odkłada też jego zapasy, które mają mu wystarczyć na pierwsze kilka miesięcy życia poza macicą. Dziecko jako pierwsze zaspokaja swoje potrzeby z twojego zapasu żelaza, więc nie będzie mu go brakować, chyba że jego poziom w twoim organizmie jest bardzo niski. U ciebie niedobór tego pierwiastka może wywołać anemię.

Po porodzie twoje zapotrzebowanie na żelazo drastycznie spada. Nie dość że nie produkujesz już dodatkowej krwi i nie podtrzymujesz rozwoju dziecka, przez jakiś czas nie będziesz też miała okresu, co oznacza, że nie będziesz traciła żelaza wraz z krwią menstruacyjną.

Ciąża zwiększa wchłanialność żelaza, zwłaszcza w drugim trymestrze. Jedzenie produktów bogatych w żelazo pozwala ci wykorzystać tę naturalnie zwiększoną absorpcję. Tylko wegetarianie i weganie czerpią dodatkową korzyść z tego zjawiska, gdyż dotyczy ono niehemowej formy żelaza.

Żelazo dla wegan

Zalecane dawki żelaza są wyższe dla wegetarian. Dzieje się tak dlatego, że żelazo w diecie wegetariańskiej występuje w tzw. formie niehemowej, która nie jest tak łatwo przyswajalna jak forma występująca w mięsie. Część żelaza z mięsa przyjmuje formę hemową, która się wyjątkowo łatwo wchłania.

Według różnych źródeł, m.in. Narodowego Instytutu Zdrowia, wegetarianie potrzebują 1,8 razy więcej żelaza niż niewegetarianie. Dieta wegańska w szczególności bywa bogata w substancje, które spowalniają absorpcję tego pierwiastka. To oczywiście nie znaczy, że nie jesteś w stanie zapewnić sobie potrzebnego żelaza dietą wegetariańską lub wegańską. Można, podejmując rozsądne decyzje żywieniowe, być weganką i dostarczać je sobie zgodnie z Zalecanym Dziennym Spożyciem (ZDS), które dla kobiet nieciężarnych wynosi 32 mg dziennie. Kiedy weźmie się pod uwagę zwiększone zapotrzebowanie podczas ciąży, wiele kobiet odkrywa, że codzienna dawka żelaza w tabletkach, obok diety bogatej w ten pierwiastek, zaspokaja ich potrzeby. W zależności od ilości żelaza w twojej diecie i w twoich witaminach prenatalnych, możesz potrzebować dodatkowego suplementu. To jest coś, o czym możesz porozmawiać ze swoim lekarzem, który zasugeruje odpowiednią dawkę na podstawie wyników badań krwi i twoich wyborów żywieniowych.

Wegańskie źródła żelaza

Nawet jeśli bierzesz żelazo w pigułce albo przyjmujesz większość potrzebnego ci żelaza w suplemencie prenatalnym, to wciąż dobry pomysł, by wybierać żywność bogatą w ten pierwiastek. Dlaczego? Te pokarmy są nie tylko kopalnią żelaza; wiele z nich stanowi podstawę diety wegańskiej, bo są również dobrymi źródłami innych składników odżywczych.

> Niektóre pokarmy są wzbogacane dodatkowym żelazem. Dwa przykłady, które przychodzą na myśl, to niektóre marki płatków śniadaniowych i niektóre rodzaje „mięsa" wegetariańskiego. Jeśli szukasz produktów bogatych w ten pierwiastek, sprawdź etykietę. Jeśli dodano żelazo, zobaczysz w tabelce wartości odżywczych w rzędzie opisującym jego zawartość wysoką liczbę, taką jak 30, 60 bądź 100 procent.

Znasz już część tych pokarmów z poprzednich rozdziałów — pełne ziarna, fasola, produkty sojowe, zielenina. Inne mogą być mniej znane. Czy wiedziałaś, że łyżka stołowa czarnej melasy ma więcej żelaza niż pół szklanki szpinaku? Inne, możliwe że mniej znane, źródło żelaza to wodorosty.

Jak mądrze wybierać — chleb i płatki śniadaniowe

Pełne ziarna — pokarmy, takie jak mąka pełnoziarnista, brązowy ryż i płatki owsiane — są poddawane minimalnym procesom przetwórczym. Te i inne produkty pełnoziarniste są dobrym źródłem żelaza. Kiedy ziarna są przetworzone (tak jak w białej mące, białym ryżu, mące kukurydzianej pozbawionej zarodków), część zawierająca najwięcej tego pierwiastka jest usuwana. Jasne, to przedłuża trwałość produktu i, jeśli podoba ci się biały kolor, sprawia, że produkt ładniej wygląda, ale jednocześnie spada wartość odżywcza danego ziarna. Żeby to zrównoważyć, przetworzone ziarna często wzbogacane są różnymi składnikami odżywczymi, w tym żelazem. To oznacza, że i pełne ziarna, i ziarna fortyfikowane (czyli takie, którym „oddano" część utraconych składników) są dobrym źródłem tego pierwiastka.

Kolejnym wspaniałym źródłem żelaza są zarodki pszenne. Jest to bogata w ten pierwiastek część ziarna pszenicy, usuwana w procesie jego oczyszczania. Dodając łyżkę lub dwie zarodków do koktajli lub gorących płatków zbożowych możesz zwiększyć zawartość żelaza w tych posiłkach.

Jak mądrze wybierać — fasola i produkty sojowe

Suszona fasola i produkty sojowe to pokarmy, po które weganie sięgają, by zaspokoić swoje zapotrzebowanie na żelazo. Szklanka ugotowanej soczewicy ma mniej więcej tyle samo tego pierwiastka co 5,5 pałek z kurczaka lub kotlet ważący 250 g. Wszystkie rodzaje suszonej fasoli i grochu są dobrym źródłem żelaza. Zielona fasolka to oczywiście nie to samo i nie ma go w niej aż tyle.

> Niektóre wspaniałe wegańskie źródła żelaza nie wpasowują się łatwo w kategorie takie jak rośliny strączkowe, ziarna albo owoce. Pokarmy, takie jak czarna melasa, gorzka czekolada albo batoniki energetyczne, pozwalają łatwo zwiększyć spożycie tego pierwiastka. Czarna melasa to produkt uboczny, powstający przy wytwarzaniu cukru. Jest bogata nie tylko w żelazo, ale też w wapń i inne minerały.

Produkty sojowe, oparte na ziarnach soi, również zawierają dużą ilość żelaza. Soja ma go więcej niż inne rodzaje suszonej fasoli, więc produkty z niej wytworzone, takie jak tofu, tempeh i mleko sojowe, to dobre źródła. Niektóre rodzaje wegetariańskiego „mięsa" są wzbogacane dodatkowym żelazem. Sprawdź etykietę, by zidentyfikować produkty należące do tej kategorii.

Jak mądrze wybierać — warzywa i wodorosty

Warzywa różnią się bardzo pod względem zawartości żelaza. Dla przykładu, musiałabyś zjeść trzy i pół szklanki sałaty lodowej, żeby dostarczyć sobie tyle samo tego pierwiastka, ile jest w jednej szklance surowego szpinaku. Sześć szklanek gotowanego kalafiora albo słupków z marchewki dostarczy tyle samo żelaza co jedna szklanka zielonego groszku. Trzeba ogromniastych ośmiu szklanek duszonych pieczarek, żeby dorównać zawartością jednej szklance gotowanej kapusty warzywnej (ogrodowej).

Zielone warzywa to dobre źródło żelaza. Do nich zaliczają się rośliny liściaste, takie jak szpinak, botwina, kapusta warzywna, jarmuż i buraki liściowe. Inne zielone warzywa, takie jak szparagi, brukselka i kapusta chińska (pak-choi), również zawierają ten pierwiastek. Przetwory pomidorowe, takie jak suszone pomidory, sok i sosy pomidorowe, to kolejne produkty, które warto dodać do swojej diety.

Wodorosty bądź warzywa morskie to, jak nazwa wskazuje, warzywa zebrane z morza. Może próbowałaś już nori, czyli wodorostów, w które zawija się roladki sushi. Inne rodzaje to m.in. kombu, czerwone algi dulse (rodymenia palczasta) i wakame (wymawiane ła-ka--me). Wodorosty są często sprzedawane w postaci suszonej i czasem wymagają namoczenia przed użyciem. Mają przyjemny, słodko-słony smak i mogą być dodawane do sałatek, zup, potraw z ziaren albo smażonych warzyw. Kombu jest szczególnie bogate w żelazo, ale większość wodorostów to fantastyczne źródła zarówno tego, jak i innych pierwiastków.

Jak mądrze wybierać — owoce i orzechy

Jeśli chcesz zwiększyć swoje spożycie żelaza owocami, skup się na suszonych. Suszone morele, śliwki i rodzynki nie są tak naprawdę bogatsze w ten pierwiastek niż ich świeże wersje, tyle tylko że większość ludzi jest w stanie zjeść garść rodzynek bez uczucia takiej sytości, jaką czuliby po zjedzeniu takiej samej ilości świeżych winogron. Nie zapominaj o soku z suszonych śliwek i nektarze morelowym — to też dodatkowe źródło żelaza.

> Prażone pestki dyni można zrobić samemu w domu, używając nasion z dyni wydrążonej na Halloween. Wyczyść nasiona, usuwając wszelki miąższ i łyko. Wysusz. Posyp odrobiną soli, pieprzu i innych przypraw. Rozłóż pojedynczą warstwą na blasze i piecz w temperaturze 135°C przez 10–20 minut, kontrolując często, czy się nie przypalają.

Najlepsze źródła żelaza wśród orzechów i nasion to nerkowce oraz pestki dyni i słonecznika. Inne orzechy też zawierają pewną ilość tego pierwiastka, ale nerkowce mają go więcej niż migdały, pekany czy orzechy włoskie.

Tahini (masło sezamowe) może być ci już znane, jeśli jesteś przyzwyczajona do robienia własnego humusu (to składnik wielu na niego przepisów). Można je także dodawać do ziaren bądź potraw warzywnych. Z zawartością dochodzącą do 3 mg w dwóch łyżkach, tahini ma więcej żelaza niż inne masła orzechowe.

Najlepsze wegańskie źródła żelaza

Wiele rodzajów wegańskiej żywności zawiera żelazo. Oto niektóre najbogatsze jego źródła:

1. Płatki śniadaniowe wzbogacane żelazem (do 18 mg w 30 g)
2. Kasza manna albo owsianka instant (do 12 mg w jednej szklance gotowego produktu)
3. Tofu (6,6 mg na pół szklanki)
4. Kombu (1,1 mg w ¼ szklanki)
5. Batoniki energetyczne wzbogacane żelazem (do 2,7 mg na batonik)

6. Soja (4,5 mg w szklance)
7. Gorzka czekolada (1,8 mg w 30 g)
8. Soczewica (6,6 mg w szklance)
9. Szpinak (6,4 mg w szklance ugotowanych liści)
10. Ciecierzyca (4,7 mg w szklance)

Modyfikowanie jadłospisu

Jedną z najlepszych rzeczy, jaką możesz zrobić w ciąży, jest wybranie kilku ze swoich ulubionych potraw i przerobienie ich pod kątem zwiększenia zawartości żelaza. Pewnie odkryjesz, że jesz znacznie zdrowiej po wprowadzeniu tych zmian. Dla przykładu, jeśli twoje
codzienne śniadanie to sok pomarańczowy, jaśki (poduszeczki śniadaniowe) z pełnoziarnistej pszenicy z truskawkami i mlekiem sojowym oraz grzanka z masłem arachidowym,
spróbuj wprowadzić następujące modyfikacje:

- Domieszaj trochę soku z suszonych śliwek do soku pomarańczowego
- Dosyp łyżkę zarodków pszennych do płatków i truskawek
- Wybierz płatki o wyższej zawartości żelaza albo fortyfikowaną owsiankę instant
- Spróbuj zastąpić masło arachidowe bogatszym w żelazo tahini i dodaj na wierzch
  trochę rodzynek

Jeśli twoja zwyczajna przekąska to precelki i owoce, zrób swoją własną, bogatą w żelazo
mieszankę studencką z suszonych moreli, nerkowców i pestek dyni bądź słonecznika.

Oto jak zmodyfikować obiad, jeśli w twoim menu były podsmażane brokuły, zielona
fasolka i marchewka z migdałami, podane z brązowym ryżem:

- Zamień część warzyw — albo wszystkie — na gatunki bogatsze w żelazo, na przykład
  groszek, szpinak i burak liściowy.
- Posyp potrawę płatkami nori.
- Dodaj bogate w żelazo źródło białka, na przykład pokrojone w kostkę tofu bądź jakiś
  rodzaj fasolek.
- Zamiast dodawania fasoli do smażonych warzyw, dodaj do jadłospisu całą nową
  potrawę na niej opartą, na przykład humus albo zupę z soczewicy na zaostrzenie
  apetytu.
- Wybierz inny rodzaj ziarna, na przykład komosę ryżową, albo podaj swoje warzywa
  z fortyfikowanym makaronem.
- Pozwól sobie na mały kawałek gorzkiej czekolady na deser.

Najlepsze wykorzystanie żelaza pokarmowego

Żelazo niehemowe, czyli jedyna jego forma występująca w roślinach, jest wchłaniane w większym lub mniejszym stopniu w zależności od tego, jakie inne pokarmy zjadasz razem z danym roślinnym źródłem. Kwasy fitowe to substancje, które znacznie ograniczają absorpcję żelaza. Znajdują się one w niektórych rodzajach żywności, którą często jedzą weganie, m.in. w pełnych ziarnach, suszonej fasoli, orzechach, nasionach i warzywach. Może się wydawać, że właściwie każdy pokarm, który jawi się jako dobre źródło żelaza, posiada jednocześnie te substancje zaburzające jego wchłanianie.

Dobra wiadomość jest taka, że żywność zawierająca witaminę C właściwie neguje działanie kwasów fitowych. Coś tak prostego, jak wypicie małej szklanki soku pomarańczowego, może zwiększyć ilość wchłoniętego żelaza o 400 proc., nawet w obecności kwasów fitowych.

Nie tylko sok pomarańczowy pomaga poprawić absorpcję. Wszystkie owoce cytrusowe i soki z nich zrobione zawierają witaminę C. Tak samo pomidory i przetwory pomidorowe (sosy, soki, zupa), brokuły, kalafior, kapusta, melon kantalupa, kiwi, ananas, jarmuż, słodkie ziemniaki; większość owoców i warzyw ją zawiera.

Cała sztuka polega na tym, żeby ten pokarm bogaty w witaminę C spożyć podczas tego samego posiłku z żywnością bogatą w żelazo. Dla ułatwienia sobie życia postaraj się jeść coś z witaminą C — kawałek owocu, małą szklankę soku, albo porcję warzyw — razem z większością posiłków. Nie dość że wchłoniesz więcej żelaza, to jeszcze będziesz jeść zdrowiej.

Inna sztuczka na poprawienie absorpcji żelaza to spożywanie większej ilości pokarmów wytwarzanych bądź konserwowanych pracą bakterii, zazwyczaj zwanych żywnością fermentowaną. Takie pokarmy, jak kapusta kiszona, tradycyjny sos sojowy, tempeh i chleb na zakwasie, zawierają kwasy organiczne zwiększające wchłanianie żelaza.

Kawa (zwykła i bezkofeinowa), herbata (w tym niektóre herbaty ziołowe) i kakao zawierają substancje zaburzające jego absorpcję. Jeśli masz w zwyczaju pić te napoje, wstrzymaj się z ich spożyciem, aż minie kilka godzin od posiłku, żeby składniki w nich zawarte nie ograniczyły wchłaniania żelaza z jedzenia.

Suplementy wapniowe również mogą ingerować w przyswajanie żelaza. Jeśli przyjmujesz tabletki z wapniem, na wszelki wypadek bierz je pomiędzy posiłkami.

Niedobór żelaza

U mniej więcej połowy kobiet spodziewających się dziecka niedobór żelaza prowadzi do anemii. Dzieje się tak, ponieważ ciężarne kobiety potrzebują półtora raza więcej żelaza niż nieciężarne, jak również dlatego, że wiele kobiet nie spożywa wystarczającej ilości tego pierwiastka nawet przed poczęciem. Tak naprawdę kobiety często mają niewielkie zapasy żelaza w organizmie.

Nie ma dowodów na to że niedobór żelaza zdarza się częściej u weganek. Ponieważ anemia wywołana jego brakiem wiąże się z ryzykiem przedwczesnego porodu bądź niskiej wagi ciała dziecka, rutynowo kontroluje się poziom tego pierwiastka u wszystkich kobiet ciężarnych.

Przy anemii możesz czuć słabość, zmęczenie, zawroty głowy. Tak samo w czasie ciąży. Dlatego trzeba wykonać badania krwi, by zobaczyć, co się dzieje. Poziom żelaza jest najczęściej ustalany przez pobranie próbki krwi i przetestowanie jej pod kątem zawartości hemoglobiny i hematokrytu. Robi się to zazwyczaj przy pierwszej wizycie prenatalnej. Niekiedy badanie powtarza się w drugim i trzecim trymestrze, częściej, jeśli wyniki są słabe.

Po stwierdzeniu niskiego poziomu żelaza, dostaniesz prawdopodobnie suplement zawierający ten pierwiastek. Być może trzeba będzie wykonać dodatkowe badania. Jedno z nich sprawdza, ile we krwi jest substancji zwanej *ferrytyną*, dzięki czemu wiadomo, ile żelaza zmagazynował twój organizm. Najlepiej mieć odłożone w ciele trochę dodatkowego żelaza, żeby uzupełnić jego poziom po jakiejkolwiek utracie krwi, albo w czasie gdy jesz dietę ubogą w ten pierwiastek. Nierzadko zdarza się, że weganki i wegetarianki mają niższy poziom ferrytyny, nawet jeśli ich hematokryt i hemoglobina są w normie.

> Duże dawki żelaza mogą być toksyczne. Bierz tylko taką ilość, jaką zalecił ci lekarz prowadzący. Przechowuj preparaty z żelazem poza zasięgiem dzieci. Upewnij się, że pojemnik ma zamknięcie, z którym sobie nie poradzą.

Anemia spowodowana niedoborem żelaza może prowadzić do dolegliwości zwanej *pica*, przy której ma się łaknienie na rzeczy niejadalne, takie jak glina, ziemia, papier, krochmal, jak również na lód, mąkę albo skrobię kukurydzianą. Jeśli poczujesz tego typu zachcianki, natychmiast poinformuj swojego lekarza. Niejadalne substancje mogą zawierać toksyny bądź zanieczyszczenia, które mogą zaszkodzić tobie i twojemu dziecku, a także zaburzyć absorpcję składników odżywczych.

Strategiczne branie suplementów[15]

Żeby upewnić się, że otrzymujesz wystarczającą ilość żelaza, twój lekarz prowadzący zaleci ci bogate w ten pierwiastek witaminy prenatalne, suplement z żelazem albo i to, i to. Dawka będzie zależała od twojej sytuacji. Dla przykładu, CDC rekomenduje, by zaczynając od pierwszej prenatalnej wizyty, brać codziennie suplement zawierający 30 mg żelaza. Jeśli zdiagnozowano u ciebie niedobór, być może zostanie ci przepisany suplement o wyższej zawartości, 60–120 mg. Porozmawiaj z personelem medycznym, by ustalić, jaka dawka jest właściwa dla ciebie.

Najlepiej brać suplementy z żelazem pomiędzy posiłkami albo razem ze źródłem witaminy C (na przykład szklanką soku), żeby ułatwić twojemu organizmowi wchłonięcie go. Jeśli przez poranne mdłości ciężko ci nie zwrócić preparatu przyjmowanego między posiłkami, spróbuj przez jakiś czas brać go z jedzeniem.

U niektórych kobiet preparaty z żelazem, zwłaszcza w wyższych dawkach, powodują zaparcia. Ciebie może to nie dotyczyć; diety wegańskie są zazwyczaj bogate w błonnik, więc zaparcia to coś, co weganom się raczej nie zdarza. Jeśli jednak twój preparat zdaje się wpływać na ciebie w taki sposób, spróbuj pić codziennie szklankę soku z suszonych śliwek. Nie tylko powinno to pomóc ruszyć system, ale jest to też świetny sposób na zdobycie dodatkowego żelaza. Upewnij się, że jesz dużo żywności bogatej w błonnik, takiej jak suszona fasola, pełne ziarna, owoce i warzywa.

Jeśli bierzesz suplement z żelazem, nie martw się, że twój stolec jest się ciemniejszy niż zwykle. To częsty, nieszkodliwy efekt uboczny przyjmowania wysokich dawek tego pierwiastka. Oczywiście, jeśli zauważysz w stolcu krew, powinnaś się natychmiast skontaktować z lekarzem.

Suplementy z wysoką dawką żelaza mogą zaburzać absorpcję innych minerałów. Jeśli przyjmujesz taki preparat, twój lekarz prowadzący może chcieć sprawdzić, czy masz wystarczające ilości cynku i miedzi.

Wegańskie źródła cynku

Cynk odgrywa istotną rolę w rozwoju twojego dziecka. Na szczęście, wiele produktów bogatych w żelazo to jednocześnie dobre źródła cynku, a prenatalne witaminy zazwyczaj

---

15 Stanowiska jak i rekomendacje Zespołu Ekspertów Polskiego Towarzystwa Ginekologicznego w zakresie: suplementacji witamin i mikroelementów, stosowania preparatów żelaza chelatowego w położnictwie i ginekologii, postępowania u kobiet z cukrzycą, jak i innych tematów z zakresu ciąży, znaleźć można na stronie https://www.ptgin.pl/ w zakładce REKOMENDACJE pod linkiem „Rekomendacje", bądź „Stanowiska ekspertów".

również zawierają ten pierwiastek. Niedobór cynku rzadko zdarza się w Stanach Zjednoczonych. Łagodny niedobór może prowadzić do osłabienia apetytu, zredukowanego zmysłu smaku i wolniejszego gojenia się ran.

Zapotrzebowanie na cynk wzrasta w trakcie ciąży, tak jak na żelazo. Okazuje się, że ilość cynku, jaką absorbujesz z jedzenia, również rośnie. Jednakowoż, tak jak z żelazem, kwasy fitowe i inne substancje zawarte w roślinach mogą zaburzać jego wchłanianie. W przypadku tego pierwiastka również istnieją sposoby, by jak najlepiej wykorzystać jego źródła.

Łatwy w przygotowaniu posiłek, który dostarcza prawie połowę dziennej porcji cynku wskazanej dla kobiet ciężarnych, to ¾ szklanki ciecierzycy w sosie curry, 1 i ½ szklanki komosy ryżowej i ½ szklanki duszonych pieczarek. Posyp pokruszonymi nerkowcami dla jeszcze większej korzyści. Kluczowe źródła cynku w takim posiłku to ciecierzyca, komosa i pieczarki. Suszona fasola, pełne ziarna i pokarmy fortyfikowane to świetne źródła tego pierwiastka odpowiednie dla wegan.

Niektóre marki płatków śniadaniowych są wzbogacane cynkiem, tak samo niektóre rodzaje wegetariańskiego „mięsa" i batoników energetycznych. Jeśli szukasz marki z wyższą zawartością tego pierwiastka, sprawdź etykiety produktów na półkach sklepowych. Tak jak w przypadku żelaza, dodanie łyżki albo dwóch zarodków pszennych do gorących płatków bądź innych potraw z ziaren zapewni ci dodatkową porcję cynku.

Warzywa zawierające najwyższe ilości cynku to pieczarki, szpinak, groszek, kukurydza i szparagi. Owoce to nie jest szczególnie dobry sposób na dostarczenie sobie tego pierwiastka. Gorzka czekolada zawiera nie tylko żelazo, ale też cynk — obu minerałów jest w niej więcej niż w mlecznej czekoladzie.

Szczególnie bogate w cynk są następujące pokarmy wegańskie:

- Płatki śniadaniowe fortyfikowane cynkiem (do 15 mg cynku w 30 g suchych płatków)
- Zarodki pszenne (2,7 mg w 2 łyżkach)
- Wzbogacane cynkiem „mięso" wegetariańskie (do 1,8 mg w 30 g)
- Wzbogacane cynkiem batoniki energetyczne (do 5,2 mg na batonik)
- Fasolki azuki (4 mg w szklance)
- Tahini (1,4 mg w 2 łyżkach)
- Ciecierzyca (2,4 mg w szklance)
- Czarno nakrapiana fasola (2,2 mg w szklance)
- Soczewica (2,6 mg w szklance)
- Orzeszki arachidowe, masło arachidowe (prawie 2 mg w 2 łyżkach)

Najlepsze wykorzystanie cynku

Chociaż absorpcja cynku z roślin strączkowych i ziaren jest niższa niż z mięsa, nie-wątpliwie istnieją techniki pozwalające zwiększyć wchłanianie tego pierwiastka przy diecie wegańskiej. Cynk jest lepiej przyswajany z chleba pieczonego na drożdżach niż z wypieków na proszku do pieczenia i sodzie. To wcale nie znaczy, że nie możesz jeść babeczek albo chleba na sodzie, po prostu pamiętaj, że w chlebie drożdżowym jest go więcej. Absorpcja cynku wzrasta przy fermentowanych pokarmach, takich jak kapusta kiszona, sos sojowy i tempeh. Jeśli lubisz kiełki, masz szczęście. Wykiełkowane ziarna i fasolki mają zmniejszoną zawartość kwasów fitowych, co sprawia, że łatwiej wchłaniać z nich minerały.

W taki sposób możesz zmaksymalizować ilość cynku, jaką dostarczasz sobie dietą. Jeśli nie masz czasu na pieczenie chleba albo hodowanie kiełków, nic się nie martw. Wystarczy, że upewnisz się, iż twoje prenatalne witaminy zawierają ten pierwiastek i będziesz je brać regularnie.

Rozdział 5

Wapń
i witamina D dla
zdrowych kości

Wapń i witamina D to ważne składniki, biorące udział w budowaniu mocnych kości i zębów, czy jesteś w ciąży, czy nie. Zdecydowanie obie te substancje można sobie dostarczyć dietą wegańską. Dla przykładu, warzywa o zielonych liściach, takie jak jarmuż i kapusta chińska, są szczególnie dobrym źródłem wapnia. Witamina D jest dodawana do żywności i produkowana przez twoje ciało, kiedy wychodzisz na słońce. Wiele rodzajów mleka roślinnego fortyfikuje się i wapniem, i witaminą D w łatwo wchłanialnych postaciach. Twój organizm oferuje dodatkową pomoc — podczas ciąży absorbujesz wapnia więcej.

Kluczowe składniki odżywcze dla zdrowych kości

Wzięte razem wapń i witamina D są uważane za składniki odżywcze najważniejsze dla zdrowych kości, ale inne witaminy i minerały, jak również białko, także są potrzebne dla zachowania mocnego szkieletu. Kiedy kości się rozwijają, białko tworzy wokół nich swoiste rusztowanie, które potem wypełniane jest wapniem i fosforem. Wapń i fosfor to minerały, które sprawiają, że kości są twarde i trudno je złamać. Witamina D odgrywa ważną rolę, ponieważ zwiększa wchłanianie wapnia. Twoje kości potrzebują stałych dostaw tego pierwiastka, gdyż ciągle się zmieniają i odbudowują, nawet kiedy już nie rośniesz. Oczywiście, kiedy jesteś w ciąży, potrzebujesz dodatkowego wapnia, by zbudować szkielet dziecka.

Pozostałe składniki odżywcze, ważne dla zachowania zdrowych kości, to m.in. fosfor, witamina K, witamina B_{12}, B_2, białko i witamina B_6. Innymi słowy, stosowanie dobrze zrównoważonej diety to jedna z najlepszych rzeczy, jakie możesz zrobić, by być pewną, że twój szkielet otrzymuje wszystkie składniki odżywcze, jakich potrzebuje.

> Poza odgrywaniem ważnej roli w budowaniu zdrowych kości, wapń jest też niezbędny do rozwoju mocnych zębów. Nawet jeśli zęby twojego dziecka nie będą widoczne przez pierwszy rok jego życia, rozwijają się one już w trakcie ciąży. Dodatkowo wapń wzmacnia kości szczęki.

Żywienie to nie wszystko, czego potrzeba kościom. Ćwiczenia, zwłaszcza ćwiczenia siłowe, takie jak marsze, bieganie, łagodny aerobik albo wchodzenie po schodach, są ważne przez całe życie, by szkielet pozostał mocny mimo mijających lat. Aktywność fizyczna w trakcie ciąży tak naprawdę nie pomoże kościom twojego dziecka, ale przyniesie inne korzyści.

Rozwój kości dziecka

Szkielet twojego maleństwa zaczyna się rozwijać trzy tygodnie po poczęciu. Nieźle, prawda? Dwadzieścia cztery tygodnie później, kości są w pełni uformowane. To dość szybki proces, ale w tym momencie kości dziecka jeszcze nie są tak twarde jak dojrzały szkielet; na razie są wciąż miękkie i łatwo się gną. Do momentu narodzin twoje maleństwo zdąży zmagazynować prawie 30 g wapnia, większość w postaci szkieletu, i wszystko to pobierze z twojego organizmu. Kości dziecka będą dojrzewać po porodzie i z czasem staną się twardsze i dłuższe. Niektóre kości zrosną się ze sobą, z czego wynika, że liczba kości u człowieka dorosłego jest niższa niż u niemowlęcia.

Zapotrzebowanie na wapń

Podczas ciąży będziesz dostarczać dziecku wapń, którego potrzebuje. Z pokarmów, jakie będziesz jadła, pierwiastek ten przedostanie się z jelit do krwiobiegu i poprzez łożysko, do organizmu twojego maleństwa. Jakkolwiek kości dziecka rozwijają się przez całą ciążę, szczytowy okres ich wzrostu to trzeci trymestr. W tym czasie płód potrzebuje 200–250 mg wapnia dziennie — trochę mniej niż ilość tego pierwiastka zawarta w szklance fortyfikowanego mleka sojowego (zakładając że mogłabyś wchłonąć z niego cały wapń). Ponieważ absorbujesz zaledwie jedną trzecią wapnia z jedzenia, ZDS tego pierwiastka wynosi więcej niż 200–250 mg.

Podczas ciąży zapotrzebowanie na wapń wzrasta, bo nie dość że musisz utrzymywać w zdrowiu własny szkielet, to jeszcze musisz dostarczyć wapń dla rozwoju kości i zębów dziecka. W sposób godny podziwu twój organizm równoważy zwiększoną potrzebę poprzez podwyższenie ilości wapnia, jakie wchłaniasz z jedzenia. We wczesnej ciąży absorbowana ilość podwaja się; zwiększona absorpcja utrzymuje się do samego porodu. Ponieważ wchłanianie tego pierwiastka tak znacznie się poprawia, rekomendowana ilość wapnia, jaką masz sobie dostarczać, nie wzrasta w porównaniu z okresem przedciążowym. Jeśli przed poczęciem zaspokajałaś swoje zapotrzebowanie na ten pierwiastek, a twój jadłospis nie zmienił się w znaczny sposób, istnieje wysokie prawdopodobieństwo, że dostarczasz sobie tyle wapnia, ile potrzebujesz.

Wegańskie źródła wapnia

Na szczęście, prawie każda grupa żywnościowa dozwolona w diecie wegańskiej zawiera pokarmy, które znacznie zwiększają spożycie wapnia. Wapń z orzechów i nasion, warzyw, owoców, roślin strączkowych i ziaren doskonale się wchłania. Zazwyczaj około 30 proc. tego pierwiastka z nabiału zostaje zaabsorbowane przez organizm. Tyle samo przyjmuje on z żywności fortyfikowanej wapniem. Zielenina to stanowczo numer jeden, jeśli chodzi o ten składnik; ponad połowa wapnia z zielonych warzyw, takich jak jarmuż, brokuł czy chińska kapusta, zostaje wchłonięta.

Warzywa dostarczają wapń

Poza kilkoma wyjątkami, jeśli dane warzywo jest zielone i ma liście, to będzie dobrym źródłem wapnia. Rośliny bogate w ten pierwiastek to m.in. różne rodzaje chińskiej kapusty, brokuły, kapusta warzywna, jarmuż, kapusta sarepska i zielenina z rzepy. Nawet niektóre warzywa nieliściaste, takie jak piżmian jadalny albo dynia piżmowa, dostarczają pewną jego ilość. Wapń jest też dodawany do niektórych marek komercyjnych soków warzywnych — sprawdź jego zawartość na etykiecie.

> Niektóre rośliny zawierają kwas szczawiowy, związek, który może zaburzać wchłanianie wapnia. Chociaż według informacji z tabel żywieniowych szpinak, buraki liściowe, rabarbar i bataty wydają się być dobrym źródłem tego pierwiastka, kwas szczawiowy w nich zawarty sprawi, że nie przyswoisz dużej jego ilości.

Możesz dostarczyć sobie prawie całe ZDS wapnia, czyli 1000 mg, jedząc około 4–5 szklanek ugotowanego jarmużu, kapusty liściowej albo naci rzepy; dla kogoś, kto naprawdę uwielbia zieleninę, nie jest to niewykonalne. Zakładając że wolisz opierać się na innych pokarmach, wciąż możesz zdobyć hojną porcję wapnia z zieleniny, nie wcinając jej całymi miskami. Możesz dodać posiekane liście do zup, sosów chili, gulaszów, curry, sosów do makaronu, ziaren (słyszałaś o ryżu na zielono?) i tłuczonych ziemniaków. Spróbuj poddusić posiekaną zieleninę na oliwie z oliwek, a potem doprawić ją czosnkiem i sokiem z cytryny. Dodaj zielone liście do warzyw z patelni. Łagodne w smaku młode listki roślin, takich jak jarmuż, można poszatkować i dodać do sałatek albo zastąpić nimi sałatę w burrito lub zawijańcach z tortilli. Możliwości są nieskończone!

Fasola i produkty z soi również dostarczają wapń

Suszone fasolki to kolejne wegańskie źródło wapnia. Soja, czarna fasola, wysuszone ziarna fasoli szparagowej i fasola jaś są szczególnie bogate w ten pierwiastek. Inne suszone fasolki są mniej imponujące, ale wciąż dostarczą ci pewną jego ilość.

Ponieważ soja jest bogata w wapń, produkty z niej wytworzone również go dostarczają. Tempeh, „orzeszki" sojowe (prażone ziarna soi), „mięso" sojowe i tofu to naturalnie obfite źródła tego pierwiastka. Tofu robi się przez wymieszanie mleka sojowego z solami mineralnymi, dzięki czemu mleko ścina się (tak jak przy robieniu sera). Wielu producentów tofu używa substancji zwanej nigari (chlorek magnezu) jako koagulantu. Można też wykorzystać w tym celu siarczan wapnia. Tofu wytworzone z pomocą soli wapnia jest szczególnie bogate w ten pierwiastek, ale nawet jeśli możesz kupić tylko tofu ścięte nigari, dalej będziesz w stanie dostarczyć sobie pewną jego dawkę z soi użytej do jego produkcji.

> Jeśli twoim głównym źródłem wapnia jest mleko sojowe wzbogacane wapniem albo inne mleka roślinne, pamiętaj, żeby dobrze wstrząsnąć pojemnikiem przed otwarciem go. Dzięki temu upewnisz się, że wapń jest równomiernie rozprowadzony po całej objętości kartonu, zamiast osiadać na jego dnie.

Mleko sojowe fortyfikowane wapniem to produkt, do którego ten pierwiastek został specjalnie dodany. W takiej postaci dobrze się wchłania. Wiele marek mleka sojowego dostarcza tyle samo wapnia co mleko od krowy. Przeczytaj etykietę na swojej ulubionej marce, żeby sprawdzić, czy zawiera wapń. Niektóre marki wegańskiego sera i jogurtu również są fortyfikowane tym pierwiastkiem.

Nie zapominaj o orzechach, nasionach, owocach, ziarnach i innych grupach pokarmów

Chociaż zielenina, tofu i mleko sojowe wzbogacane wapniem mogą ci dostarczyć wystarczającą ilość tego pierwiastka, by zaspokoić twoje potrzeby, istnieje wiele innych pokarmów albo naturalnie w niego bogatych, albo fortyfikowanych.

Masło migdałowe, ziarna sezamu i tahini to najlepsze źródła wapnia wśród orzechów i nasion. Owoce nie są szczególnie bogate w ten pierwiastek, za wyjątkiem fig — szklanka suszonych fig może ci go dostarczyć prawie tyle samo, co szklanka kapusty warzywnej. Suszone figi pomagają też na zaparcia, które mogą pojawić się w późniejszym okresie ciąży. Spróbuj zjeść kilka jako przekąskę albo dodać je do płatków śniadaniowych.

Rozejrzyj się po chłodzonych półkach supermarketów; znajdziesz tam wiele marek soku, zwłaszcza pomarańczowego, wzbogacanego wapniem. Jeśli starasz się zwiększyć spożycie tego pierwiastka, picie fortyfikowanego soku to łatwy na to sposób.

Wiele rodzajów płatków śniadaniowych, dostępnych w sprzedaży, jest wzbogacanych wapniem. Wartość odżywcza, rozpisana na etykiecie, pozwoli ci zdecydować, które z nich są dobrym jego źródłem — potrzebujesz 300 mg albo więcej na porcję. Mleka roślinne, takie jak mleko ryżowe, migdałowe albo owsiane, też są często fortyfikowane wapniem.

Kolejny sposób na zwiększenie spożycia tego pierwiastka to dodanie łyżki czarnej melasy do płatków śniadaniowych, ciasta na babeczki, fasolki po bretońsku albo gulaszu. Jedna łyżka stołowa dostarcza 200 mg wapnia.

Chociaż wiele wegańskich pokarmów zawiera wapń, oto najbogatsze jego źródła:

- Roślinne mleka wzbogacane wapniem (do 450 mg na szklankę)
- Suszone figi (120 mg w ½ szklanki)
- Tofu, zwłaszcza na bazie siarczanu wapnia (do 434 mg w 115 g)
- Kapusta warzywna (268 mg w szklance ugotowanych liści)
- Jarmuż (177 mg w szklance ugotowanych liści)
- Nać rzepy (197 mg w szklance ugotowanych liści)
- Kapusta chińska (158 mg w szklance ugotowanych liści)
- Sok pomarańczowy wzbogacany wapniem (350 mg na szklankę)
- Czarna melasa (400 mg w 2 łyżkach)
- Soja (175 mg na szklankę)
- Biała fasola (126 mg na szklankę)

Suplementy z wapniem

Wiele rodzajów multiwitamin prenatalnych nie dostarcza wysokiej ilości wapnia. Sprawdź etykietę na opakowaniu tych, które bierzesz. Najlepiej zdobywać ten pierwiastek przez żywność. Jeśli jednak twoja dieta jest w wapń uboga, a twoja multiwitamina prenatalna ma go niewiele albo nie ma go wcale, możesz potrzebować dodatkowego suplementu. Dwa najpowszechniejsze rodzaje suplementu z wapniem to węglan wapnia i cytrynian wapnia. Każdy ma pewne zalety.

Węglan wapnia jest najczęściej tańszy. Jeżeli chodzi o ten suplement, zazwyczaj łyka się mniej tabletek. Najlepiej wchłania się, gdy jest przyjmowany razem z jedzeniem. Minusem brania wapnia razem z żywnością jest to, że zaburza on absorpcję żelaza.

Suplementy na bazie cytrynianu wapnia można brać między posiłkami, więc zmniejsza się ryzyko ich ingerencji we wchłanianie żelaza. Dodatkowo, nie potrzebujesz kwasów żołądkowych, by przyswoić wapń w takiej formie, więc jeśli przyjmujesz leki hamujące ich produkcję (takie jak omeprazol), ten suplement będzie dla ciebie bardziej stosowny.

Suplementy z wapniem mogą powodować wzdęcia lub zaparcia. W takim przypadku, spróbuj rozbić dzienną dawkę na kilka mniejszych porcji albo zmień markę produktu.

Fakty i mity na temat wapnia

Jednym z najprostszych do obalenia mitów związanych z wapniem jest twierdzenie, że musisz jeść nabiał, by dostarczyć sobie wystarczającą ilość tego pierwiastka. Popatrz na zwierzęta roślinożerne, takie jak konie i krowy — ich ogromne kości są zbudowane z wapnia pochodzącego z roślin. Mleko nie jest składnikiem diety osobników dorosłych.

Białko i wapń

Związek pomiędzy białkiem, wapniem i zdrowiem kości jest skomplikowany. Starsze badania sugerowały, że u ludzi na wysokobiałkowej diecie wykrywano wysokie poziomy wapnia w moczu. Innymi słowy, wydalali oni wapń, zamiast go magazynować. Badania te były źródłem teorii, wg której ludzie na diecie uboższej w białko nie potrzebują aż tyle wapnia. Niektórzy weganie rzucili się na ten koncept, zgadując że skoro dieta wegańska dostarcza zazwyczaj mniej protein, ludzie stosujący ją powinni mieć niższe zapotrzebowanie na wapń niż mięsożercy.

> Bardzo wysoki poziom wapnia w organizmie może mieć związek z powstawaniem kamieni nerkowych, o których nikt raczej nie marzy. Mało prawdopodobne, że dostarczysz go sobie więcej niż maksymalna bezpieczna dawka (2500 mg) samą dietą, ale jeśli bierzesz też suplementy, może się to zdarzyć. Sprawdzaj pod kątem zawartości wapnia etykiety na wszystkich witaminach, jakie bierzesz.

Nowsze badania wykazały, że zarówno odpowiednia ilość białka, jak i odpowiednia ilość wapnia są niezbędne, by budować mocne kości, mniej podatne na złamania. Weganie powinni starać się przyjmować wapń w zgodzie z ZDS i zapewniać sobie dość protein dietą.

Witamina D – witamina słońca

Witamina D nazywana jest „witaminą słońca", gdyż twój organizm produkuje ją, gdy skóra wystawiona jest na jego blask. Witamina D jest niezbędna do absorpcji wapnia, więc często wspomina się o niej, gdy mowa o zdrowym szkielecie. Tylko kilka rodzajów żywności zawiera ten związek w naturalnej postaci — pieczarki to przykład wegańskiego składnika, w którym znajduje się pewna jego ilość. Niektóre pieczarki, pojawiające się ostatnio w sprzedaży, zostały napromieniowane ultrafioletem, co zwiększa ilość zawartej w nich witaminy D. Główne jej źródło w diecie większości Amerykanów to fortyfikowane nią krowie mleko. Wegańskim źródłem witaminy D również jest wzbogacana nią żywność; dodaje się ją do niektórych marek mleka roślinnego, soków owocowych i płatków śniadaniowych.

Zapotrzebowanie na witaminę D nie rośnie w ciąży. ZDS witaminy D podczas ciąży wynosi 600 jednostek międzynarodowych,[16] tak samo jak dla kobiet nieciężarnych.

Produkcja witaminy D

Nie trzeba dużo czasu na słońcu, by wytworzyć całą witaminę D, jakiej potrzebujesz. Eksperci twierdzą, że jeśli masz jasną skórę i możesz być na zewnątrz w słoneczny letni dzień pięć do dziesięciu minut z odsłoniętą twarzą i ramionami, wystarczy, by spełnić wymogi. Jest to jednak bardzo pobieżny szacunek, ponieważ wiele czynników może wpływać na produkcję witaminy D.

Kremy z filtrem UV i ubrania blokują produkcję tej witaminy, więc jeśli chcesz jej trochę zdobyć ze słońca, zaczekaj kilka minut z posmarowaniem bądź osłonięciem się. Pamiętaj jednak, że używanie kremu przeciwsłonecznego jest ważne, by chronić cię przed rakiem skóry, więc nigdy nie rezygnuj z niego całkowicie.

Jeśli twoja skóra jest ciemniejsza, jeśli mieszkasz w obszarze o bardzo zanieczyszczonym powietrzu albo jest akurat pochmurny dzień, będziesz musiała spędzić więcej czasu na słońcu. Zimowe słońce w północnej części Stanów Zjednoczonych nie jest wystarczająco mocne, by napędzać produkcję witaminy D. Jeśli jest akurat zima, a ty mieszkasz na północy, jeśli nie wychodzisz dużo na słońce albo jeśli używasz kremu z filtrem i odzieży ochronnej przy każdym wyjściu, będziesz musiała nauczyć się innych sposobów na zaspokojenie swojego zapotrzebowania na tę witaminę.

---

16 Jednostka międzynarodowa, j.m., IU (od ang. *international unit*) – jednostka aktywności substancji biologicznie czynnych (witamin, hormonów, leków, szczepionek, preparatów krwiopochodnych). Ma ona tę przewagę nad jednostkami masy (w farmakologii są to zwykle miligramy), że konsekwentnie wyraża aktywność różnych form danego czynnika biologicznego (jak witaminy A w postaci retinolu lub beta-karotenu). Mimo swojej nazwy jednostka międzynarodowa nie jest częścią układu SI. *Jednostka Międzynarodowa*, https://pl.wikipedia.org/wiki/Jednostka_międzynarodowa, 06.09.2019.

Twoje ciało produkuje tylko tyle witaminy D, ile potrzebuje, więc nawet po długim czasie na słońcu, nie wytworzysz jej nadmiernej ilości. Oczywiście, zbyt dużo słońca może zwiększyć ryzyko zachorowania na raka skóry, więc nie przesadzaj!

Źródła witaminy D dla wegan

Sięgaj po fortyfikowaną żywność i suplementy, by zaspokoić większość swojego zapotrzebowania na witaminę D. Dodaje się ją do wielu marek mleka roślinnego, m.in. mleka migdałowego, konopnego, kokosowego, ryżowego i sojowego. Niektóre substytuty nabiału (zastępujące jogurt albo ser) też mogą być o nią wzbogacane. Często dodaje się witaminę D do płatków śniadaniowych, soków, batoników energetycznych i innych produktów.

Świeże pieczarki, które są opisane na etykiecie jako dobre źródło witaminy D, były wystawione na światło ultrafioletowe, co pobudziło w grzybach produkcję tego związku. Porcja takich pieczarek, ważąca 85 g, zawiera ok. 400 jednostek międzynarodowych, czyli mniej więcej dwie trzecie zalecanego dziennego spożycia.

Kolejna opcja to suplementy z witaminą D. Zawiera ją wiele preparatów z wapniem, jak również większość multiwitamin prenatalnych. Zanim zaczniesz brać dodatkową witaminę D w tabletkach, porozmawiaj ze swoim lekarzem prowadzącym bądź dietetykiem, by upewnić się, że nie przyjmujesz jej zbyt dużo.

Witamina D_2 kontra witamina D_3

Witamina D w suplementach i fortyfikowanej żywności występuje w dwóch postaciach. Witamina D_2, znana też jako ergokalcyferol, wytwarzana jest z drożdży wystawionych na ultrafiolet. Witamina D_2 to wegańska forma tego związku. Witamina D_3, inaczej cholekalcyferol, jest często robiona z lanoliny z owczej wełny i w takim przypadku nie jest uznawana za wegańską. Wegańska forma witaminy D_3 wytwarzana jest z porostów i jest dostępna w formie suplementu. Obie postacie są skutecznym sposobem na zaspokojenie wymogów.

Większość — ale nie wszystkie — marek mleka sojowego i innych mlek roślinnych jest fortyfikowana witaminą D_2. Płatki śniadaniowe, sok pomarańczowy i margaryna są powszechnie wzbogacane niewegańską witaminą D_3. Pieczarki o podwyższonej zawartości tego związku zawierają postać D_2; w suplementach może być albo D_2, albo D_3. Jeśli wolisz unikać niewegańskiej witaminy D_3, sprawdź listę składników na etykietach produktów, których używasz; jeśli witamina D_3 pochodzi ze źródła wegańskiego, będzie jako taka opisana. Jeśli na opakowaniu napisano tylko „witamina D", możesz skontaktować się z producentem i zapytać, jaka jej postać dodawana jest do danego wyrobu.

Rozdział 6

Witamina B, kwas foliowy, DHA i jod

Niektóre z bardziej ekscytujących chwil w życiu każdej mamy to momenty, kiedy ich dziecko po raz pierwszy złapie kontakt wzrokowy, uśmiechnie się, zacznie mówić. To prawie tak, jakbyś widziała, że mózg maleństwa rośnie z każdą nowo nabytą umiejętnością. Tak jak w przypadku wszystkich innych systemów w organizmie, układ nerwowy (na który składa się mózg i unerwienie) rozwija się szybko, zarówno przed porodem, jak i w ciągu tygodni i miesięcy po nim. Witamina B_{12}, kwas foliowy, DHA i jod to składniki odżywcze, które razem z białkiem są potrzebne do budowy zdrowego układu nerwowego.

Witamina B₁₂ jest niezbędna dla wegan

Mimo tego że potrzebujemy jej niewielką ilość (mniej niż gram), witamina B_{12} jest niezbędna dla zdrowia. Posiadanie jednego lub więcej codziennych, niezawodnych jej źródeł jest specjalnie istotne, kiedy nie tylko zaspokajasz własne potrzeby, ale odpowiadasz też za dostarczanie jej swojemu nienarodzonemu, a potem (jeśli karmisz piersią) nowonarodzonemu dziecku. Witamina B_{12} zmagazynowana w twoim ciele nie może zostać przekazana twojemu maleństwu przez łożysko czy mleko, ale ta pochodząca z twojej diety bądź suplementów jak najbardziej. Dlatego tak ważne jest, aby przyjmować ją codziennie w formie pożywienia bądź suplementów.

Witamina B_{12} odgrywa istotną rolę w rozwoju i utrzymaniu w zdrowiu układu nerwowego. Niedobory jej są rzadkie, ale kiedy wystąpią, mogą mieć poważne konsekwencje, takie jak opóźnienia w rozwoju, problemy z chodzeniem i nieodwracalne uszkodzenia układu nerwowego. Brak witaminy B_{12} powoduje też problemy u dorosłych, ale podczas ciąży wszystko kręci się wokół dziecka i zapobieganiu wadom rozwojowym, jak również przedwczesnemu rozpoczęciu akcji porodowej.

W naturze witamina B_{12} jest produkowana przez mikroorganizmy; nie wytwarzają jej ani rośliny, ani zwierzęta. Możesz ją znaleźć w mięsie, mleku, jajkach i innych produktach pochodzenia zwierzęcego, ale tylko dlatego, że zwierzęta jedzą mikroorganizmy, które ją zawierają. Nie istnieją wiarygodne źródła witaminy B_{12} pochodzenia roślinnego, za wyjątkiem pokarmów specjalnie o nią wzbogacanych. Ograniczona ilość niezwierzęcych źródeł tego związku sprawia, że jest to witamina, na którą weganie muszą zwracać szczególną uwagę. Spożycie wystarczającej jej ilości na diecie wegańskiej jest stosunkowo proste, ale to ważne, żeby aktywnie się tym zająć.

Wegańskie źródła witaminy B₁₂

Fortunnie dla wegan, wielu producentów żywności dodaje witaminę B_{12} do swoich wyrobów — przeczytaj etykietę, by sprawdzić, czy została ona dodana do pokarmów, które kupujesz. Niektóre z wegańskich produktów, do których często (a przynajmniej czasem) dodaje się tę witaminę to:

- Mleka roślinne
- Batoniki energetyczne i wysokobiałkowe
- Ekstrakt z drożdży (marmite)

- Tofu
- Drożdże odżywcze
- „Mięso" wegetariańskie
- Płatki śniadaniowe

Zdarza się, że firmy zmieniają receptury swoich produktów, zwłaszcza jeśli chodzi o ilość witamin, którymi je fortyfikują. Często sprawdzaj etykiety produktów, na których polegasz w kwestii zdobywania witaminy B_{12}, by nie okazało się, że nie zauważyłaś, kiedy przestano ją do nich dodawać.

Drożdże odżywcze

Drożdże odżywcze, czyli żółty proszek/płatki o łagodnym smaku, są dobrym źródłem witaminy B_{12}, jeśli wyhodowano je na pożywce ją zawierającej. Są one powszechnie dostępne w sprzedaży w paczkach lub na wagę. Sprawdź etykietę, aby upewnić się, że produkt, jaki kupujesz, zawiera witaminę B_{12}. Czubata łyżka preparatu wspomagającego dla wegetarian z drożdżami firmy Red Star[17] (duże płatki) zawiera 4 µg tej witaminy.

Drożdże odżywcze to wszechstronny składnik, który może być dodawany do wielu potraw. Oto kilka pomysłów:

- Posyp nimi świeży popkorn, razem z odrobiną soli i płatków chili
- Wymieszaj z bułką tartą i użyj do posypania zapiekanki albo panierki
- Dodaj do swojej ulubionej „jajecznicy" z tofu
- Użyj dla dodania smaku warzywom gotowanym na parze, potrawom z ziaren i makaronu, zupom, pizzy wegańskiej oraz wszelkim innym daniom, które zazwyczaj posypuje się parmezanem
- Zmieszaj z tłuczonymi ziemniakami
- Dodaj do ciasta na chleb, by nadać serowy posmak bułkom albo innym słonym wypiekom
- Posyp nimi grzankę na śniadanie (po posmarowaniu wegańską margaryną)
- Zrób na ich bazie dip do maczania

Jak zdobyć dość witaminy B_{12}

Większość multiwitamin prenatalnych zawiera witaminę B_{12}. Jeśli twój suplement zawiera co najmniej 2,6 µg tego związku i przyjmujesz codziennie zalecaną dawkę, wszystko powinno być w porządku. Jeśli twoje multiwitaminy prenatalne jej nie zawierają, musisz poszukać innego źródła — osobnego suplementu dostarczającego witaminę B_{12}

---

[17] W Polsce dostępne są płatki drożdżowe wzbogacone o witaminę B_{12} innych firm.

co najmniej w dawce 2,6 µg (niektórzy wegańscy dietetycy rekomendują dawki rzędu 25–100 µg). Porozmawiaj ze swoim lekarzem o tym, jakie rozwiązanie będzie dla ciebie najlepsze.

> Witamina B_{12} sprzedawana jest w formie tabletek i kapsułek a także jako krople i tabletki pod język. Apteki oferujące leki recepturowe mogą ją też przygotować w postaci aerozolu (witamina B_{12} jest lepiej wchłaniana z pominięciem żołądka).

Chociaż wielu ludzi zaznacza, że weganie bardzo rzadko cierpią na niedobór witaminy B_{12}, lepiej dmuchać na zimne!

Żywność, na której nie możesz polegać pod kątem zawartości witaminy B_{12}

Pokarmy, o których mówi się, że zawierają witaminę B_{12}, to m.in. żywność fermentowana (tempeh, kapusta kiszona, miso, chleb na zakwasie), śliwki umeboshi, wodorosty, grzyby shiitake, spirulina z alg i soja. Żadne z nich — ani żadne inne roślinne źródło, jeśli już przy tym jesteśmy — nie zawiera wystarczająco dużo witaminy B_{12}, by zapobiec niedoborom. Co więcej, niektóre z tych pokarmów zawierają analog strukturalny witaminy B_{12} (coś co wygląda jak ona, ale nią nie jest), który może zaburzać wchłanianie jej z innych źródeł. Upewnij się, że masz komplet informacji, zanim zaczniesz je spożywać.

Kwas foliowy dla wegan

Kwas foliowy (witamina B_9) to kolejna niezbędna witamina. Jest szczególnie ważny we wczesnej ciąży, kiedy kształtuje się cewka nerwowa twojego dziecka. Z cewki nerwowej rozwija się mózg i rdzeń kręgowy (centralny układ nerwowy). Odpowiednia ilość kwasu foliowego przyjmowana w czasie formowania się cewki nerwowej zmniejsza ryzyko wad wrodzonych, takich jak rozszczep kręgosłupa.

Zazwyczaj dieta wegańska zawiera wiele pokarmów, które są dobrym źródłem kwasu foliowego, w tym fasolę, liściaste warzywa, pomarańcze i sok pomarańczowy, orzechy arachidowe. Kwas foliowy jest też obecny w chlebie, płatkach śniadaniowych, ryżu, makaronie, mące i innych produktach zbożowych.

Ponieważ kwas foliowy jest tak ważny, CDC rekomenduje, by kobiety ciężarne codziennie brały preparat witaminowy albo spożywały fortyfikowaną żywność (np. niektóre płatki śniadaniowe są fortyfikowane), które zawierają co najmniej 100 proc. ZDS kwasu foliowego, bądź stosowały kombinację obu wyżej wymienionych metod. Co więcej, ponieważ kobieta może jeszcze nawet nie wiedzieć, że jest w ciąży, w momencie kiedy zaczyna się kształtować cewka nerwowa płodu, rekomendacja CDC jest skierowana do wszystkich kobiet w wieku rozrodczym, nie tylko ciężarnych.

Rola DHA

Kwas dokozaheksaenowy (DHA) to rodzaj kwasu tłuszczowego, najczęściej znajdowany w tranie. Weganie jednak mogą spożywać ten związek bez konieczności jedzenia łososia, tuńczyka czy innych ryb. DHA, zaliczany do kwasów z grupy omega 3, odgrywa ważną rolę w rozwoju wzroku twojego maleństwa. Według artykułu w czasopiśmie *Nutrients*, wydanego w 2016 roku, DHA może też wpływać na rozwój poznawczy dziecka.

W ostatnim trymestrze płód magazynuje DHA w mózgu i siatkówce (która jest częścią oka). Jeżeli twoja dieta jest uboga w ten związek, DHA odłożony w twoim organizmie będzie zużyty do spełnienia potrzeb dziecka. Niektórzy eksperci wyrażają obawę, że to nadmiernie wyczerpie twoje zapasy.

DHA jest obiektem zainteresowania wielu naukowców i przeprowadzane są nad nim różne badania. Niektóre z nich wykazały, że poziom DHA we krwi ciężarnych wegetarianek jest niższy niż u kobiet ciężarnych, które nie stosują takiej diety. Nie wiadomo, czy robi to jakąkolwiek różnicę. Naukowcy odkryli również, że jeśli matka spożywa duże ilości DHA podczas ciąży, dziecko będzie miało wyostrzony wzrok w wieku 4 miesięcy, chociaż w 6 miesiącu życia nie da się już tego zaobserwować. U dzieci, których matki przyjmowały dużą ilość DHA podczas ciąży, zaobserwowano również niewielką poprawę w funkcjach rozwojowych.

DHA bez ryb

Weganie mogą dostarczać sobie pewną ilość DHA pośrednio, przyjmując kwas α-linolenowy (ALA), czyli inny rodzaj kwasu tłuszczowego, który jest przekształcany w organizmie w DHA. Dodatkowo można przyjmować wegańskie suplementy z tym związkiem.

Zbuduj swoje DHA

ALA to rodzaj kwasu tłuszczowego, z którego twój organizm może wytworzyć DHA. Tempo przeróbki jest niskie, więc prawdopodobnie nie zdobędziesz w ten sposób dość DHA, by spełnić wymogi podczas ciąży. Część zapotrzebowania możesz jednak zaspokoić przez własną produkcję.

ALA to nie tylko półprodukt w wytwarzaniu DHA, jest to też związek ważny sam w sobie, więc nawet jeśli nie oczekujesz, że przyczyni się on do produkcji DHA w twoim organizmie, to ważne, żeby dobre jego źródła stanowiły część twojej zdrowej wegańskiej diety. Pokarmy szczególnie bogate w ALA to siemię i olej lniany, olej rzepakowy, nasiona konopi, olej z nasion konopi, nasiona szałwii hiszpańskiej (chia), orzechy włoskie i olej z nich.

Siemię lniane to małe, ciemnobrązowe nasiona o lekko orzechowym smaku. Możesz je znaleźć w płatkach śniadaniowych, w chlebie, a nawet w krakersach albo chipsach z tortilli. Nasiona w całości dodają przyjemnej chrupkości, ale to właściwie wszystko, jeśli chodzi o ich zalety; fakt jest taki, że większość z nich przechodzi przez organizm niestrawiona z powodu łupinek. Żeby móc wykorzystać ALA z siemienia lnianego, trzeba je zemleć na mączkę lnianą, proszek, który może być dodawany do wypieków bądź koktajli. Możesz je mielić sama w młynku do kawy lub przypraw albo kupować już zmielone. Mączka lniana powinna być przechowywana w lodówce lub zamrażarce.

> Olej lniany jest dodawany do wielu produktów. Jeśli chcesz jeść więcej tłuszczów z grupy omega 3, poszukaj masła arachidowego albo wegańskiej margaryny z dodatkiem oleju lnianego. Oczywiście możesz sama zrobić takie wzbogacane siemieniem masło orzechowe, wystarczy domieszać do kilku jego łyżek jedną łyżkę oleju lnianego.

Olej lniany można dodawać do ugotowanych potraw, ale do samego gotowania nie powinno się go używać — wysoka temperatura niszczy zdrowe tłuszcze. Można mieszać ten olej z warzywami ugotowanymi na parze, ugotowanym makaronem, płatkami śniadaniowymi na gorąco albo innym ciepłym pożywieniem. Można go dodawać do sosów do sałatek albo koktajli, bez zmieniania ich smaku. Tak samo jak mączkę lnianą, olej lniany powinno się przechowywać w lodówce lub zamrażarce.

Konopie są źródłem nasion i oleju z nich wytłoczonego. Możliwe, że zauważyłaś w sklepie spożywczym nasiona konopi, mleko konopne, mąkę konopną, olej z konopi i masło konopne, jak również inne produkty z ich dodatkiem. Wyłuskanymi nasionami konopi można posypywać gotowe potrawy albo można dodawać je do pieczenia. Masła konopnego można używać zamiast masła orzechowego, a mąka konopna to produkt bezglutenowy.

DHA z mikroalg

Niektórzy myślą, że ryby są dobrym źródłem DHA, bo same syntezują ten związek. Nie-prawda! Ryby, tak jak ludzie, nie wytwarzają DHA. W rzeczywistości ryby zdobywają DHA w taki sam sposób jak robią to weganie (i inni, którzy nie jedzą ryb): jedzą algi. Niektóre gatunki alg naturalnie zawierają ten związek. Olej z nich jest używany do produkcji wegań-skich suplementów z DHA i do fortyfikowania żywności DHA nie pochodzącym od ryb.

> Nie dość że są dobrym źródłem ALA, nasiona konopi dostarczają też inne istotne składniki odżywcze. Dwie łyżki łuskanych nasion dostarczają około 80 kcal i tyle samo białka, co pół szklanki fasoli. Te same dwie łyżki zawierają też dużo żelaza, kwasu foliowego i cynku.

Grupy ekspertów, w tym Międzynarodowe Stowarzyszenie na rzecz Badania Kwasów Tłuszczowych i Lipidów (ISSFAL) i Amerykańska Akademia Pediatryczna, rekomendują dla kobiet ciężarnych i karmiących codzienne spożywanie 200 mg DHA. Najłatwiej to zrobić, przyjmując suplement.

Jeśli chcesz znaleźć wegańskie pokarmy z DHA, sprawdź, czy lista składników zawiera olej z DHA pochodzący z mikroalg. Nie wszystkie produkty zawierające ten olej są wegań-skie; dodaje się go też do niektórych marek mleka krowiego, jogurtu i innej niewegańskiej żywności.

Niektóre multiwitaminy prenatalne zawierają wegańskie DHA. Tak jak poprzednio, sprawdź, czy na liście składników znajduje się olej z mikroalg.

Jod również jest ważny

Jod, minerał, o którym mogłaś już słyszeć, bo jest dodawany do soli jodowanej, jest nie-zbędny dla rozwijającego się mózgu twojego dziecka. W skali światowej niedobór jodu podczas ciąży i we wczesnym dzieciństwie to najczęstszy powód urazów mózgu, których można uniknąć. Zapotrzebowanie na jod wzrasta podczas ciąży, aby zapewnić dziecku wystarczającą jego ilość potrzebną do rozwoju mózgu.

Z powodu nierównej zawartości jodu w glebie, rząd Stanów Zjednoczonych zalecił w 1924 roku dodawanie jodu do soli. Żeby dowiedzieć się, czy sól, jakiej używasz, jest jodowana, sprawdź opakowanie. Dostępna w sprzedaży sól morska zawiera różne ilości tego pierwiastka; dodaje się go do co najmniej jednej z marek. Trzy czwarte łyżeczki soli jodowanej dostarcza dość jodu, by zaspokoić zapotrzebowanie na niego w czasie ciąży.

Wielu ludzi nie używa aż tyle soli. Jeśli tak jest w twoim przypadku albo jeśli używasz soli morskiej bądź innego rodzaju soli niejodowanej, możesz potrzebować dodatkowego suplementu. Wiele multiwitamin prenatalnych zawiera ten pierwiastek, ale nie wszystkie. Amerykańskie Stowarzyszenie Tyreologiczne rekomenduje, by ciężarne kobiety przyjmowały codziennie preparat zawierający co najmniej 150 µg jodu. Najlepiej sprawdzić z lekarzem prowadzącym, czy dana dawka jest odpowiednia dla ciebie. Jeśli masz wątpliwości, zawsze pytaj!

Wodorosty, takie jak nori czy kombu, dostarczają trochę jodu, ale ilości w nich zawarte bardzo się różnią. Niektóre morskie warzywa są w ten pierwiastek bardzo bogate. Areme, niziki i kombu to przykłady wysokojodowych wodorostów, ale ponieważ nadmiar jodu może zaszkodzić i tobie, i twojemu dziecku, najlepiej ograniczyć ich spożycie podczas ciąży.

Rozdział 7

Witaminy
i suplementy

Owoce, warzywa, pełne ziarna, orzechy i fasola, które są podstawą diety wegańskiej, dostarczają organizmowi kluczowych
witamin i minerałów. Mimo to, dieta kobiet jest często uboga
w składniki, takie jak żelazo, cynk, magnez oraz witaminy E i D.
Ciąża to świetna okazja, aby przyjrzeć się swoim zwyczajom
żywieniowym i – jeśli trzeba – zmienić je. Poranne mdłości, brak
czasu oraz inne niesprzyjające sytuacje mogą pokonać twoje
najlepsze chęci; witaminy prenatalne i inne suplementy diety
pomogą ci upewnić się, że dostarczasz sobie wszystkie składniki
odżywcze, jakich potrzebujesz.

Witaminy i minerały podczas ciąży

Podczas ciąży, a nawet dłużej, jeśli będziesz karmić piersią, musisz spożywać więcej kalorii, białka oraz niektórych witamin i minerałów, żeby zaspokoić potrzeby rozwijającego się dziecka. Większość z tych składników odżywczych pochodzi z twojej codziennej diety, ale możesz potrzebować suplementów przy niektórych związkach, które zazwyczaj trudno sobie dostarczyć. Tabelka poniżej pokazuje, jak rekomendacje co do ilości przyjmowanych witamin i minerałów zmieniają się w okresie ciąży i karmienia.

Zalecane Dzienne Spożycie dla weganek w wieku 19–50 lat

Składnik odżywczy	Nieciężarne	Ciężarne	Karmiące
Wapń	1000 mg	1000 mg	1000 mg
Jod	150 µg	220 µg	290 µg
Magnez	310 mg (19–30 lat) 320 mg (31–50 lat)	350 mg (19–30 lat) 360 mg (31–50 lat)	310 mg (19–30 lat) 320 mg (31–50 lat)
Żelazo	32 mg	49 mg	16 mg
Cynk	8 mg	11 mg	12 mg
Witamina A	700 µg	770 µg	1300 µg
Witamina D	15 µg	15 µg	15 µg
Witamina E	15 mg	15 mg	19 mg
Witamina K (dostateczna ilość)	90 µg	90 µg	90 µg
Witamina B_1	1,1 mg	1,4 mg	1,4 mg
Witamina B_2	1,1 mg	1,4 mg	1,6 mg
Witamina B_3	14 mg	18 mg	17 mg
Witamina B_6	1,3 mg	1,9 mg	2 mg
Kwas foliowy	400 µg	600 µg	500 µg
Witamina B_{12}	2,4 µg	2,6 µg	2,8 µg
Witamina C	75 mg	85 mg	120 mg

ZDS według zaleceń Rady ds. Żywienia i Dietetyki, Instytutu Medycyny oraz Akademii Narodowej (Instytut Medycyny jest teraz znany jako Oddział Zdrowia i Medycyny w Akademii Narodowej)[18].

---

18 ZDS w tabeli opracowane zostało dla populacji Stanów Zjednoczonych Ameryki. W Polsce najnowsze normy możemy znaleźć na stronie Narodowego Centrum Edukacji Żywieniowej. Redakcja naukowa Mirosław Jarosz, *Normy żywienia dla populacji Polski* (opracowanie 2017 rok), https://ncez.pl/upload/normy-net-3393.pdf, 19.09.2019.

Zwróć, proszę, uwagę, że z roślin wchłaniamy mniej żelaza niż z mięsa i ryb, w związku z tym Rada ds. Żywienia i Dietetyki, Instytut Medycyny oraz Akademia Narodowa[19] radzą, by mnożyć ZDS żelaza dla osób na tradycyjnej diecie przez 1,8. Otrzymany wynik to ZDS tego pierwiastka dla wegetarian. ZDS żelaza w powyższej tabelce zostało obliczone w oparciu o podstawowe ZDS żelaza, pomnożone przez 1,8.

Chociaż podczas ciąży wzrasta rekomendowana ilość spożycia magnezu, witaminy A, witamin B_1, B_2, B_3, B_6 i witaminy C, prawdopodobnie będziesz ich sobie dostarczać więcej razem ze zwiększoną ilością pożywienia (zakładając, że trzymasz się względnie zdrowej diety). Osiągnięcie ZDS żelaza samą dietą jest wyzwaniem dla większości kobiet ciężarnych. Pozyskanie cynku też może się okazać trudne, zwłaszcza jeśli polegasz głównie na fasoli i ziarnach jako jego źródle. Suplementy z kwasem foliowym i jodem też są zalecane podczas ciąży. Weganki muszą spożywać albo żywność fortyfikowaną, albo suplement, żeby zaspokoić swoje zapotrzebowanie na witaminę B_{12}.

Kobiety w ciąży nie powinny brać zwykłych multiwitamin; może w nich być zbyt mało niektórych składników, a zbyt dużo innych. Poproś lekarza prowadzącego o wskazanie specjalnej multiwitaminy prenatalnej, która zawiera witaminy i minerały konkretnie potrzebne w czasie ciąży. Pamiętaj, żeby powiedzieć lekarzowi o wszystkich suplementach, jakie już przyjmujesz, zanim dodasz do nich multiwitaminę.

Jak wybrać multiwitaminę prenatalną/ suplement mineralny

Twój lekarz prowadzący może polecić ci konkretną markę multiwitaminy prenatalnej, bo będzie się zgadzał z rodzajem i ilością substancji odżywczych w niej zawartych. Możesz skorzystać z tego zalecenia, ale dany preparat może być wegański albo nie. Jeśli przyjmowanie wegańskiego suplementu jest dla ciebie ważne, przedyskutuj tę opcję z personelem medycznym. Możesz sama sprawdzić zawartość składników w każdej marce na ich stronach internetowych, a potem porównać wszystkie wartości w multiwitaminie zaleconej przez lekarza do wartości w wersji wegańskiej.

Dobrze zacząć poszukiwania na stronach internetowych producentów wegańskich suplementów. Są to m.in. VegLife (www.nutraceutical.com/collections/healthy/veglife/), DEVA (www.devanutrition.com), Freeda Vitamins (https://freedavitamins.com) i Country Life (www.country-life.com)[20]. Strony firm sprzedających produkty wegańskie również mogą być pomocne.

---

19 Instytucje w Stanach Zjednoczonych Ameryki.
20 Suplementy wymienionych producentów nie zawsze są dostępne na rynku polskim.

Jeśli zamierzasz wybrać wegańską multiwitaminę prenatalną, musisz się upewnić, że zaspokoi wszystkie twoje potrzeby na składniki odżywcze, których niewiele jest w twojej diecie. Grupy ekspertów, m.in. amerykańska Grupa Specjalna ds. Medycyny Prewencyjnej i Amerykańskie Stowarzyszenie Tyreologiczne sugerują, że kobiety ciężarne powinny przyjmować suplement dostarczający, odpowiednio, 400–800 µg kwasu foliowego i 150 µg jodu. Wybranie prenatalnej multiwitaminy zawierającej te związki we właściwej ilości, zmniejsza liczbę tabletek, jakie musisz zażywać. Wegankom w ciąży może też być trudno zdobyć dość innych składników odżywczych, takich jak żelazo, cynk, witamina B_{12}, wapń i witamina D. Jeśli dieta nie zaspokaja twojego zapotrzebowania na te substancje, poszukaj wegańskiego suplementu prenatalnego, który dostarczy ci choćby część potrzebnych składników, oraz zaplanuj, jak zdobyć resztę z pożywienia.

Podziel się zdobytymi informacjami z lekarzem prowadzącym i zyskaj jego aprobatę w kwestii jakichkolwiek suplementów, które zamierzasz zażywać. Bądź świadoma, że multiwitaminy prenatalne różnią się pod względem zawartych w nich substancji i ich ilości. Dla przykładu, kilka marek wegańskich suplementów prenatalnych nie zawiera jodu, a zawartość cynku waha się od 2/3 RDS do trzykrotnej zalecanej dawki.

Jeśli masz pytania co do konkretnego suplementu, włączając w to pytanie, czy jest to wyrób wegański, skontaktuj się z jego producentem.

Jakość suplementów

Pewne niezależne organizacje oceniają jakość niektórych suplementów spożywczych. Sprawdzają, czy dane preparaty rzeczywiście zawierają to, co obiecuje etykieta. Takie certyfikaty jakości nie oznaczają, że dany produkt jest bezpieczny bądź skuteczny; organizacje oceniają tylko proces produkcyjny. Wytwórcy suplementów nie mają obowiązku uczestniczyć w tego rodzaju programach kontrolnych. Organizacje, które sprawdzają suplementy, to m.in.:

- ConsumerLab.com (www.consumerlab.com)
- NSF International (www.nsf.org)
- USP (www.usp.org)
- Program TruLabel w ramach Stowarzyszenia ds. Produktów Naturalnych (www.npanational.org)[21]

Pytania co do procesów produkcyjnych albo ewentualnych zanieczyszczeń można też kierować bezpośrednio do wytwórcy.

---

21 Wymienione organizacje dotyczą rynku USA. W Polsce w obecnym stanie prawnym suplementy są traktowane jako żywność i jako środki spożywcze mogą być wprowadzone na rynek przez każdego, kto dokona tzw. „notyfikacji", tj. deklaracji składu organom sanitarnym. Spełnienie tego warunku formalnego umożliwia sprzedaż zgłoszonego produktu. Dla suplementów prowadzony jest rejestr GIS (Główny Inspektorat Sanitarny).

Suplementy z żelazem

Zapotrzebowanie na żelazo podczas ciąży jest wysokie, aby zwiększyć objętość krwi w twoim organizmie i żeby zrobić zapasy tego pierwiastka dla dziecka. Dodaj do tego fakt, że rekomendowane spożycie jest wyższe dla wegan i wegetarian, a zaspokojenie tego zapotrzebowania samą dietą stanie się praktycznie niemożliwe, nawet przy starannym planowaniu. Możesz wrócić do rozdziału 4 po więcej informacji na temat żelaza.

Większość ciężarnych kobiet przyjmuje jakiś rodzaj suplementu z tym pierwiastkiem albo w witaminie prenatalnej, albo osobno. Lekarz prowadzący zbada twoją krew pod kątem zawartości żelaza. Ta informacja pomoże mu zdecydować, jakiej dawki preparatu z tym pierwiastkiem potrzebujesz.

> Jeśli personel medyczny zaleci ci przyjmowanie suplementu z żelazem, koniecznie poinformuj ich, jeśli bierzesz inne leki. Niektórych lekarstw nie powinno się przyjmować razem z tym pierwiastkiem.

Większość multiwitamin prenatalnych zawiera 18 albo 27 mg żelaza. Taka ilość, łącznie z bogatą w nie dietą, może być wystarczająca albo twój lekarz prowadzący może zalecić dodatkowy suplement o niskiej dawce. Jeśli zdiagnozuje się u ciebie niedobór żelaza, możesz dostać receptę na preparat o wyższej dawce, rzędu 60–120 mg. Porozmawiaj ze swoim lekarzem prowadzącym, by zdecydować, jaka ilość jest odpowiednia dla ciebie.

Dodatkowe suplementy

Poza standardową multiwitaminą prenatalną i być może żelazem, możesz się zastanawiać nad innymi suplementami[22]. Oto co sugerują eksperci. Amerykańska Grupa Specjalna ds. Medycyny Prewencyjnej zaleca, by ciężarne kobiety przyjmowały codziennie 400–800 μg kwasu foliowego w formie preparatu, fortyfikowanej żywności bądź mieszanki jednego i drugiego. Amerykańskie Stowarzyszenie Tyreologiczne rekomenduje, by kobiety spodziewające się dziecka brały każdego dnia multiwitaminę prenatalną, zawierającą 150 μg jodu — dodatkową ilość tego pierwiastka można pozyskać z pożywienia i soli jodowanej.

---

22 Patrz przypis na str. 48.

Najlepiej porozmawiać z lekarzem prowadzącym, by ustalić dawki właściwe dla ciebie. Jak zawsze, jeśli masz jakieś wątpliwości, pytaj!

ZDS witaminy B$_{12}$ u kobiet ciężarnych wynosi 2,6 µg, które można przyjąć jako suplement bądź ze wzbogacanej żywności. Jeśli powyższe składniki odżywcze w odpowiednich ilościach nie są zawarte w twojej multiwitaminie prenatalnej (albo w fortyfikowanym jedzeniu, jeśli istnieje taka możliwość), poinformuj swojego lekarza, by mógł rozważyć dodatkowe opcje.

Kiedy przyjmować suplementy

Niektóre suplementy są lepiej wchłaniane, jeśli przyjmuje się je przy jedzeniu; inne lepiej brać pomiędzy posiłkami. To może być kwestia delikatnego wyważenia sytuacji. To bardzo ważne, żebyś brała konieczne suplementy i żebyś razem ze swoim lekarzem wypracowała, kiedy je przyjmować, tak żeby przyniosły ci jak największą korzyść.

Bierz suplementy z żelazem pomiędzy posiłkami, żeby zwiększyć jego wchłanialność. Absorpcję zwiększa też przyjmowanie ich razem ze źródłem witaminy C, takim jak sok pomarańczowy albo świeży sok z mandarynek. Pamiętaj, że kawa i herbata zawierają substancje, które hamują wchłanianie żelaza (jak również wapnia), więc staraj się nie popijać nimi preparatów.

Jeśli cierpisz na poranne mdłości i trudno ci utrzymać suplementy w żołądku, spróbuj brać je z jedzeniem. Jak tylko mdłości miną, postaraj się wrócić do dawkowania pomiędzy posiłkami.

Jeśli bierzesz suplementy z wapniem, nie powinno się ich przyjmować razem z żelazem albo multiwitaminą je zawierającą. Preparaty na bazie węglanu wapnia najlepiej wchłaniają się, gdy są brane z jedzeniem.

Rozłożenie w czasie innych suplementów — z witaminą B$_{12}$, kwasem foliowym, DHA, jodem — nie jest aż tak ważne. Najważniejsze, aby regularnie spożywać wszystkie preparaty zalecone przez lekarza prowadzącego.

Za dużo dobrego – unikanie nadmiaru witamin

Witaminy i suplementy mineralne mogą się wydawać nieszkodliwe. Można je kupić bez recepty i być może łykasz je bez zastanowienia. Prawda jest taka, że przyjmowanie nadmiernej ilości niektórych witamin i minerałów może być źródłem kłopotów zdrowotnych. Podczas ciąży nadmiar niektórych witamin może zaszkodzić twojemu dziecku. Dla przykładu, bardzo wysoki poziom witaminy A ma związek z wadami wrodzonymi. Najłatwiej uniknąć tego problemu, biorąc tylko te witaminy i minerały, które zalecił twój lekarz. Suplementy diety mają wspomagać zdrowy styl odżywiania się; nie zastępują one jedzenia zdrowej, zróżnicowanej diety wegańskiej.

Ziołowe suplementy podczas ciąży

Myśl, że ziołowe i roślinne suplementy oraz remedia są uniwersalnie bezpieczne do stosowania podczas ciąży, jest bardzo myląca. W rzeczywistości, sam fakt, że coś ma naturalne pochodzenie, nie gwarantuje wcale, że jest to środek bezpieczny. Pomyśl tylko o trującym bluszczu, jemiole albo niektórych grzybach — każde z nich jest naturalne i potencjalnie niebezpieczne. Nawet zioła, których można używać na co dzień, mogą się okazać szkodliwe dla rozwijającego się płodu. Zawsze konsultuj się z lekarzem, zanim przyjmiesz jakikolwiek suplement bądź preparat.

Niektóre ziołowe preparaty mają niby pomagać podczas ciąży. To może być prawda albo nie, w zależności od tego, czy potwierdzi się ją badaniami naukowymi. Remedia ziołowe i „naturalne produkty" nie są sprawdzane przez Amerykańską Agencję Żywności i Leków (FDA) pod kątem bezpieczeństwa, ani prawdziwości informacji podanych na etykiecie. Producenci preparatów ziołowych nie muszą też ustalać, czy ich produkt można bezpiecznie przyjmować podczas ciąży. Przerażające, prawda?

Amerykańskie Narodowe Centrum Medycyny Alternatywnej i Wspomagającej (National Centre for Complementary and Integrative Health) oferuje informacje na temat używania niektórych ziół podczas ciąży. Oto niepełna lista produktów, których należy unikać w tym stanie:

- Produkty zawierające gorzką pomarańczę, pluskwicę groniastą i czerwoną koniczynę nie powinny być używane, z powodu braków dowodu na ich bezpieczeństwo. Powinny też ich unikać kobiety karmiące.

- Prześl chińska, johimba lekarska i gorzknik kanadyjski nie powinny być spożywane przez kobiety ciężarne i karmiące.
- Czepota puszysta (zwana też vilcacora albo koci pazur) nie powinna być używana, ponieważ w przeszłości stosowano ją do zapobiegania ciąży.
- Niepokalanek pospolity może wpływać na poziom hormonów.
- Kozieradka, wrotycz i lukrecja mogą wywołać przedwczesny poród.

Nie jest to pełna lista produktów, jakich należy unikać. Skonsultuj się z personelem medycznym przed użyciem jakiegokolwiek preparatu roślinnego bądź ziołowego. Nie dość że mogą zaszkodzić twojemu dziecku, to mogą również wchodzić w interakcje z lekarstwami i powodować efekty uboczne przy różnych dolegliwościach, takich jak cukrzyca ciążowa czy nadciśnienie.

Część 3

Wegański styl życia

Rozdział 8

Składanie elementów układanki w całość

Słyszałaś to już wcześniej — pełne ziarna, rośliny strączkowe, owoce, warzywa i orzechy to podstawa zdrowej diety wegańskiej. Ale być może to nie wystarczy. Ile porcji warzyw powinnaś jeść teraz, kiedy jesteś w ciąży? Czy są jakieś pokarmy, których powinnaś unikać? Prosty przewodnik po wegańskim żywieniu w trakcie ciąży może ci pomóc. Jeśli potrzebujesz jeszcze więcej wsparcia, wizyta u dobrze poinformowanego dietetyka to warte zachodu przedsięwzięcie.

Przewodnik po wegańskim żywieniu w trakcie ciąży

Wiele poradników żywieniowych nie może być wskazówką dla wegan. Publikacje takie często zawierają kategorie „mięso" i „nabiał". Nawet jeśli zastąpisz mięso wegańskim źródłem białka, dalej zostaje ci do rozgryzienia grupa, która zaleca jedzenie sera i picie krowiego mleka.

Nasz przewodnik po wegańskim żywieniu w trakcie ciąży składa się z pięciu grup. Jeśli nie przybierasz na wadze w przewidywanym tempie, będziesz musiała zwiększyć liczbę spożywanych porcji w ramach poniższych kategorii. Pamiętaj, żeby jeść różnorodne pokarmy w obrębie każdej z nich.

Przewodnik po wegańskim jedzeniu w trakcie ciąży

Grupa żywieniowa	liczba porcji na dzień
Ziarna	6
Suszona fasola, orzechy, mleka roślinne i inne produkty wysokobiałkowe	7
Warzywa	4
Owoce	2
Tłuszcze	2

Poza podejmowaniem decyzji żywieniowych w oparciu o powyższą tabelkę, powinnaś też przyjmować suplement prenatalny, który dostarczy ci niezbędne witaminy i minerały, w tym żelazo, cynk, jod, witaminę B_{12} i witaminę D. DHA w formie suplementu jest również polecany w tym okresie. Szczegółowe informacje zawarte są w poprzednich rozdziałach.

Ziarna

Do tej grupy zaliczają się chleby, tortille, krakersy, bajgle, bułki, makarony, ryże, płatki owsiane, komosa ryżowa i wszelkie inne pokarmy wytworzone z ziaren. Wybieraj produkty pełnoziarniste tak często, jak jest to możliwe. Porcja dla tej grupy to np. kromka chleba; jedna tortilla albo bułka; pół szklanki ugotowanych płatków, ziaren lub makaronu; 30 g płatków śniadaniowych instant. Grupa ta dostarcza ci węglowodany, kalorie, błonnik, witaminy z grupy B, żelazo i pewną ilość białka. Fortyfikowane płatki mogą poza tym dostarczać inne witaminy i minerały.

Suszona fasola, orzechy, mleka roślinne i inne produkty wysokobiałkowe

Ta grupa zawiera różnorodne pokarmy, które są dobrym źródłem białka dla wegan. Wiele z nich dostarcza też żelazo i cynk, niektóre są również fortyfikowane wapniem, witaminą D i witaminą B_{12}. Porcja dla tej grupy to pół szklanki ugotowanego grochu lub fasoli; pół szklanki tofu, granulatu sojowego albo tempeh; 30 g „mięsa" wegetariańskiego; 2 łyżki masła orzechowego albo pasty z nasion; ¼ szklanki orzechów bądź orzeszków sojowych; szklanka fortyfikowanego mleka roślinnego.

Przewodnik po wegańskim jedzeniu w trakcie ciąży może być też używany, jeśli karmisz piersią. Z większości grup żywieniowych jedz tyle porcji, co podczas ciąży. Dodaj jedną porcję więcej w kategorii pokarmów wysokobiałkowych, wciąż bierz suplement prenatalny i zwiększaj liczbę porcji wedle potrzeby, aby uniknąć nadmiernej utraty wagi ciała.

Warzywa

Do tej grupy zaliczają się wszystkie warzywa, od brokułów do ziemniaków. Warzywa można jeść na surowo albo gotowane. Porcja dla tej grupy to pół szklanki warzyw gotowanych bądź szklanka surowych. Pamiętaj, żeby często jeść ciemnozielone warzywa liściaste i te w kolorze głębokiej pomarańczy, bo są one szczególnie bogate w składniki odżywcze. Cała grupa jest wyjątkowo dobrym źródłem błonnika oraz witamin A i C; dostarcza też pewną ilość żelaza i cynku.

Owoce

Owoce są szczególnie bogatym źródłem witamin A i C; dostarczają też błonnik i witaminy z grupy B. Należą do tej kategorii owoce świeże, mrożone, z puszki, suszone oraz soki owocowe. Porcja dla tej grupy to owoc średniej wielkości; pół szklanki owoców posiekanych lub z puszki; ¼ szklanki owoców suszonych; pół szklanki soku.

Tłuszcze

Grupa ta dostarcza ci kalorie, witaminę E i niezbędne kwasy tłuszczowe. Należą do niej oleje, wegańskie sosy do sałatek i wegański majonez, wegańska margaryna oraz wegański serek do smarowania. Porcja dla tej grupy to jedna łyżeczka.

Zaspokajanie zapotrzebowania na wapń, używając przewodnika po wegańskim jedzeniu w trakcie ciąży

Weganie zdobywają wapń z pokarmów należących do różnych kategorii. Zielone warzywa liściaste, fortyfikowane mleko sojowe i migdały to przykłady wegańskich źródeł tego pierwiastka. W tabelce poniżej wymienione są różne rodzaje wegańskiej żywności, w ilości dostarczającej go ok. 150 mg. Wybierając co najmniej 6 porcji (6 × 150 = 900 mg) z tej listy i dostarczając sobie resztę potrzebnego wapnia z innych pokarmów, możesz równać do ZDS wynoszącego 1000 mg. Jeśli przyjmujesz suplement zawierający ten pierwiastek, będziesz potrzebować mniej porcji wysokowapniowej żywności.

Pokarmy, które dostarczają ok. 150 mg wapnia

Rodzaj pokarmu	Rozmiar porcji
Gotowana kapusta warzywna bądź nać rzepy	¾ szklanki
Gotowany jarmuż lub rapini (brokuł liściasty)	szklanka
Gotowana kapusta chińska, piżmian jadalny albo kapusta sarepska	szklanka
Gotowany brokuł	2 i ½ szklanki
Wzbogacane w wapń soki (owocowe lub warzywne) albo mleko (sojowe, migdałowe itp.)	120 ml
Wzbogacany w wapń jogurt wegański	85 g
Wzbogacany w wapń ser wegański	20 g
Tofu	55 g
Tempeh	¾ szklanki
Migdały	6 łyżek
Masło migdałowe bądź tahini	2 i ½ łyżki
Suszona fasola (ugotowana)	1 i ½ szklanki (1 szklanka dla soi)
Suszone figi	10 sztuk
Angielska bułeczka drożdżowa z propionianem wapnia	1 i ½
Czarna melasa	2 łyżeczki
Wzbogacany wapniem batonik energetyczny	½

Zaspokajanie potrzeb przy ciąży mnogiej

Jeśli spodziewasz się bliźniaków, trojaczków albo większej liczby dzieci, będziesz potrzebować więcej porcji z każdej grupy, bo wzrośnie twoje zapotrzebowanie na kalorie i białko. Wymogi białkowe dla matek bliźniąt można zaspokoić, dodając do naszego przewodnika co najmniej 3 porcje ziaren, 2 porcje żywności wysokobiałkowej i jedną porcję warzyw.

Planowanie jadłospisu

Wiele kobiet decyduje się jeść podczas ciąży trzy posiłki plus kilka przekąsek, tak aby nie czuć głodu, a jednocześnie nie napełniać się zanadto przy zajmującym coraz więcej miejsca dziecku. Pamiętaj, przekąski nie muszą być skomplikowane. Owoc, garść orzechów albo mieszanki studenckiej to satysfakcjonująca przegryzka.

Oto przykładowy jadłospis, zbudowany w oparciu o nasz przewodnik po wegańskim jedzeniu w trakcie ciąży.

ŚNIADANIE

- ½ szklanki płatków owsianych (porcja ziaren)
- 2 łyżki masła migdałowego (porcja białka; źródło wapnia)
- 120 ml wzbogacanego wapniem soku pomarańczowego (porcja owoców; źródło wapnia)

PORANNA PRZEKĄSKA

- ½ bajgla (porcja ziaren)
- ½ szklanki humusu (porcja białka; źródło wapnia)

LUNCH

- Kanapka zrobiona z kromki chleba pełnoziarnistego (porcja ziaren), 30 g wegańskiego substytutu szynki (porcja białka) i łyżeczki wegańskiego majonezu (porcja tłuszczów)
- Szklanka mieszanki sałat (porcja warzyw)
- Średnie jabłko (porcja owoców)

POPOŁUDNIOWA PRZEKĄSKA

- ¼ szklanki nerkowców (porcja białka)
- Szklanka młodych marchewek (porcja warzyw)

OBIAD

- Szklanka makaronu z sosem pomidorowym (2 porcje ziaren)
- ½ szklanki ciecierzycy (porcja białka)
- Szklanka liści kapusty warzywnej (2 porcje warzyw; źródło wapnia) z łyżką oliwy z oliwek (porcja tłuszczów)

PRZEKĄSKA NA DOBRANOC

- 30 g płatków instant (porcja ziaren)
- 250 ml mleka sojowego wzbogacanego wapniem (2 porcje białka; źródło wapnia)

Prawdopodobnie będziesz musiała dodawać do tego dodatkowe pokarmy, by wspomagać przybieranie na wadze. Powyższy przykładowy jadłospis zawiera minimalną niezbędną liczbę porcji wg przewodnika po wegańskim jedzeniu w trakcie ciąży. Pamiętaj, by jeść różnorodnie i brać codziennie suplement prenatalny.

Najlepsza żywność

Zróżnicowana dieta to zawsze dobry pomysł. Jeśli jeden pokarm, jaki zjesz, będzie bogaty w witaminę X, ale ubogi w minerał Y, jest duża szansa, że przy następnym posiłku wybierzesz coś innego, z dużą ilością substancji Y, a małą X. Spożywanie różnorakich rodzajów żywności pozwala ci się zrelaksować i nie martwić śledzeniem każdego składnika odżywczego.

Niektóre pokarmy z każdej grupy są szczególnie dobrym źródłem różnych substancji żywieniowych. Dla przykładu, wśród ziaren te z pełnego przemiału dostarczają więcej błonnika i większą ilość pewnych witamin i minerałów niż ich wysokoprzetworzony odpowiednik. Z warzyw najlepiej wybierać te ciemnozielone i ciemnopomarańczowe. To nie znaczy, że pieczarki i sałata lodowa są zakazane; tyle tylko że te mniej pożywne warzywa trzeba zrównoważyć potem jedzeniem marchewki i jarmużu.

Świeże owoce dostarczają więcej błonnika niż owoce przetworzone albo soki. Jeśli używasz owoców z puszki, wybieraj te we własnym soku, a nie syropie cukrowym. Suszona fasola, tofu, tempeh, mleko sojowe, orzechy i masła orzechowe to fantastyczne opcje w grupie wysokobiałkowej. Bardziej przetworzone produkty, takie jak „mięso" wegetariańskie, są często mocniej posolone, uboższe w błonnik i droższe.

Żywność, którą należy ograniczać

„Wszystko z umiarem". Ta tradycyjna rada, jeśli chodzi o odżywianie się, dotyczy też wegan. Chociaż umiar to rozsądne podejście do jedzenia, ważne, żebyś wiedziała, co to znaczy „z umiarem". Znaczy to tyle, że kiedy już zjadłaś odpowiednią ilość pożywnych pokarmów, wolno ci zjeść małą (z naciskiem na „małą") ilość tzw. „śmieciowego jedzenia".

Z punktu widzenia odżywiania nie zaszkodziłoby ci, gdybyś nigdy więcej takiego jedzenia nie skosztowała. Jedyna wartość odżywcza „śmieciowego jedzenia" to kalorie; nie jest ono dobrym źródłem ani białka, ani witamin i minerałów, ani żadnej innej substancji, której potrzebujesz.

Przykłady śmieciowego jedzenia to napoje gazowane, cukierki, ciasta i ciasteczka, chipsy i tłuste przekąski. Pamiętaj, tylko dlatego że dany produkt jest wegański, nie musi on jednocześnie być zdrowy. Co jest nie tak z tego typu jedzeniem?

Porównaj swój jadłospis do domowego budżetu — musisz podejmować decyzje tak, by się w nim zmieścić. Jeśli potrzebujesz konkretnej ilości kalorii, by podtrzymywać przybieranie na wadze podczas ciąży, nie będziesz chciała „wydawać" tych kalorii na jedzenie, które nie jest pożywne. Zamiast tego, wybierzesz dostarczanie sobie największej możliwej ilości substancji odżywczych w ramach dozwolonej liczby kalorii. Jeśli przesadzisz ze śmieciowym jedzeniem, może ono zająć miejsce zdrowszej żywności w twojej diecie, co nie jest dobre ani dla ciebie, ani dla twojego dziecka.

Ale jeśli przybieranie na wadze przychodzi ci z trudem, rozsądne używanie śmieciowego jedzenia może pomóc. Kiedy już zjadłaś dzienny przydział zdrowej żywności, możesz dodać trochę kalorii z mniej pożywnych, wysokokalorycznych produktów.

Jak znaleźć czas, by dobrze jeść

Bez względu na to, czy chodzisz do stresującej pracy, siedzisz w domu z dziećmi, czy to i to, odpowiednie jedzenie może być kwestią planowania z wyprzedzeniem. Jeśli brakuje ci czasu, może wydawać się, że łatwiej jest ominąć jakiś posiłek albo złapać coś (cokolwiek!) w przelocie. Wiadomo, będą sytuacje, kiedy nie będziesz miała innego wyboru. Jednak ogólnie rzecz biorąc, dobre planowanie pomoże ci jeść zdrowo.

Szybkie i łatwe posiłki

Posiadanie w repertuarze kolekcji szybkich i prostych posiłków może pomóc, kiedy plan, żeby wrócić do domu wcześniej i ugotować obiad, zwyczajnie nie wypali. Zastanów się, jakie dania możesz ugotować bez książki kucharskiej ani specjalnych składników. Utrzymuj zapas różnych chlebów i bułek w zamrażarce. Szybki posiłek, który zawiera cenne składniki odżywcze, to np. humus albo inne smarowidło na tortilli, do tego warzywa i jakiś owoc. „Jajecznica" z tofu to szybkie danie, zwłaszcza jeśli masz świeże albo mrożone warzywa, które możesz podsmażyć razem z tofu. Poszukaj szybko gotującego się makaronu i miej pod ręką gotowy sos — albo ze słoika, albo domowej roboty. Trzymaj w zamrażarce zapas bułek i warzywnych burgerów. Wegetariańska fasolka po bretońsku z puszki staje się superszybkim daniem, jeśli dodasz do niej młodą marchewkę.

Niektóre rodziny spędzają część weekendu na gotowaniu kilku posiłków na nadchodzący tydzień albo na przygotowywaniu bazy pod nie — można posiekać warzywa, ugotować ziemniaki do sałatki na później, upiec chleb albo desery. Dania przygotowane z wyprzedzeniem, takie jak zapiekanki, zupy i gulasze, można włożyć do lodówki i tylko odgrzać w wieczory, kiedy nie masz dużo czasu na gotowanie. Resztki można zamrozić i zużyć kilka tygodni później, dla zachowania różnorodności. Upewnij się, że masz listę z zawartością zamrażarki, żeby uniknąć zastanawiania się kilka miesięcy później, kiedy znajdziesz w niej tajemniczy, oblodzony pakunek.

Półprodukty, które sprawdzają się dla ciebie

Sama nazwa „półprodukty" może przywodzić na myśl śmieciowe jedzenie, które kupujesz w biegu w spożywczaku, a potem zjadasz w samochodzie. W rzeczywistości, półprodukt to żywność, która pomaga ci szybko stworzyć posiłek. Wybieranie dobrych półproduktów i trzymanie ich pod ręką to jedna z metod, by upewnić się, że zaspokajasz swoje potrzeby żywieniowe. Fasola w puszce to przykład użytecznego półproduktu, którego możesz znaleźć wiele rodzajów. Przepłucz ją szybko, żeby pozbyć się nadmiaru soli z zalewy, a potem dodaj do jakiejkolwiek potrawy, do której potrzebna jest gotowana fasola.

Posiekane bądź mrożone warzywa ułatwiają ich podawanie. Poszukaj szatkowanej kapusty w torebkach albo obranej dyni, jeśli akurat jest na nią sezon. Zapas mrożonych owoców oznacza, że łatwiej jest robić koktajle, desery z kruszonką albo dodawać je do babeczek czy naleśników.

Sprytne przekąski

Przekąski to klucz do jedzenia tyle, ile potrzebujesz. We wczesnej ciąży podgryzanie może ci pomóc poradzić sobie z kapryśnym apetytem i kontrolować poranne mdłości, które są mniej uporczywe, jeśli zawsze masz coś w żołądku. W bardziej zaawansowanych stadiach ciąży, będziesz miała prawdopodobnie mniej miejsca na trzy duże posiłki każdego dnia. Zamiast tego, możesz jeść codziennie sześć mniejszych porcji (czyli przekąsek).

Oto garść pomysłów:

- Świeży owoc albo koktajl owocowy
- Warzywa z tofu lub dipem fasolowym
- Ciastka ryżowe albo bajgle z masłem orzechowym
- Płatki zbożowe z mlekiem sojowym
- Babeczka z otrębami lub jagodami
- Mieszanka studencka
- Batonik energetyczny i sok owocowy

Wszystkie przekąski wymienione powyżej zajmują tylko moment w przygotowaniu. Dipy i babeczki można kupić, albo przygotować w dzień, kiedy masz więcej czasu, a potem schłodzić lub zamrozić do czasu, aż będziesz ich potrzebować.

Weganka w niewegańskiej rodzinie

Załóżmy że jesteś weganką, a reszta domowników nie. Niby możesz co wieczór wrzucać kotlet warzywny do mikrofalówki, ale nie jest to dobre rozwiązanie. Twój partner może być zainteresowany spróbowaniem jakichś wegańskich potraw albo nawet skłonny je dla ciebie ugotować. Potrzebujesz pomysłów na wegańskie dania, które może jeść każdy.

Wiele osób na diecie wegańskiej w takiej sytuacji przygotowuje bezmięsne potrawy, które ich partner może jeść jako akompaniament do głównego dania. Inny pomysł to dania, które ty możesz jeść, a do których twój partner może dodać mięso lub ser. Dla przykładu, do warzyw z patelni można dorzucić podsmażonego kurczaka albo tofu. Ser albo mielona wołowina mogą być dodane do sosu do makaronu albo chili.

Jeśli szykujesz burrito albo taco, twoją tortillę możesz napełnić fasolą i warzywami, a twojego partnera — mięsem bądź serem. Podobnie, pieczone ziemniaki mogą być podane z fasolą albo z sosem mięsnym.

Rozdział 9

Wegańskie
zakupy i składniki

Mleko sojowe obok nabiału, tofu w chłodziarce, beznabiałowe mrożone desery przy tradycyjnych lodach — w dzisiejszych czasach w wielu supermarketach można kupić wegańskie produkty. W zależności od tego, gdzie mieszkasz i co lubisz, możesz dostać wszystko, czego potrzebujesz, w lokalnym sklepie spożywczym. Niektórzy weganie robią zakupy w spółdzielniach rolniczych albo w sklepach ze zdrową żywnością, które najczęściej oferują szerszy wachlarz wegańskich specjałów. Jeśli wolisz kupować, nie wychodząc z domu, istnieją internetowe sklepy wegańskie.

Jak znaleźć wegańskie produkty w supermarkecie

W twoim lokalnym supermarkecie możesz kupić imponującą liczbę produktów odpowiednich dla wegan. Co prawda, czytanie etykiet może na początku zająć trochę czasu, jednak szybko nauczysz się, które rodzaje żywności i które marki są najlepsze dla ciebie. Być może odkryjesz, że większość twoich zakupów pochodzi z zaledwie kilku działów sklepu — być może będą to sekcje ze świeżymi owocami i warzywami, suszoną i puszkowaną fasolą oraz żywnością naturalną. We wszystkich tych działach znajdziesz wegańskie pokarmy, ale jeśli jesteś gotowa do odkrywania nowych terytoriów, okaże się, że na większości półek można wytropić coś wegańskiego.

Świeże owoce i warzywa

Wydaje się oczywistym, że będziesz stałym bywalcem sekcji ze świeżymi warzywami i owocami. Nie dość że znajdziesz tam wszelkie plony, to jest to też miejsce, gdzie wiele sklepów umieszcza wegańskie i wegetariańskie produkty. Rozejrzyj się tylko, a być może odkryjesz tofu, substytuty mięsa i nabiału albo wegańskie sosy do sałatek. Wykaż śmiałość — podejmij wyzwanie i co tydzień czy dwa kupuj nowe warzywo lub owoc.

Zaprzyjaźnij się też z kierownikiem działu; pomoże ci zdecydować, czy dany owoc jest dojrzały, czy nie, albo zasugeruje pomysły na wykorzystanie mniej popularnych jarzyn, np. selera korzeniowego.

Stoisko delikatesowe

W wielu sklepach na stoisku delikatesowym można znaleźć różne rodzaje humusu, jak również oliwki i pikle. Większość marek humusu jest wegańska, chociaż nigdy nie zaszkodzi sprawdzić listę składników. Niektóre sklepy sprzedają w tej sekcji paczki wegańskich „wędlin". Gotowe sałatki, takie jak surówka z białej kapusty czy sałatka ziemniaczana, są często zrobione z użyciem majonezu na jajkach, ale nie bój się zapytać o towary wegańskie — może znajdzie się pieczony ziemniak z sosem winegret albo wegańska surówka z tartych warzyw. Poza tym, pytając, informujesz personel sklepu, że zależy ci na opcji wegańskiej.

Piekarnia

Znalezienie wegańskiego chleba w supermarkecie może być wyzwaniem. Do wielu chlebów dodaje się serwatkę (pochodna mleka), jajka albo miód. Chleby żytnie są zazwyczaj wegańskie, jak również niektóre tradycyjne chleby francuskie i włoskie. Możesz mieć więcej szczęścia w sklepie ze zdrową żywnością albo w dziale z żywnością etniczną.

Sekcja spożywcza

Sekcja spożywcza to przykład działu, gdzie możesz znaleźć produkty wegańskie, zupełnie się tego nie spodziewając. Warto czasami spędzić tam godzinkę, czytając etykiety i notując informacje o nieoczekiwanych znaleziskach. Oto garść wskazówek, które mogą się okazać przydatne w tym dziale:

- Jeśli szukasz krakersów, trzymaj się z dala od tych z serem lub masłem w nazwie. Krakersy, w których pierwsza na liście składników jest mąka z pełnego przemiału, to lepszy wybór niż te na bazie zwykłej mąki pszennej.
- Wiele owoców, warzyw i fasolek z puszki to produkty wegańskie. Sprawdź etykietę pod kątem dodatków, takich jak solona wieprzowina, bekon czy inne rodzaje mięsa. Spotyka się je szczególnie często w puszkowanej zieleninie i fasolce.
- Produkty zbożowe do jedzenia na gorąco, takie jak płatki owsiane, grysik, kasza manna, często są wegańskie. Podstawowa wersja produktu nieraz będzie miała tylko dane ziarno na liście składników. Sprawdź na etykiecie, czy nie dodano mleka lub sera.
- Wiele marek makaronu to żywność wegańska. Sprawdzaj jednak etykietę, bo do niektórych rodzajów, zwłaszcza do azjatyckich klusek i wstążek, dodaje się jajka. W sosach do makaronu może znajdować się ser lub mięso; sos marinara często bywa wegański.
- W sekcji etnicznej supermarketu możesz znaleźć bardzo interesujące towary. Poszukaj mieszanki na falafel na półce bliskowschodniej, przesmażanej fasoli bez smalcu w dziale z żywnością hiszpańską i nietypowych suszonych klusek w części azjatyckiej.
- W niektórych supermarketach są też działy ze zdrową żywnością. Wiadomo, że nie wszystkie produkty w nich są wegańskie, ale to tutaj możesz znaleźć sterylnie pakowane mleko sojowe, wegańskie zupy z puszki i wegańskie płatki śniadaniowe.
- Co prawda, nie jest to najzdrowsza część sklepu, ale na półce z przekąskami znajdziesz wegańskie chipsy ziemniaczane, precle, chipsy z tortilli i inne przegryzajki. Uważaj na dodawany ser i inne rodzaje nabiału.

Mrożonki

W dziale z mrożonkami znajdziesz zamrożone warzywa (świetne w momentach, gdy twoja półka ze świeżymi jarzynami świeci pustkami, a do obiadu trzeba czegoś zielonego), mrożone owoce (na koktajle), mrożone skoncentrowane soki i bardzo często mrożone kotlety warzywne. Możesz też trafić na inne niespodzianki, takie jak wegańskie pierogi, wegańskie zupy i wegańskie mrożone desery.

> Czy mrożone warzywa są bardziej pożywne niż świeże? To zależy. Mrożone warzywa często przetwarza się natychmiast po zerwaniu, by zminimalizować utratę składników odżywczych. Po zbiorze warzywa wystawione na powietrze i światło słoneczne zaczynają tracić witaminy. Jeśli świeże brokuły były zerwane kilka dni temu, będzie w nich znacznie mniej witamin niż w brokułach mrożonych.

Nabiał

Może nie spodziewasz się sekcji wegańskiej na półce z nabiałem, ale to właśnie tutaj wiele supermarketów umieszcza chłodzone mleko sojowe i inne mleka roślinne. Możesz w tym dziale znaleźć też soki owocowe. W niektórych dobrze zaopatrzonych supermarketach może się trafić wegański jogurt i margaryna.

Jeśli masz jakiś ulubiony produkt wegański, który widziałaś w innym sklepie, albo który znasz z internetu czy z gazet, zapytaj kierownika w twoim supermarkecie, czy mógłby dodać go do asortymentu. Jeśli wiesz, że jest to coś, co lubisz i czego będziesz używać, kierownik może zamówić specjalnie dla ciebie skrzynkę tego towaru.

Czytanie etykiet

Co by było, gdybyś mogła szybko zerknąć na etykietkę i od razu wiedzieć, czy dany produkt jest wegański, czy nie? Na razie taki prosty system nie istnieje, a przynajmniej nie w jakiejś spójnej formie. Rząd USA nie reguluje ani nie wymaga używania określenia „wegańskie" na etykiecie. Jeśli widzisz towar opisany jako „wegański" albo oznaczony jakiegoś rodzaju znakiem identyfikacyjnym, to prawdopodobnie dlatego, że albo producent, albo jakaś organizacja non profit zdecydowały, że ten produkt odpowiada ich wymaganiom[23]. Dlatego powinnaś sama zerknąć na etykietę, aby sprawdzić, czy spełnia on twoje własne kryteria, dające mu prawo do miejsca w twoim koszyku z zakupami.

---

23 W Polsce stosowanie oznaczeń słownych i graficznych skierowanych do wegetarian i wegan jak dotąd nie zostało uregulowane w przepisach unijnych. Jednakże polski ustawodawca, w paragrafie 1 Rozporządzenia Ministra Rolnictwa i Rozwoju Wsi z dnia 23 grudnia 2014 r. w sprawie znakowania poszczególnych rodzajów środków spożywczych, wskazuje, że w oznakowaniu środka spożywczego mogą być podane następujące informacje:
– „produkt może być spożywany przez wegetarian" albo „odpowiedni dla wegetarian" – pod warunkiem że środek ten nie zawiera składników pozyskanych ze zwierząt lub że produkty pozyskane ze zwierząt nie były używane w procesie jego produkcji;

Oczywiste znaki, że dany produkt nie jest wegański, to informacja, że zawiera mięso, ryby, drób albo nabiał. Potem mamy składniki, takie jak żelatyna, bulion wołowy, smalec albo sos worcestershire (który zawiera anchois), pochodzące ze zwierząt czy ryb. Pochodne nabiału to m.in. kazeina (białko z mleka), serwatka i laktoza (cukier z mleka). Niektóre składniki brzmią, jakby były wytworzone z nabiału, ale nie są, np. masło kakaowe albo kwas mlekowy.

Jeśli na liście składników pojawia się termin *naturalne substancje smakowe*, Służba Bezpieczeństwa i Kontroli Żywności (pododdział Departamentu Rolnictwa Stanów Zjednoczonych)[24] wymaga, by na etykiecie zaznaczano, kiedy są one pochodzenia zwierzęcego.[25] Słowa *naturalne substancje smakowe* bez dodatkowego opisu oznaczają, że w produkcji zostały użyte przyprawy, wyciągi z przypraw albo olejki eteryczne.

Jeśli masz pytania co do jakiegoś składnika albo chcesz się dowiedzieć, czy jest on wegański, skontaktuj się z producentem. Być może firma nie będzie w stanie ci na to pytanie odpowiedzieć, ale jeśli wystarczająco dużo klientów będzie je zadawać, może

– „produkt może być spożywany przez wegan" albo „odpowiedni dla wegan" – pod warunkiem że środek ten nie zawiera żadnych składników pochodzenia zwierzęcego lub że produkty pochodzenia zwierzęcego nie były używane w procesie jego produkcji.
https://foodfakty.pl/odpowiedni-dla-wegetarian-odpowiedni-dla-wegan-kiedy-mozna-tak-napisac
Oprócz tego na etykietach można znaleźć:
– okrągły znak V-Label, który jest uznaną i chronioną na arenie międzynarodowej marką, którą oznaczana jest żywność oraz inne produkty i usługi przeznaczone dla wegetarian i wegan. Przez konsumentów znak ten traktowany jest jako istotna wskazówka przy wyborze produktów pozbawionych składników pochodzenia zwierzęcego, natomiast przedsiębiorstwom, stosującym to oznaczenie, symbol V-Label daje możliwości postrzegania ich produktów jako pewnych i czystych pod względem składu i sposobu produkcji. Szczegółowe procedury pozyskiwania praw do znaku, jednolite kryteria i regularne kontrole produktów objętych tym znakiem w trakcie jego użytkowania powodują, że symbol V-Label jest w skali europejskiej unikalnym znakiem jakości w kategorii produktów dla wegetarian i wegan. European Vegetarian Union (EVU) jest inicjatorem znaku V-Label oraz organizacją parasolową dla licznych europejskich organizacji wegańsko-wegetariańskich. Polski oddział V-Label działa od połowy 2016 roku. Certyfikacji podlegają produkty spożywcze, kosmetyczne, lokale gastronomiczne oraz odzież. *Znak jakości dla wegańskich i wegetariańskich produktów*, https://www.v-label.eu/pl/v-label, 16.09.2019.
– znak V, którym oznaczane są produkty wegańskie, czyli takie, które w swoim składzie nie zawierają żadnych składników odzwierzęcych, nie użyto ich w procesie produkcyjnym, nie są testowane na zwierzętach i nie zawierają oleju palmowego. Nadaje go Fundacja Międzynarodowy Ruch na Rzecz Zwierząt – Viva! Jest to największa Fundacja w Polsce, zajmująca się walką o poprawę losu zwierząt. *O znaku V*, https://znakv.pl/, 16.09.2019.
24 W Polsce Departament Bezpieczeństwa Żywności i Żywienia Głównego Inspektoratu Sanitarnego.
25 W Polsce brak opisu „pochodzenia zwierzęcego" – nie gwarantuje jego braku.

zaczną sprawdzać używane składniki pod tym kątem albo nawet spróbują przejść na te nie pochodzące od zwierząt.

Sklepy ze zdrową żywnością, spółdzielnie rolnicze, internet i inne

Jeśli masz w okolicy sklep ze zdrową żywnością albo spółdzielnię rolniczą, istnieje spora szansa, że znajdziesz wiele produktów wegańskich na ich półkach i w pojemnikach z towarem na wagę. Rozejrzyj się za różnymi rodzajami suchej fasoli i ziaren, jak również za wegańskimi substytutami mięsa i nabiału. Oczywiście nie wszystkie pokarmy w takich sklepach są wegańskie, dlatego trzeba czytać etykiety. Niektóre produkty, które wydają się naturalne, są wytwarzane ze zwierząt bądź owadów. Czy wiedziałaś, że czerwony barwnik, zawarty w niektórych sokach i cukierkach, pochodzi z wysuszonych ciał owadów płci żeńskiej? Jeśli wolisz go unikać, nie kupuj produktów, na których liście składników znajduje się karmina bądź koszenila.

Sklepy ze zdrową żywnością i spółdzielnie rolnicze często sprzedają towary na wagę. To świetny sposób, by wypróbować niewielkie ilości nowego rodzaju żywności albo przyprawy. Uważaj jednak, jeśli cierpisz na alergie pokarmowe — produkty na wagę często są wymieszane pomiędzy pojemnikami.

> FDA[26] wymaga, by na etykietach wyraźnie identyfikowano wszystkie składniki wytworzone z najpowszechniejszych alergenów pokarmowych: mleka, jaj, skorupiaków, orzechów (w tym arachidowych), pszenicy i soi. Produkt, który nie zawiera żadnego z wymienionych składników, wcale nie musi być wegański, gdyż może w nim być mięso.

Tak jak w przypadku supermarketów, sklepy ze zdrową żywnością i spółdzielnie rolnicze często chętnie godzą się zamówić towar, jakiego szukasz. Jeśli nie widzisz czegoś, czego potrzebujesz, porozmawiaj z kierownikiem.

Weganie, którzy mieszkają w okolicy z małą liczbą punktów handlowych, jak również ci, którzy chcą wspierać firmy prowadzone przez wegan, często korzystają ze sklepów internetowych. Kilka firm sprzedaje własne produkty, które identyfikują jako wegańskie — wszystko

---

26   FDA – Agencja Żywności i Leków, amerykańska instytucja rządowa.

od wegańskiej czekolady do wegańskich kremów i kosmetyków. Można zamawiać nawet towary chłodzone i mrożone.

Ceny na witrynach internetowych są zazwyczaj podobne do tych w zwykłych sklepach, ale musisz się liczyć z dodatkowym kosztem dostawy. By zaoszczędzić, rozglądaj się za promocjami albo złóż zamówienie razem z przyjacielem, by załapać się na zniżkę hurtową.

W sklepach przeznaczonych dla populacji etnicznych możesz znaleźć ekscytujące produkty wegańskie. W tych z żywnością azjatycką często jest sprzedawane wegetariańskie „mięso", sosy, kluski, ryż, egzotyczne warzywa i inne pyszności. W sklepach z żywnością koszerną znajdziesz nierzadko substytuty nabiału. Miejsca z żywnością indyjską zaoferują ci więcej rodzajów fasoli niż kiedykolwiek widziałaś, do tego są tam też aromatyczne przyprawy.

Ludzie należący do kościoła Adwentystów Dnia Siódmego są zachęcani do trzymania się diety wegetariańskiej. Adwentyści, jak się ich w skrócie nazywa, od dawna są znani z wymyślania kreatywnych wegetariańskich produktów, zwłaszcza substytutów mięsa. Sklepy adwentystów sprzedają kilka różnych marek towarów w puszkach oraz mrożonych, wiele z nich to żywność wegańska. Jeśli masz smaka na wegańskie małże, szynkę albo bitki, prawdopodobnie znajdziesz je wszystkie w wersjach opartych na soi lub pszenicy w sklepie adwentystów.

Bez względu na to, gdzie mieszkasz, zawsze możesz znaleźć szeroki wachlarz produktów wegańskich. Chociaż specjalistyczne sklepy mogą dostarczyć bogatszych doznań smakowych, nawet w małych miasteczkach w USA możesz kupić ziarna, fasolę, owoce i warzywa, czyli żywność, która jest podstawą diety wegańskiej.

Zakupy przy ograniczonym budżecie

Bycie weganinem może obniżyć twój rachunek ze sklepu spożywczego, zwłaszcza jeśli przestawiasz się ze steku i homarów na fasolę. Jednak jeśli kupujesz dużo specjalistycznych wegańskich produktów albo gotowych dań, możesz zacząć wydawać więcej. Prawda jest taka, że bycie weganinem nie musi być droższe.

Planuj z wyprzedzeniem

Chociaż gotowe dania i jedzenie na wynos mogą ratować życie w te wieczory, kiedy po prostu nie jesteś w stanie zmierzyć się z kuchnią, stała dieta oparta na takich produktach podnosi koszty. Planowanie z wyprzedzeniem nie oznacza koniecznie opracowywania szczegółowych jadłospisów do każdego posiłku; chodzi o to, żeby mieć w szafce czy w lodówce jakieś jedzenie, które możesz szybko przygotować. Niedrogie produkty, które warto mieć pod ręką pod szybkie danie, to m.in. tofu, fasola z puszki i makaron. Jeśli poświęcisz kilka minut przed większymi zakupami na sprawdzenie, czy masz w domu dość podstawowych produktów, możesz zaoszczędzić sobie wielokrotnych wypraw do sklepu — kosztownych pod względem czasu i pieniędzy, zwłaszcza jeśli masz tendencję do impulsywnego kupowania.

Gotuj sama

Planowanie z wyprzedzeniem oznacza też, że prawdopodobnie będziesz mogła sama przygotować więcej potraw. W ten sposób możesz zaoszczędzić na wyjście do ulubionej restauracji, zamiast jedzenia niezbyt smacznych dań na wynos, tylko dlatego że jest to wygodne. Być może ma sens gotowanie głównie w te dni, kiedy i ty, i twój partner jesteście w domu. Spróbuj ugotować kilka obiadów i przechować je w lodówce czy zamrażarce na resztę tygodnia.

Ugotowanie w weekend dużego garnka fasoli i drugiego z ziarnami da ci bazę pod kilka różnych posiłków. Jednego wieczoru podsmaż trochę warzyw, dorzuć fasolę i podaj z ziarnami; następnego dnia wymieszaj fasolę, ziarna i wegański sos na szybką sałatkę. Jeśli lubisz eksperymenty, spróbuj przygotować własny seitan albo upiec chleb. Nie tylko zaoszczędzisz, zdobędziesz też nowe umiejętności.

Sprytne zakupy

Wiele podstawowych produktów wegańskich jest niedrogich. Żywność, taka jak suszona fasola czy ziarna, jest stosunkowo tania. Specjalistyczne towary jednak, takie jak mleka roślinne, substytuty mięsa, masła orzechowe i mrożone dania gotowe, mogą poważnie uszczuplić domowy budżet. Jeśli te produkty są dla ciebie ważne, istnieją sposoby, by ograniczyć koszty. Supermarkety oferują czasem własne wersje niektórych specjalistycznych produktów, które kosztują mniej, a są porównywalne jakością do znanych marek. Dla przykładu, wiele sklepów sprzedaje swoje własne mleko sojowe, które jest znacznie tańsze. W wielu miejscach, zwłaszcza w mniejszych punktach albo spółdzielniach rolniczych, można dostać ok. 10 proc. zniżki przy zakupie hurtowej ilości. Jeśli jest to rodzaj żywności, który lubisz, i który zużyjesz zanim minie data ważności, porozmawiaj z kierownikiem o kupieniu skrzynki albo więcej. Kiedy produkty, których używasz, są w promocji, kupuj na zapas. Jeśli masz gdzie je zmagazynować, możesz przy wyprzedaży zrobić sześciomiesięczny zapas np. ulubionego rodzaju cieciorki albo zupy w puszce.

Wegańskie składniki

Chociaż specjalistyczne produkty nie są podstawowym elementem diety wegańskiej, niektóre z nich mogą dodawać różnorodności temu co jesz, albo są wygodnym źródłem pewnych składników odżywczych. Tofu i mleko sojowe może kiedyś wydawały się egzotyczne, ale w dzisiejszych czasach pojawiają się w wielu znanych supermarketach. Inne, mniej znane pokarmy, na które możesz natrafić w przepisach i które mogą cię zaintrygować, to m.in. seitan, agawa i siemię lniane.

Produkty sojowe

Wszystkie produkty sojowe zrobione są z ziaren tej rośliny. Soja to wysokobiałkowy rodzaj fasoli, pochodzący ze wschodniej Azji. Sprzedaje się ją w formie świeżej, suszonej, mrożonej i puszkowanej. Edamame to specjalny gatunek soi, słodszy niż soja tradycyjna. Wygląda trochę jak zielona fasola jaś, i można ją znaleźć w dziale z mrożonkami. Świeżą edamame można czasem kupić na targu albo na stoisku ze świeżymi warzywami. Ziaren soi nie powinno się jeść na surowo; gotowanie ułatwia ich trawienie.

Mleko sojowe robi się przez namoczenie, zmielenie i odsączenie ziaren soi. Można je kupić w kartonach z długą datą ważności (UHT) albo w opakowaniach, które muszą być przechowywane w lodówce, także w wersjach smakowych, takich jak wanilia, czekolada i karob. W grudniu można je czasem kupić o smaku ajerkoniaku. Weganie często polegają na fortyfikowanym mleku sojowym jako źródle wapnia, witaminy B_{12} i witaminy D, więc sprawdź na etykiecie, czy te ważne składniki są dodawane do twojej ulubionej marki.

Bezsmakowe mleko sojowe miesza się z koagulantem, by wytworzyć tofu, w procesie podobnym do robienia sera. Dla najlepszego efektu używaj takiego rodzaju tofu, jaki jest odpowiedni dla danej potrawy. Miękkie, „jedwabiste" tofu (często dostępne w wersji UHT z długą datą ważności) jest najlepsze do dań, gdy chcesz, aby miały kremową konsystencję: koktajli, kremów, sosów do sałatek i nadzienia do ciasta. Twarde albo ekstratwarde tofu jest lepsze do smażenia i innych potraw,w których powinno zachować swój kształt. Po otwarciu tofu powinno być przechowywane w lodówce, zalane wodą. Zmieniaj wodę co najmniej co drugi dzień. Wyrzuć nie zjedzone resztki po 5–7 dniach albo kiedy minie data ważności na opakowaniu. Tofu UHT również powinno być przechowywane w lodówce po otwarciu, ale nie dłużej niż 5–7 dni (albo do daty ważności). Taki rodzaj tofu nie musi być zalewany wodą.

Tempeh, popularny dodatek do zup i zapiekanek, pochodzi z Indonezji. Tempeh robi się z całej fermentowanej soi z dodatkiem innego ziarna albo bez. Tempeh na kruchą strukturę i niektórym przypomina mięso.

Granulat sojowy robi się z mąki sojowej. Często można go kupić na wagę w sklepach ze zdrową żywnością. Granulki albo kostka sojowa mogą być o smaku wołowiny lub kurczaka i trzeba je namoczyć przed spożyciem. Można ich używać do sosów chili, bułek z sosem mięsnym, sosów do spaghetti i wszelkich innych potraw, do których dodaje się mielone mięso.

Mięso pszenne i inne „niemięsa"

Jeśli jadłaś kiedyś w wegetariańskiej chińskiej restauracji, to pewnie próbowałaś seitanu. Robi się go z glutenu, czyli białka zawartego w pszenicy. Seitan ma gumowatą strukturę i można go piec, gotować albo smażyć w głębokim tłuszczu. Nazywa się go też *mięsem pszennym* i można go znaleźć w chłodziarkach sklepów ze zdrową żywnością. Możesz też zrobić swój własny seitan; jest to łatwe przy użyciu glutenu z torebki.

W dzisiejszych czasach możesz znaleźć wegańską wersję prawie każdego mięsa albo owocu morza. Te „niemięsa" są często wytwarzane z soi albo seitanu, chociaż czasami używa się też innych rodzajów fasoli lub ziaren, zwłaszcza do kotletów warzywnych. Sprawdź etykietę — do niektórych dodaje się jajka, białko albo ser.

Istnieją produkty na każdą okazję, od „podrabianego indyka" na Święto Dziękczynienia do warzywnych hot dogów na Czwartego Lipca. Często są to pokarmy bogate w białko i mogą być wzbogacane żelazem, cynkiem albo witaminą B_{12}. Wadą jest to, że zazwyczaj są drogie.

Masła orzechowe i nasienne

Masła orzechowe i nasienne dostarczają w diecie wegańskiej białko, kalorie i niezbędne tłuszcze. W dobrze zaopatrzonych sklepach można kupić masło migdałowe, laskowe, z nerkowców, orzechów makadamia i innych. Można nimi smarować kanapki, dodawać do koktajli dla bogatszego smaku albo doprawiać nimi zupy, gulasze i potrawy z ziaren. Jeśli jesteś uczulona na orzechy, spróbuj masła sojowego (zrobionego z prażonej soi), słonecznikowego albo tahini (masło z nasion sezamu). Jeśli dalej wolisz masło arachidowe, wypróbuj różne jego smaki, od pikantnych do cynamonowego z rodzynkami.

Zamiast mleka

Poza wspomnianym wyżej mlekiem sojowym, można kupić wiele innych rodzajów mleka roślinnego, opartych na ziarnach konopi, migdałach, owsie, ryżu, kokosie i innych. To, które wybierzesz, zależy od ciebie, ale jeśli polegasz na nim jako źródle kluczowych składników odżywczych, pamiętaj, że nie wszystkie mleka są fortyfikowane, i sprawdzaj etykiety, by znaleźć takie, jakiego potrzebujesz. Mleko sojowe jest najbogatsze w białko, dostarczając go 6–10 g na szklankę. Mleka owsiane i konopne mają mniej więcej połowę tej ilości, podczas gdy mleka ryżowe, kokosowe i migdałowe zawierają zaledwie 1 g białka na szklankę. Bezsmakowe, podstawowe wersje mleka najlepiej sprawdzają się w wytrawnych daniach. Mleka smakowe (wanilia, czekolada, karob i inne) są słodsze i pasują do deserów oraz napojów.

Wegański ser jest zazwyczaj robiony z ryżu, soi, grochu albo orzechów. Można go używać w przepisach zamiast sera nabiałowego, ale nie ma takich samych składników odżywczych. Do niektórych marek dodaje się wapń. Większość jest uboga w białko. Jeśli zetrzesz albo posiekasz wegański ser, łatwiej będzie się topił i łączył z innymi składnikami.

Wegańskie jogurty można znaleźć w chłodziarkach supermarketów i sklepów ze zdrową żywnością. Jogurt jest zazwyczaj robiony z mleka sojowego; od niedawna można też znaleźć jogurty na bazie mleka kokosowego. Kilka marek jest wzbogacanych witaminami i minerałami, tak by przypominały wersję nabiałową.

Beznabiałowe sery, na opakowaniach których jest napis „bez laktozy", ale nie ma oznaczenia „wegańskie" albo „bez kazeiny", często kazeinę zawierają. Jest to białko, które pochodzi z krowiego mleka i które nadaje ciągliwą konsystencję stopionym serom. Ser zawierający kazeinę nie jest wegański. Niektóre marki używają innych składników, by osiągnąć podobną ciągliwość.

Bez żółtek (i bez białek)

Komercyjne substytuty jajek zawierają często różne substancje wiążące i używa się ich zamiast jaj w wegańskich wypiekach. Wymieszane z wodą mielone siemię lniane może zastąpić jajko. Półtorej łyżki stołowej mielonego siemienia z ¼ szklanki wody jest substytutem jednej sztuki. Możesz kupić siemię i sama je zemleć albo kupić je od razu zmielone (mąka lniana). Otwarte opakowania powinny być przechowywane w lodówce lub zamrażarce.

Dla łasuchów

Weganie, którzy lubią słodycze, mogą znaleźć różne rodzaje wegańskiej czekolady, wypieków i mrożonych deserów w wegańskich piekarniach, sklepach ze zdrową żywnością i w internecie. Łatwo też jest przygotować własne desery.

Kilka innych składników

Drożdże odżywcze używane są w wegańskich przepisach, by nadać potrawom serowy posmak. Można nimi posypać prażoną kukurydzę albo warzywa. To nie jest to samo co drożdże piwne, które mają gorzki smak. Drożdże odżywcze sprzedaje się w postaci jasnożółtych granulek lub płatków. Preparat wspomagający dla wegetarian z drożdżami firmy Red Star to solidne źródło witaminy B_{12}.

Jeśli kupujesz drożdże odżywcze na wagę, aby dostarczyć sobie witaminę B_{12}, upewnij się, że sklep sprzedaje wzbogacany nią gatunek — w sprzedaży są też drożdże odżywcze, które jej nie zawierają.

Jeśli twój ulubiony przepis wymaga dodania miodu albo jeśli lubisz coś słodkiego do herbaty, możesz spróbować nektaru z agawy. Jest to płynna substancja słodząca, produkowana z soku rośliny z rodziny sukulentów. Dostarcza głównie cukier i kalorie, więc powinna być używana z umiarem.

Jedzenie żywności organicznej

Wielu wegan decyduje się kupować przynajmniej trochę żywności produkowanej organicznie. Jeśli jesteś w ciąży, możesz być jeszcze bardziej skłonna do wybierania takich towarów w nadziei, że zapewnisz tym zdrowy start swojemu dziecku. Co to właściwie znaczy „żywność organiczna"?

Produkty organiczne są wyhodowane bez użycia większości konwencjonalnych pestycydów i nawozów. Pokarm tak oznakowany nie był modyfikowany genetycznie. W organicznej produkcji i przetwórstwie nie można używać promieniowania jonizującego ani osadów ściekowych. Rolnictwo organiczne stosuje metody dbające o zachowanie jakości gleby i wody. Zamiast konwencjonalnych nawozów do wzbogacania gleby używa się płodozmianu, kompostu i obornika. Zamiast komercyjnych preparatów niszczących szkodniki i chwasty, organiczni rolnicy mogą stosować uprawy współrzędne do odstraszania owadów i ściółkowanie oraz ręczne pielenie chwastów.

Naukowcy wciąż debatują, czy produkty organiczne są bogatsze w składniki odżywcze niż plony wyhodowane tradycyjnie. Organiczne metody są korzystne dla środowiska i dla pracowników, którzy nie są narażeni na kontakt z potencjalnie szkodliwymi pestycydami i środkami chwastobójczymi. Niektórzy twierdzą, że organiczne jedzenie lepiej smakuje.

Etykieta poinformuje cię, czy dany produkt jest organiczny. USDA[27] reguluje oznaczanie żywności organicznej według programu dopuszczającego jedną z trzech możliwości:

- Produkt oznakowany jako „w 100 proc. organiczny" musi zawierać tylko organicznie wyhodowane składniki.
- Produkt oznakowany jako „organiczny" musi zawierać co najmniej 95 proc. organicznie wyhodowanych składników.

---

27 USDA – Departament Rolnictwa Stanów Zjednoczonych, odpowiednik polskiego Ministerstwa Rolnictwa i Rozwoju Wsi.

- Produkt oznakowany jako „zrobiony z organicznych składników" musi zawierać ich co najmniej 70 proc.[28]

Produkty zawierające mniej niż 70 proc. organicznych składników mogą mieć je na etykiecie wymienione, ale cały produkt nie może być oznakowany jako organiczny.

Żywność organiczna bywa droższa niż ta wyprodukowana konwencjonalnymi metodami. By obniżyć koszty, kupuj produkty lokalne, w sezonie. Jeśli stać cię na kupowanie tylko kilku rodzajów organicznych warzyw czy owoców, wybierz takie, które je się razem ze skórką. Produkty, z których zdejmujesz grubą skórę albo łupinę będą prawdopodobnie zawierać mniej pestycydów niż te, które jesz w całości. Dla przykładu, porównaj jabłka z cytrynami.

Jedzenie produktów z lokalnej hodowli

Produkty z lokalnej hodowli najczęściej są świeżo zerwane. Przed dotarciem do sklepu nie spędziły całych dni w ciężarówkach i magazynach. Rolnik mógł zawieźć swoje buraki na bazar w miasteczku dziesięć kilometrów dalej, zamiast wysyłać je do odległego kraju na drugim końcu świata.

Inna metoda na pomoc lokalnym producentom to Rolnictwo Wspierane Społecznie (RWS). Według modelu RWS, rolnik sprzedaje udziały w swoim gospodarstwie. Ty (udziałowiec) otrzymujesz cotygodniową porcję owoców i warzyw z farmy. Możesz odbierać swoją porcję z centralnego magazynu albo mieć ją dostarczaną prosto do domu. W twoim programie RWS może być zawarte prawo do własnoręcznego zebrania plonów — w czasie sezonu możesz sama zerwać truskawki, zieloną fasolkę, pomidorki koktajlowe, zioła i wiele innych. Wiele programów RWS stosuje organiczne metody produkcji. Chociaż RWS wymaga sporego nakładu finansowego przed rozpoczęciem sezonu, możesz się potem przez wiele miesięcy cieszyć plonami bez dodatkowych kosztów.

Kiedy dziecko się urodzi albo jeśli już masz dzieci, pamiętaj, że wyprawa do gospodarstwa albo na targ rolny to fajna wycieczka dla całej rodziny, dzięki której twoje maluchy mogą się nauczyć, skąd bierze się ich jedzenie.

---

28 Regulacje dotyczące żywności organicznej w Polsce znajdziemy w Rozporządzeniu Rady (WE) nr 834/2007 z dnia 28 czerwca 2007 r. w sprawie produkcji ekologicznej i znakowania produktów ekologicznych (Dz. Urz. L 189 z 20.07.2007 r., s.1). Rozporządzenie znajduje się na stronie Ministerstwa Rolnictwa i Rozwoju Wsi w zakładce – co robimy/jakość żywności/rolnictwo ekologiczne/akty prawne/przepisy unijne. Powyższymi sprawami zajmuje się tam Departament Promocji i Jakości Żywności.

Rozdział 10

Bezpieczne jedzenie i picie

Wiesz już, co masz jeść, ale czy wiedziałaś, że podczas ciąży niektórych pokarmów należy unikać? Niektóre rodzaje żywności (oraz napojów) zawierają substancje, które potencjalnie mogą być szkodliwe. W przypadku innych, istnieje wysokie prawdopodobieństwo, że zostały skażone patogenem wywołującym zatrucie pokarmowe. Być może będziesz musiała zmienić pewne sposoby robienia zakupów i przygotowywania jedzenia, by zminimalizować ryzyko zatrucia. Nauczenie się już teraz bezpiecznych metod obchodzenia się z żywnością pomoże ci też później, kiedy przyjdzie czas na gotowanie dla maluszka.

Zatrucia pokarmowe

CDC szacuje, że każdego roku jeden na sześciu Amerykanów pada ofiarą zatrucia pokarmowego. Choroba przenoszona drogą pokarmową, czyli zatrucie pokarmowe, jest spowodowane spożyciem żywności albo wypiciem napoju skażonego mikroorganizmem — wirusem, bakterią bądź pasożytem. Zatrucie pokarmowe może powodować wymioty, biegunkę i skurcze żołądka. Inne objawy przypominają grypę — gorączka, bóle mięśni i głowy.

Nie dość że jest to przykre doświadczenie, zatrucia pokarmowe są szczególnie niepokojące w czasie ciąży. Przede wszystkim, sam fakt, że spodziewasz się dziecka, zwiększa ryzyko, że padniesz ofiarą takiej choroby. Twój układ immunologiczny nie jest tak samo aktywny w czasie ciąży, więc nie jesteś w stanie bronić się przed bakteriami i innymi zakażeniami. Układ odpornościowy twojego nienarodzonego maleństwa nie jest jeszcze wystarczająco dojrzały, by chronić je przed mikrobami.

> Objawy zatrucia pokarmowego mogą się pojawić od dwudziestu minut do sześciu tygodni po spożyciu skażonej żywności. W większości przypadków jednak symptomy pojawiają się po 1–3 dobach i trwają przez kilka dni. Czasem możesz być chora dłużej.

Drugi powód do niepokoju, jeśli chodzi o zatrucia pokarmowe, to fakt, że mogą spowodować poważne problemy, wliczając w to poronienie i przedwczesny poród. Czasami, nawet jeśli twoje symptomy są łagodne, choroba może mieć negatywny wpływ na dziecko. Na szczęście, istnieją bardzo konkretne kroki, które możesz poczynić, by zmniejszyć ryzyko zatrucia.

Jeśli podejrzewasz, że masz objawy choroby przenoszonej drogą pokarmową, natychmiast skontaktuj się z personelem medycznym. Być może lekarz będzie musiał zbadać twoją krew, by odkryć przyczynę choroby. Jeśli wymiotujesz albo masz biegunkę, możesz potrzebować pomocy, aby uniknąć odwodnienia. Lekarz może przepisać antybiotyk, który można bezpiecznie przyjmować w czasie ciąży. Jeśli myślisz, że zatrucie spowodowało coś, co zjadłaś poza domem, skontaktuj się też z lokalnym wydziałem zdrowia, aby mogli zbadać restaurację, w której byłaś, i zmniejszyć ryzyko, że zatrują się inni.

Żywność, której należy unikać

Niektóre pokarmy powinny być kompletnie zakazane podczas ciąży, ponieważ istnieje prawdopodobieństwo zanieczyszczenia ich mikroorganizmami, przez które możesz zachorować. Wiele pozycji na standardowej liście rzeczy do omijania to nie produkty wegańskie — dla przykładu: surowe jaja, niedogotowane mięso, surowe mleko, miękkie sery, sushi i niektóre ryby. Weganie jednak też muszą być świadomi pewnych kwestii związanych z bezpieczeństwem pokarmowym. Żywność, której należy unikać w trakcie ciąży, to m.in. wszelkiego rodzaju surowe kiełki i niepasteryzowany sok albo cydr. Surowe kiełki są na liście produktów zakazanych, ponieważ potencjalnie szkodliwe bakterie mogą się dostać do nasion przed wykiełkowaniem. Gdy bakterie dostaną się do wewnątrz łupiny nasionka, bardzo trudno jest je stamtąd usunąć. Jeśli jesz na mieście, poproś, aby nie dodawano kiełków do twojej sałatki czy kanapki.

Świeżo wyciskane soki, kupowane w supermarkecie albo w barku z sokami, mogą nie być pasteryzowane. Pasteryzacja to proces, podczas którego sok jest podgrzewany do temperatury na tyle wysokiej, by ograniczyć ilość mikrobów. Niepasteryzowanego soku i cydru powinno się unikać w czasie ciąży.

Dobra wiadomość jest taka, że jeśli jesteś weganką, nie musisz się przejmować surowymi jajkami w cieście na ciasteczka ani surową rybą w wegańskim sushi. Wędliny często pojawiają się na liście produktów zakazanych, ale wegańskie „wędliny" możesz jeść.

Jeśli twoja kuchnia jest używana do przetwarzania mięsa, musisz zachować szczególną ostrożność, by być pewną, że twoje jedzenie nie zostanie skażone mikrobami z mięsa.

Bezpieczna kuchnia

Odpowiednie przechowywanie i obchodzenie się z żywnością, od sklepu do stołu w jadalni, to najlepszy sposób, by zapobiec zatruciom pokarmowym. Robiąc zakupy, pamiętaj, by sprawdzać datę ważności, zanim cokolwiek włożysz do koszyka. Ponieważ zmiany w temperaturze przechowywania wielu produktów mogą sprzyjać mnożeniu się bakterii, kupuj chłodzoną i mrożoną żywność na samym końcu i wkładaj ją do lodówki, gdy tylko przyjdziesz do domu.

Bezpieczne przygotowywanie jedzenia

Mama na pewno zawsze mówiła ci, byś myła ręce, zanim dotkniesz jedzenia, i miała rację. Ręce trzeba myć mydłem i ciepłą wodą przed i po dotykaniu jedzenia, jak również po wyjściu z toalety, zmienianiu pieluchy albo dotykaniu zwierzęcia.

Bezpieczeństwo żywieniowe, jeśli mieszkasz z wszystkożercą

Nawet jeśli jesteś zapaloną weganką, możesz mieszkać z kimś, kto je mięso, ryby albo drób. Bez względu na to, czy twój współlokator sam gotuje swoje posiłki, czy ty przygotowujesz potrawę mięsną dla niego i wegańską dla siebie, to ważne, żebyście oboje mieli jasność w kwestii odpowiedniego obchodzenia się z żywnością.

> Ciekawi cię przetwarzanie owoców i warzyw z własnego ogrodu, RWS albo targu rolnego? Upewnij się, że robisz to bezpiecznie. Na stronie internetowej Narodowego Centrum ds. Domowego Przetwarzania Żywności (https://nchfp.uga.edu) znajdziesz oparte na badaniach naukowych informacje na temat domowych metod konserwacji. Strona ta oferuje również publikację USDA *Kompletny przewodnik po wekowaniu*, arkusze informacyjne i biuletyny konsumenckie.

Jeśli dzielisz kuchnię z mięsożercą, upewnij się, że wszelkie surowe mięso, drób oraz owoce morza są zamknięte w podwójnym opakowaniu i przechowywane w osobnej części lodówki, by żadne soki z nich wyciekające nie skaziły innych pokarmów. Surowa żywność tego rodzaju powinna być trzymana z daleka od innych produktów podczas przygotowywania posiłków. Utrzymuj lodówkę w czystości i natychmiast wycieraj wszelkie wycieki, by zminimalizować rozwój bakterii.

Kiedy któryś z domowników gotuje z surowym mięsem, jajkami, drobiem, rybą albo owocami morza, wszystkie noże, naczynia, deski do krojenia, blaty i przybory, które miały z nimi kontakt, muszą być natychmiast porządnie umyte. Staraj się nie używać tej samej deski do krojenia mięsa oraz owoców i warzyw. Ręce trzeba myć gorącą wodą z mydłem. Do gotowego posiłku użyj świeżego, czystego kompletu talerzy i sztućców.

Bezpieczeństwo przy owocach i warzywach

Owoce i warzywa również trzeba porządnie wyczyścić. Dobrze myj wszystko, co przyniesiesz z warzywniaka albo z własnego ogrodu. Nawet warzywa, które są już pocięte i popaczkowane, trzeba umyć jeszcze raz przed jedzeniem. Jeśli sama uprawiasz ogród, nie używaj świeżego obornika, bo mogą się w nim kryć patogeny, które skażą twoje plony.

Bezpieczeństwo przy tofu

Tofu to żywność, która się psuje, więc upewnij się, czy w sklepie jest przechowywane w lodówce, a nie wciśnięte na półkę z warzywami. Niektóre markety i spółdzielnie rolnicze ciągle sprzedają tofu z kubłów wypełnionych wodą — wybierasz kawałek, który chcesz i wkładasz go do osobnego pojemnika przy zakupie. Takie tofu może być zanieczyszczone na wiele różnych sposobów, więc unikaj go podczas ciąży. Indywidualnie pakowany produkt to bezpieczniejsza opcja — upewnij się tylko, że zjesz je, zanim minie data ważności. Jeśli zużyjesz zaledwie część opakowania, przełóż resztki do czystego pojemnika, zalej wodą (chyba że jest to tofu UHT), włóż do lodówki i spożyj w ciągu 5–7 dni, nie przekraczając daty ważności. Zmieniaj wodę co najmniej co drugi dzień.

> Produkty sojowe, spożywane z umiarem, mogą być znaczącym źródłem składników odżywczych w diecie wegańskiej.

Tofu, które zamierzasz zjeść bez gotowania (na przykład w koktajlu albo rozsmarowane na kanapce), powinno być przed użyciem sterylizowane parą przez 5–10 minut. Zazwyczaj ten dodatkowy krok nie jest potrzebny, ale kiedy jesteś w ciąży, lepiej dmuchać na zimne.

Sterylnie pakowane tofu zostało poddane obróbce cieplnej (UHT), więc do momentu otwarcia nie musi być trzymane w lodówce. Nie musi też być odkażone parą, nawet jeśli zamierzasz je zjeść bez dalszego gotowania. Resztki sterylnego tofu powinny być przechowywane w lodówce w czystym pojemniku i zużyte w ciągu kilku dni.

Przechowywanie jedzenia

Kiedy przychodzi czas na schowanie resztek z posiłku, zamknij je w szczelnych pojemnikach i natychmiast włóż do lodówki. Resztki powinno się odgrzewać tylko raz, do temperatury 75°C (użyj termometru kuchennego, by sprawdzić temperaturę w samym środku potrawy).

Inne kwestie związane z bezpieczeństwem pokarmowym

Na chlebie, który kupiłaś kilka dni temu, pojawiły się niebieskie plamy, brzoskwinie, które wybrałaś na ciasto, są miękkie i mają biały nalot, a ziemniaki w szufladzie robią się zielone. Co jest bezpieczne, a co trzeba wyrzucić? Po zjedzeniu niektórych rodzajów pleśni możesz zachorować. Inne mogą spowodować reakcję alergiczną albo kłopoty z oddychaniem. Nierzadko pleśń jest też skażona bakteriami.

Zużywanie żywności tuż po kupieniu jej, sprawdzanie daty ważności i zakrywanie jedzenia w lodówce to niektóre sposoby na ograniczenie pleśni. Jeśli mimo to odkryjesz spleśniałe jedzenie, staraj się go nie wąchać, żeby nie wdychać toksyn. Wyrzuć wszelkie pokarmy pokryte pleśnią i skontroluj wszystko, czego dotykały. Jedna zepsuta marchewka może rozsiać pleśń po całej szufladzie z warzywami.

Chociaż może się wydawać, że wystarczy odciąć zapleśniałą część, to nie usunie się całej pleśni. Pleśnie wypuszczają „korzenie", które sięgają głęboko pod powierzchnię pożywienia. Pozbycie się ich może być trudne. Najlepiej po prostu wyrzucić cały produkt dla bezpieczeństwa.

Małe plamki pleśni na owocach i warzywach o niskiej zawartości wilgoci (kapusta, trzon brokuła, marchewka) można ostrożnie wyciąć. Trzymaj nóż z daleka od pleśni i wytnij ją z zapasem co najmniej 2,5 cm z każdej strony. Miękkie owoce i warzywa o wysokiej wilgotności (brzoskwinie, pomidory, ogórki, truskawki), które zapleśnieją, trzeba wyrzucać. Wszelkie inne produkty z nalotem, w tym galaretki, chleb, resztki posiłków i wegetariańskie „mięso" trzeba w bezpieczny sposób usuwać.

Zielonkawe ziemniaki mogą być skażone trującą substancją zwaną solaniną. Zatrucie nią może skończyć się śmiercią przy wysokiej dawce, może też powodować mdłości, wymioty i biegunkę. Dla bezpieczeństwa wyrzucaj ziemniaki o zielonym zabarwieniu albo gorzkawym smaku.

Jedzenie poza domem

Nie możesz zapewnić bezpiecznej obróbki żywności, jeśli nie kontrolujesz kuchni. Ale pozwalanie sobie od czasu do czasu na luksus wyjścia do restauracji jest podczas ciąży często ważniejsze, niż na co dzień. Jeśli to możliwe, chodź do lokali, które znasz i którym ufasz. Kiedy jesteś w nowym miejscu, wybieraj z jadłospisu bezpieczne opcje, którymi trudniej się zatruć, takie jak potrawy na bazie makaronu. Unikaj czegokolwiek sprzedawanego z wózków albo ciężarówek i unikaj jadłodajni, które wydają się brudne i zaniedbane (prawdopodobnie w kuchni będzie tak samo).

Kiedy skończysz jeść, odpuść sobie zabieranie resztek do domu. Żywność powinno się wkładać do lodówki w ciągu dwóch godzin — licząc od momentu, kiedy kucharz wstawi talerz pod lampę grzewczą. Zakładając że spokojnie zjesz posiłek, przy względnie sprawnej obsłudze i wliczając czas podróży do domu, prawdopodobnie nie zmieścisz się w tym limicie (chyba że mieszkasz nad restauracją albo bardzo blisko niej), co może oznaczać, że w twoich resztkach pojawią się bakterie.

Kofeina i sztuczne słodziki

Źródła kofeiny obejmują całą gamę napojów: od kawy i herbaty, przez kakao, czekoladę, niektóre napoje gazowane, do napojów energetycznych i niektórych lekarstw sprzedawanych bez recepty. Chociaż umiarkowane spożycie (około 200 mg dziennie) nie wydaje się zwiększać ryzyka poronienia lub przedwczesnego porodu, badania pokazują sprzeczne wyniki i eksperci nie mogą z całą pewnością określić, jaka dawka kofeiny jest bezpieczna w czasie ciąży. Według Amerykańskiego Stowarzyszenia Ciążowego, kofeina zwiększa też częstotliwość chodzenia do toalety.

Możesz się zastanawiać, czy możesz w czasie ciąży pić dietetyczne napoje gazowane albo używać słodzików. FDA orzekło, że i aspartam (NutraSweet) i sukraloza (Splanda) są bezpieczne dla większości ludzi przy umiarkowanym spożyciu. Wyjątkiem są osoby chore na genetyczną dolegliwość – fenyloketonurię, ponieważ nie metabolizują fenyloalaniny (elementu składowego aspartamu) oraz te z zaawansowaną chorobą wątroby.

W dietetycznych napojach gazowanych często znajdują się znaczne ilości kofeiny i możesz po nich czuć się tak pełna, że nie będziesz miała apetytu na zdrowe jedzenie. Jeśli dużo ich pijesz, rozważ ograniczenie ilości albo zastąpienie ich wodą.

Rozdział 11

Wegański styl życia podczas ciąży

Być może otacza cię duży krąg przyjaciół, będących na diecie wegańskiej, którzy myślą tak jak ty, a może nie znasz żadnych wegan. Tak czy inaczej, wiesz pewnie, że większość świata to nieweganie. Zdarzają się zgrzyty towarzyskie — obiad ze znajomymi z pracy, impreza okolicznościowa, wyjścia do zoo czy cyrku. Bycie w ciąży może dodatkowo skomplikować sytuację. Czy dziecko będzie weganinem? Czy możesz być weganką i zachować zdrowie w czasie ciąży? Kilka prostych pomysłów pomoże ci w walce o zachowanie swoich wegańskich wartości.

Sceptyczni przyjaciele

Przyjaciele przyzwyczaili się do twojej wegańskiej diety, ale teraz przecież będziesz mamą. Wydaje ci się, że za każdym razem, kiedy się spotykacie, znajomi chcą rozmawiać o twoim sposobie odżywiania się i o tym, czy dostarczasz sobie dość białka, czy czegokolwiek innego, czego może potrzebować dziecko. Brzmi znajomo? Zdaje się, że każdy jest w stanie opowiedzieć straszną historię o koleżance koleżanki, która była weganką podczas ciąży i przez to znalazła się w tarapatach. Jak sobie z tym wszystkim poradzić?

Co się tak naprawdę dzieje?

Twoim przyjaciołom zależy na tobie i chcą dla ciebie jak najlepiej. Chcą wiedzieć, że myślisz o porządnym odżywianiu się i dostarczaniu dziecku wszystkiego, czego potrzebuje. Chcą się upewnić, że odrobiłaś zadanie domowe i że wiesz, co robisz. Ich oczy pewnie zaczęłyby się zamykać, gdybyś miała im opisywać każdą witaminę, minerał, każdy gram białka, których potrzebujesz, albo szczegółowo wyjaśniać, jak zamierzasz je wszystkie zdobyć. Lepiej im spokojnie dać do zrozumienia, że masz sytuację pod kontrolą i że jesz odpowiednio, nawet jeśli inaczej niż oni.

Opcje

Jeśli przyjaciele zaczynają ci działać na nerwy niekończącymi się komentarzami na temat twojej diety, masz kilka opcji. Możesz skorzystać z jednej albo wielu, w zależności od sytuacji i od tego, jak istotna jest dla ciebie dana relacja.

—

Chociaż ludzie mogą myśleć, że większość wegetarian to kobiety, ankiety – jak ta przeprowadzona przez Vegetarian Resource Group w 2016 r. – wykazują, że przeciętnie około połowa ludzi na tej diecie to mężczyźni. Według tej samej organizacji, wegetarianie mieszkają wszędzie, ale bardziej prawdopodobne, że znajdziesz ich na zachodzie i północnym wschodzie USA niż na środkowym zachodzie.

Opcja 1: podziel się wiedzą. Pamiętaj, twoi przyjaciele chcą po prostu być pewni, że podejmujesz dobrą decyzję. Powiedz im, że czytałaś o stosowaniu diety wegańskiej w ciąży i że twój lekarz prowadzący jest poinformowany o twoim sposobie odżywiania się. Możesz wspomnieć o pozytywnych rzeczach, jakie robisz — braniu witamin prenatalnych, piciu fortyfikowanego mleka sojowego, ograniczaniu śmieciowego jedzenia. Bądź gotowa na zmianę tematu w odpowiednim momencie, aby twoje zwyczaje nie stały się jedynym poruszanym wątkiem.

Opcja 2: zaakceptujcie różnicę zdań. Zrobiłaś, co mogłaś, by pomóc znajomym zrozumieć, dlaczego tak jesz i co robisz, by upewnić się, że twoja dieta jest zdrowa. Mimo wszystko, przyjaciele dalej marudzą na temat tego, jak się odżywiasz. Być może potrzeba tu spokojnego oznajmienia, że doceniasz ich troskę, ale jesteś przekonana, że podejmujesz słuszną decyzję i zwyczajnie muszą ci w tej kwestii zaufać. Potem zmień temat.

Opcja 3: pozwól, by przyjaźń się zakończyła. To może być najlepszy wybór, jeśli zauważysz, że pomimo starań, twoje zwyczaje żywieniowe stają się głównym tematem rozmowy przy każdym spotkaniu. Może reaktywujesz tę przyjaźń w przyszłości, a może nie. W międzyczasie upewnij się, że masz wsparcie innych przyjaciół.

Opcja 4: poszukaj ludzi, którzy dzielą twoje poglądy. Może czas znaleźć sobie nowych znajomych. Może poznasz innego wegańskiego rodzica, z którym będziesz mogła się podzielić doświadczeniami. Może spotkasz kogoś, kto nie jest weganinem, ale ma podobny system wartości i nie ma problemu z wegańską dietą.

Zaniepokojeni członkowie rodziny

Tak jak w przypadku znajomych, być może twoja rodzina przyzwyczaiła się do tego, że jesteś weganką, zanim zaszłaś w ciążę. Teraz jednak okazują więcej zaniepokojenia. Martwią się o białko i żelazo, i czy dostarczasz ich sobie wystarczająco dużo. Tak naprawdę, bez względu na to, czy jesteś weganką, czy nie, podczas ciąży członkowie rodziny będą się bardziej nad tobą trząść. Jeśli nie twoja dieta, to będzie ich martwić, czy nie za dużo pracujesz albo fakt, że nie przestałaś ćwiczyć, albo jeszcze coś innego.

Co się tak naprawdę dzieje?

Członkowie rodziny chcą jak najlepiej dla ciebie i dla twojego dziecka. Tak jak w przypadku przyjaciół, chcą być pewni, że podejmujesz dobre decyzje. Mogą się martwić, że nie jesz pokarmów, które jawią im się jako odpowiednie jedzenie w czasie ciąży, czyli żywność tradycyjna dla ich kultury, albo coś, co kobiety w twojej rodzinie same jadły, kiedy spodziewały się dziecka. Mogą się niepokoić, że nie będą mogli ci pomóc, kiedy maleństwo przyjdzie na świat, bo nie będą wiedzieć, jak przygotować wegańskie potrawy. Mogą się zastanawiać, czy za kilka lat będą mogli gotować dla twojego dziecka lub dzieci.

Jak to ugryźć

Trzecia opcja na liście sposobów radzenia sobie ze znajomymi — pozwolenie, by przyjaźń wygasła — nie jest tak naprawdę możliwa w przypadku członków rodziny. Żeby odkryć, jak masz z nimi rozmawiać, musisz zrozumieć, czego w rzeczywistości chcą się od ciebie dowiedzieć, gdy kwestionują twoje zwyczaje żywieniowe.

Czasem sprawdza się spokojne dostarczenie rodzinie materiałów informacyjnych do poczytania. Może pokaż im stronę internetową szanowanej organizacji. Dowiedz się, jakie kwestie ich martwią i wyjaśnij je. Powiedz im, że rozmawiałaś o swojej diecie z lekarzem i dietetykiem (jeśli jest to prawdą).

Pokaż rodzinie, że ich nie odrzucasz; po prostu nie chcesz jeść niektórych pokarmów, które są częścią ich diety. Jeśli lubią gotować, to może być dobry moment na podzielenie się kilkoma przepisami albo zaproszenie ich do siebie któregoś wieczoru, żeby pokazać im, jak przygotować kilka prostych potraw. Jeśli twoja mama lub teściowa kolekcjonuje książki kucharskie, daj jej w prezencie jakąś przystępną pozycję o kuchni wegańskiej — nie dlatego że oczekujesz, że przejdzie na taką dietę, ale żeby wiedziała, jak przygotować wegańskie potrawy, jeśli kiedyś chciałaby ugotować coś dla ciebie (a potem dla twojego dziecka bądź dzieci).

Partner wszystkożerca

Ty jesteś weganką, a twój partner nie. Do tego momentu żyliście razem w zgodzie. Teraz jednak rzeczy stają się bardziej skomplikowane. Jak będzie wychowywane wasze dziecko? Co będzie myśleć, kiedy zobaczy, że mama je inne rzeczy niż tata? Nie ma jednego rozwiązania, które zadziała w takich sytuacjach. Jak z innymi delikatnymi tematami, wasze zwyczaje rodzinne będą ewoluować i zmieniać się od rozmowy do rozmowy.

W bliższej perspektywie, twój partner może martwić się tymi samymi rzeczami co twoi przyjaciele i rodzina. Czy to bezpieczne być teraz na diecie wegańskiej? Czy potrzeby odżywcze dziecka będą spełnione? Możesz do uspokojenia go użyć podobnych strategii, jak w przypadku przyjaciół i rodziny. Możesz zaoferować garść faktów dla dodania mu otuchy. Możesz zachęcić go do przedyskutowania swoich obaw z twoim lekarzem prowadzącym. Kto wie, może nie przykładałaś wystarczającej wagi do tego, jak jesz, i dopiero teraz, po wysłuchaniu uwag twojego partnera, będziesz mogła znaleźć w sobie motywację, by się na tym bardziej skupić. Możesz zaproponować konsultację z dietetykiem, który będzie w stanie pomóc wam w planowaniu posiłków, które zaspokoją twoje potrzeby.

Wegańska etykieta

Czy to restauracja, która uznaje potrawę rybną za opcję wegańską, czy znajoma, która mówi ci, że w zupie jest „tylko troszeczkę bulionu z kury", weganie muszą sobie czasem radzić z trudnymi sytuacjami towarzyskimi. Często musisz gryźć się w język, próbując jednocześnie bronić swoich potrzeb i odkrywając, że inni ludzie nie mają pojęcia, na czym one polegają.

Jedzenie poza domem

Wyobraź sobie następujący scenariusz. Twoi znajomi z pracy zapraszają cię na lunch, by razem uczcić fakt, że spodziewasz się dziecka. Wiedzą, że jesteś weganką, ale nigdy tak naprawdę nie wyjaśniłaś im, na czym to polega. Proponują wyjście do włoskiej restauracji, myśląc, że będzie tam można znaleźć coś dla ciebie. Sprawdzasz zawczasu, co ten lokal ma w jadłospisie i okazuje się, że do makaronu dodane są jajka, we wszystkich sosach jest ser i że jedyne co możesz zjeść to talerz brokułów na parze i garść zielonych liści. Co powinnaś zrobić? Znasz dobrą restaurację wegańską, ale obawiasz się, że będzie się wydawać zbyt dziwaczna twoim konserwatywnym znajomym.

Masz kilka opcji. Możesz iść do restauracji, którą wybrali twoi koledzy i uśmiechać się, jedząc talerz sałaty. Twoi współpracownicy pewnie będą się czuli niezgrabnie, zastanawiając się, czemu nie jesz nic więcej. Mogą się zamartwiać, że cię obrazili. Lepszym wyjściem może być zaproponowanie innego miejsca — restauracji wegańskiej, jeśli twoi współpracownicy są otwarci na nowe doświadczenia, albo takiej, gdzie będą serwować wegańskie potrawy dla ciebie i tradycyjne dania dla reszty towarzystwa. Chińska jadłodajnia może być dobrym miejscem, jeśli wiesz, że na pewno ma w menu wegańskie opcje. Daj twoim znajomym do zrozumienia, że bardzo cenisz propozycję wyjścia razem na lunch i że nie oczekujesz, że będą znać na wylot twój styl odżywiania się. Powiedz im, że sprawdziłaś restaurację, którą zaproponowali, i okazało się, że serwuje bardzo mało rzeczy, które mogłabyś zjeść, ale że znasz inne miejsce, które będzie odpowiednie dla wszystkich. Miłego lunchu!

Okazje rodzinne

Scenariusz: mama piekła ci torty urodzinowe przez całe życie. Od niedawna jesteś weganką i nie chcesz ranić jej uczuć, ale nie chcesz też tradycyjnego, morderczo czekoladowego ciasta na sześciu jajkach i dwóch kostkach masła. Co robić?

Po pierwsze, powiedz mamie, jak bardzo ją kochasz i jak bardzo cenne są dla ciebie wspomnienia o wszystkich tortach, jakie do tej pory dla ciebie upiekła. Porozmawiaj z nią długo przed przyjęciem urodzinowym, żeby miała czas popracować nad nowymi pomysłami. Pomóż jej zrozumieć, jak ważne dla ciebie jest wegańskie odżywianie się i jaki to ma związek z rodzajami ciast urodzinowych, jakie możesz jeść.

> W wegańskich wersjach wypieków można zastąpić mleko krowie taką samą ilością mleka roślinnego. Można je zakwasić, jeśli przepisy zawierają maślankę, przez dodanie 1 łyżki soku z cytryny albo octu i odstawienie takiej mieszanki na kilka minut.

Jeśli twoja mama jest otwarta na taką możliwość, zaproponuj przepis na smaczne (i łatwe) ciasto wegańskie, które nie wymaga wielu egzotycznych składników. Jeśli potrzebujesz pomysłów, sprawdź sekcję z deserami kilka rozdziałów dalej albo wegańskie książki kucharskie, albo blogi kulinarne. Nie bój się oryginalnych konceptów. Nie istnieje żadne prawo, które nakazuje serwować tort na urodziny. Jeśli twoja mama jest słynna z innego wegańskiego deseru (takiego jak szarlotka albo brzoskwinie z kruszonką), to może być dobry wybór na imprezę urodzinową. Ciasto ze sklepu to jeszcze inne rozwiązanie. Jeśli znasz dobrą wegańską piekarnię, możesz zaproponować rodzinie, że w tym roku to ty przyniesiesz ciasto. To może być dobra opcja, jeśli perspektywa przygotowania wegańskiego ciasta jest dla twojej mamy stresująca.

Wydarzenia towarzyskie

Oto scenariusz: koleżanka zaprosiła cię na przyjęcie z okazji narodzin dziecka. Nie wspomniała nic o wegańskim jedzeniu. Tak naprawdę nie jesteś nawet pewna, czy gospodarze wiedzą, że jesteś weganką. Czy powinnaś im powiedzieć?

Postaw się w sytuacji twojej koleżanki. Czy na jej miejscu nie chciałabyś być przygotowana, jeśli twoi goście mają specjalne potrzeby? Na tym polega bycie dobrym gospodarzem.

Jako dobry gość, chcesz jej ułatwić życie. Zadzwoń z wyprzedzeniem i w bardzo prostych słowach wyjaśnij sytuację. Zaproponuj, że przyniesiesz potrawę wegańską dla wszystkich. Jeśli gospodarze przedstawią ci menu na imprezę, zidentyfikuj jego wegańskie elementy — może będzie to sałatka owocowa albo chipsy z salsą. Jeśli nie jesteś pewna, czy będzie na przyjęciu dość dań, które możesz jeść, a gospodarze nie zgodzą się, żebyś coś przyniosła, najedz się przed wyjściem z domu, a potem napełnij talerz tylko tym, co zgadza się z zasadami twojej diety.

Święta

Wiele rodzinnych świąt obraca się wokół jedzenia. Czy będzie to indyk na Święto Dziękczynienia, pieczony antrykot na święto Paschy, czy grill na Czwartego Lipca, świąteczne dania często nie są wegańskie.

> Święto Dziękczynienia to festiwal urodzaju, więc pomyśl o potrawach na bazie sezonowych plonów. Wśród pomysłów może być kolorowa dynia nadziewana dzikim ryżem i warzywami; pieczone warzywa; nadziewane papryki; wegańska tarta; zapiekanka kukurydziana; ciecierzyca i ziemniaki w sosie curry. Możesz też podać domowej roboty albo kupnego „podrabianego indyka".

Twoje opcje to m.in.:

- Przyjdź na uroczystość rodzinną i jedz wegańskie dodatki. Nie jest to najgorszy wybór, jeśli nie przeszkadza ci przebywanie wśród twoich bliskich, kiedy jedzą mięso.
- Przynieś wegańską przystawkę do podziału. Ciągle będziesz się musiała zmierzyć z mięsem na stole, ale będziesz miała coś bardziej solidnego do jedzenia niż surówki. Zawsze jest szansa, że innym bardziej będzie smakować przystawka wegańska niż mięsna.
- Powiedz, że przyjdziesz po obiedzie i przynieś wegański deser do podziału. Nie będziesz musiała patrzeć na mięso, ale ominie cię część spotkania rodzinnego.
- Zdecyduj, że wolisz obchodzić święta po wegańsku we własnym domu i odwiedzaj rodzinę tylko przy okazjach, gdy nie serwuje się jedzenia, albo zaproś ich do siebie, jeśli nie przeszkadza im fakt, że posiłek będzie wegański.

Musisz sama zdecydować, czy któraś z tych opcji albo jakaś inna, nie wymieniona wyżej, zadziała w twojej sytuacji. Pamiętaj, że wszystko się zmienia. Może u członka rodziny pojawią się kłopoty zdrowotne i przez to wszyscy staną się bardziej otwarci na wegańskie świętowanie. Może będziesz mniej skłonna uczestniczyć w przyjęciach opartych na mięsie, kiedy będziesz miała u boku młodego weganina. Wybierz najlepiej, jak możesz, i pamiętaj, że nie żyjemy w wegańskim świecie.

Myśl z wyprzedzeniem

Wybiegając myślami w przyszłość, być może zastanawiasz się, jak wegańskie rodziny radzą sobie z okazjami, takimi jak przyjęcia urodzinowe. Każda rodzina decyduje indywidualnie, do jakiego stopnia wegańska będzie dieta ich dziecka lub dzieci. Niektórzy wysyłają dziecko w gości z wegańską babeczką i pojemnikiem wegańskich lodów. Inni odkrywają, że są rodzice, którzy nie mają problemu z upieczeniem wegańskiego tortu, zwłaszcza jeśli w towarzystwie znajdują się też dzieci z alergią na nabiał albo jajka. Jeszcze inni decydują, że dziecko może jeść potrawy wegetariańskie na przyjęciach, a wegańskie w domu. To, co odpowiada twojej rodzinie może zmieniać się z czasem, kiedy dziecko będzie stawać się bardziej świadome, dlaczego jest weganinem, i zacznie wyrażać swoje własne poglądy. Napotkasz też wiele sytuacji, kiedy będziesz musiała podejmować za dziecko decyzje.

Jak znaleźć innych wegan

Postanawiasz, że chciałabyś poznać innych wegan. Być może to dlatego, że życie towarzyskie stałoby się prostsze, gdybyś nie musiała przynosić wegańskiego dania na każde spotkanie, by upewnić się, że będziesz miała co jeść. Może chciałabyś się dowiedzieć, jak inni sobie radzą z trudnymi sytuacjami, albo wymienić się przepisami, albo radami na temat ciąży lub dzieci. Może po prostu chcesz rozszerzyć swój krąg znajomych. Strony internetowe mogą być pomocne, jak również staroświecka poczta pantoflowa.

Lokalne grupy wegańskie

W wielu społecznościach są wegańskie albo wegetariańskie grupy, które regularnie się spotykają. Takie zrzeszenia mogą np. organizować wspólne obiady, gdzie każdy przynosi jakąś potrawę, zapraszać mówców na wykłady, chodzić razem do restauracji albo planować jakieś działania na rzecz zwierząt. Żeby znaleźć taką grupę w twojej okolicy, sprawdź dział „wydarzenia" w lokalnej gazecie. Przyglądaj się tablicom ogłoszeń w sklepach ze zdrową żywnością, restauracjach wegetariańskich i spółdzielniach rolniczych. Skontaktuj się z lokalnym uniwersytetem albo inną wyższą uczelnią i zapytaj, czy działa u nich grupa studencka — zazwyczaj akceptują one ludzi spoza szkoły. Ogólnokrajowe organizacje wegetariańskie często publikują listy lokalnych zrzeszeń na swoich stronach internetowych. Może ci wpaść w oko lekcja gotowania po wegańsku, zorganizowana przez sklep, restaurację albo szkołę w twojej okolicy. A jeśli już naprawdę nie działa wokół ciebie żadna grupa — załóż własną!

Ogólnokrajowe grupy wegańskie

Ogólnokrajowe grupy wegańskie często organizują konferencje i wystawy. Jeśli mieszkasz w/lub w pobliżu większego miasta, być może będziesz w stanie jakąś odwiedzić bądź zgłosić się do pomocy na ochotnika. Praca w komitecie organizacyjnym ułatwia spotkanie nowych wegańskich przyjaciół. Niektóre zrzeszenia sponsorują weekendowe albo całotygodniowe zloty. Dla przykładu, Północnoamerykańskie Stowarzyszenie Wegetariańskie organizuje co roku Vegetarian Summerfest[29].

Społeczności wegańskie w internecie

Od Facebooka do blogów wegańskich istnieje wiele miejsc, gdzie możesz spotkać innych wegan online. Poszukaj linków na twojej ulubionej stronie dla wegan albo poproś przyjaciół o rekomendacje. Możesz się udzielać tyle, ile zechcesz.

Wegańskie grupy dla rodziców

W niektórych większych miastach znajdziesz wegańskie grupy dla rodziców. Często jest to kombinacja grupy przedszkolnej z grupą wsparcia. Popytaj znajomych albo sprawdź tablice ogłoszeń i anonse w gazetach. Vegetarian Resource Group prowadzi na Facebooku grupę dla rodziców (włączając w to przyszłych rodziców), którzy wychowują dzieci po wegańsku albo wegetariańsku. Odwiedź ich stronę, by dowiedzieć się więcej (www.vrg.org).

---

29 W Polsce organizowane są różnego rodzaju imprezy dla wegan, jak np.: Veganmania przez Stowarzyszenie Otwarte Klatki, Wege Festiwal (targi kuchni wegetariańskiej oraz wegańskiej) czy Ogólnopolski Tydzień Wege przez Fundację Międzynarodowy Ruch na rzecz Zwierząt – Viva!

Czy będziesz wychowywać dziecko w weganizmie?

Bez względu na to, czy oboje z partnerem jesteście weganami, czy tylko ty, rodzina i znajomi mogą się zastanawiać, jak będziecie wychowywać dziecko. Istnieje spore prawdopodobieństwo, że jeśli i ty, i twój partner trzymacie się takiej diety, będziecie w tym duchu wychowywać malucha. Przyjaciele mogą ci zarzucać, że nie dajesz dziecku wyboru. Realistycznie rzecz biorąc, rodzice podejmują za dziecko wiele decyzji — począwszy od religii do wyboru przedszkola. Kiedy dziecko będzie na tyle duże, by móc wziąć na siebie konsekwencje takich decyzji, będzie mogło zacząć je samo podejmować. Na razie należą do ciebie.

Członkowie rodziny na tradycyjnych dietach mogą się martwić, że nie będą mogli karmić albo opiekować się dzieckiem wychowywanym po wegańsku. Pomóż im zrozumieć, że jesteś skłonna pracować z nimi nad znalezieniem sposobów, na jakie będą mogli rozpieszczać swojego wnuka, siostrzeńca czy siostrzenicę.

Sytuacja robi się trudniejsza, jeśli tylko jeden rodzic jest weganinem. Nauczycie się dużo o sobie nawzajem i o swoim związku, kiedy zaczniecie rozmawiać o wyborach żywieniowych dla waszego dziecka. Bez względu na to, czy postanowicie wychować dziecko jako weganina, wszystkożercę, weganina w domu z dyspensą na jedzenie czegokolwiek poza nim, albo w jeszcze inny sposób, wzajemna miłość i szacunek, które was połączyły, pomogą wam ocenić każdą opcję i zdecydować, co jest najlepsze dla was.

Gdzie znaleźć pomoc i wsparcie

Podczas albo tuż po ciąży możesz potrzebować wsparcia od przyjaciół i rodziny. Możesz po porodzie mieć zalecone leżenie w łóżku albo potrzebować pomocy w przygotowywaniu posiłków. W idealnym świecie miałabyś tuziny wegańskich znajomych i krewnych, gotowych spełnić każde twoje życzenie. Realistycznie patrząc, będziesz pewnie musiała popracować z niewegana mi, by pomóc im zrozumieć, jak mogą pomóc tobie.

Na początku, jeśli ktoś zaproponuje pomoc, wyjaśnij jasno, co możesz, a czego nie możesz jeść; ludzie często nie rozumieją, co to znaczy „dieta wegańska". Zaoferuj przepisy i może nawet składniki. Podzielenie się kartonem mleka sojowego, kostką wegańskiej margaryny czy twoją ulubioną marką substytutu jajek może być błogosławieństwem dla niewegańskiego kucharza.

Jeśli przyjaciel poprosi o propozycje jadłospisu, zwróć uwagę na to, jak zaawansowany jest dany przepis. Niektórzy ludzie prędzej poradzą sobie z prostymi daniami, takimi jak fasola z ryżem, sałatki z makaronu albo zupa z soczewicy. Inni mogą ucieszyć się z wyzwania, jeśli polecisz im wegańską książkę kucharską. Jeszcze inni chętnie kupią ci jedzenie na wynos lub gotowe danie ze sklepu, które spełnią twoje wymagania, albo zrobią przystawkę.

Jeśli masz czas i energię, możesz przejąć inicjatywę. Zanim dziecko się urodzi, gotuj podwójne porcje swoich ulubionych potraw — jedną do zjedzenia od razu, drugą do zamrożenia na później. Robienie tego raz czy dwa razy w tygodniu podczas ostatniego trymestru ciąży może ci zagwarantować kilkutygodniowy zapas wegańskich posiłków na okres, kiedy ty i twój partner będziecie się chcieli skupić na dziecku, a nie na gotowaniu.

Rozdział 12

Pierwszy trymestr

Podczas pierwszego trymestru, który trwa mniej więcej czternaście tygodni od początku ostatniego okresu, tempo rozwoju dziecka jest zdumiewające. Do końca pierwszego miesiąca ciąży (w ciągu czterech tygodni od poczęcia) rozmiar maleństwa zwiększy się dziesięć tysięcy razy. W ciągu drugiego miesiąca dziecko urośnie z wielkości rodzynki prawie do rozmiaru winogrona. Jeszcze jeden miesiąc i maluch będzie mierzył ok. 7,5 cm i ważył prawie 30 g, prawie tyle, co paczka dropsów.

Część 4

Trymestr po trymestrze

Twoje ciało w tym trymestrze

Od pierwszych tygodni, kiedy być może nie zauważysz niczego niecodziennego, poza brakiem okresu, do końca trzeciego miesiąca, kiedy będziesz miała mały brzuszek, pierwszy trymestr jest pełen zmian. Pod koniec tego etapu na pewno będziesz czuła, że jesteś w ciąży. Twoje ciało zaczyna dostosowywać się do potrzeb rozwijającego się maleństwa. Od zmęczonego i zaniepokojonego umysłu do ciężko pracującego pęcherza we wczesnych stadiach ciąży wszystkie układy w twoim organizmie wydają się działać na podwójnych obrotach. Zachowaj spokój; wszystko to są normalne zmiany i szybko się do nich przyzwyczaisz. To ekscytujący czas, zwłaszcza pod koniec trymestru, kiedy będziesz mogła usłyszeć bijące serce swojego dziecka albo nawet zobaczyć je na ekranie USG.

Twoje ciało się zmienia

Na początku ciąży możesz nie spostrzec natychmiastowych zmian w kształcie i rozmiarze swojego ciała. Pierwsza rzecz, jaką zauważysz, to brak okresu — w wielu przypadkach to ten właśnie objaw zasugeruje ci, że jesteś w ciąży. Mimo braku menstruacji, możesz być lekko wzdęta, a ubrania mogą zrobić się trochę ciasne w talii. Średnio większość kobiet przybiera na wadze w pierwszym trymestrze od 0,5 do 2 kg.

> Niektóre kobiety doświadczają niewielkiego krwawienia z pochwy albo plamienia, w momencie gdy zarodek wszczepia się w ściankę macicy. Przez to, w jakim czasie to się dzieje – 7 do 10 dni po owulacji – często bierze się to za początek okresu. Plamienie trwa zazwyczaj dzień lub dwa, kolor waha się od różowego do brązowego i mogą mu towarzyszyć łagodne skurcze.

Twoje piersi mogą zacząć rosnąć, a otoczka wokół sutka zrobić się większa i ciemniejsza. Brak okresu? Większe piersi? Dziecko już czyni cuda! Teraz spójrzmy na minusy — pełniejsze piersi w czasie ciąży są też często bardziej wrażliwe. Dobrze podtrzymujący biust stanik sportowy może pomóc.

Możesz też zaobserwować intensywniejszą wydzielinę z pochwy, podobną do tej obserwowanej przed okresem, która jest kolejnym efektem ubocznym zmian hormonalnych. Trwa to przez całą ciążę, a w trzecim trymestrze może się nawet pogorszyć, więc przyzwyczaj się do kupowania dużej ilości wkładek higienicznych. Normalna wydzielina z pochwy podczas ciąży jest przezroczysta lub biała, śluzowata i nie towarzyszy jej ani ból, ani przykry zapach. Jeśli zauważysz upławy, które są gęste, brzydko pachną, mają dziwny kolor albo którym towarzyszy ból, pieczenie lub krwawienie, natychmiast skontaktuj się z lekarzem, by wykluczyć infekcję oraz inne problemy.

Co jeszcze się zmienia?

Zmiany w skórze i włosach podczas ciąży są powszechne. Dla przykładu, włosy, które normalnie są cienkie i rzadkie, mogą stać się gęste i lśniące, a słynny „ciążowy blask" może się brać z twojej nagle nieskazitelnej, pięknej cery. Z drugiej strony, mogą się też przydarzyć kłopoty z trądzikiem, a włosy mogą stać się cieńsze i bardziej łamliwe.

Ostuda (znana też jako melanodermia) może powodować przypominające maskę zaciemnienie na skórze twarzy. Piegi i pieprzyki mają tendencję do ciemnienia, tak samo jak inne mocniej zabarwione fragmenty twojej skóry. Żeby zminimalizować melanodermię i inne rodzaje hiperpigmentacji, używaj dobrego kremu z filtrem (SPF 30 albo więcej) na odsłoniętej skórze za każdym razem, gdy wychodzisz na słońce.

Jak będziesz się czuć?

Często zdarza się, że kobiety czują się zmęczone, a wręcz nawet wykończone, już w początkowym okresie rozwoju płodu. Jeśli to tylko możliwe, postaraj się fundować sobie drzemki w ciągu dnia. Jeśli to nie jest wykonalne, bo pracujesz na pełen etat albo masz w domu małe dzieci, pamiętaj, by traktować wczesne chodzenie spać jako priorytet. Nawet jeśli spanie w dzień może być wbrew twojej naturze, spróbuj o tym myśleć jako o drzemce dla dziecka. Kiedy zacznie się długi okres bezsennych nocy, który przychodzi wraz z macierzyństwem, zatęsknisz za czasem, kiedy mogłaś wcześnie pójść spać albo przymknąć oko w środku dnia.

Możesz też odkryć, że spędzasz więcej czasu w łazience. Częściej oddajesz mocz z powodu podwyższonego poziomu progesteronu, który rozluźnia mięśnie pęcherza. Niestety, ten akurat symptom zostanie z tobą przez całą ciążę, bo rosnące dziecko i powiększająca się macica będą coraz mocniej naciskać na pęcherz. Twój układ krążeniowy podlega teraz wielkim zmianom, przygotowując się do zaspokajania rosnących potrzeb dziecka, jeśli chodzi o tlen i składniki odżywcze, jakie transportuje twoja krew. Hormony ciążowe w krwiobiegu rozszerzają naczynia krwionośne, żeby pozwolić na zwiększoną docelowo o 30–50 proc. ilość krwi, przez co jej ciśnienie spada. Może ci się przez to czasami robić słabo. Jeśli czujesz zawroty głowy, usiądź albo połóż się na boku tak szybko, jak będziesz mogła. Staraj się nie kłaść na płasko, zwłaszcza w bardziej zaawansowanej ciąży, bo nacisk, jaki macica będzie wtedy wywierać na dwa duże naczynia krwionośne, które dostarczają tlen tobie i twojemu dziecku, może sprawić, że poczujesz się jeszcze gorzej.

Jeśli zawroty głowy i słabość nie mijają albo jeśli towarzyszy im ból brzucha lub krwawienie, natychmiast skontaktuj się z lekarzem. To mogą być objawy ciąży pozamacicznej, potencjalnie śmiertelnej dolegliwości, przy której zarodek zagnieżdża się w układzie rozrodczym poza wyściółką macicy.

Wreszcie dochodzimy do tego najczęściej spotykanego objawu ciąży, czyli porannych mdłości. Nudności i wymioty w ciąży (w skrócie NWC) są odczuwane w jakimś momencie ciąży przez ok. 80 proc. kobiet. NWC mogą się pojawić o każdej porze dnia i z różną intensywnością. W dalszej części rozdziału ten temat jest opisany dogłębnie, włącznie ze sposobami, jak mdłościom przeciwdziałać.

Gazy mogą być źródłem dyskomfortu i zawstydzenia. Postaraj się zidentyfikować, co je wywołuje, i ograniczyć spożycie odpowiedzialnych pokarmów. Winne są często fasola, kapusta, brokuły i napoje gazowane. By problem okiełznać, spróbuj jeść częste, niewielkie przekąski, zamiast dużych posiłków.

W gabinecie lekarza

Umów się na pierwszą wizytę prenatalną, gdy tylko odkryjesz, że jesteś w ciąży. Od teraz do siódmego miesiąca będziesz widywała personel medyczny co miesiąc (jeśli będziesz w ciąży wysokiego ryzyka, możesz mieć wyznaczane częstsze wizyty). Jeśli idziesz do lekarza bądź położnej po raz pierwszy, możesz się spodziewać, że wstępne spotkanie będzie trochę dłuższe niż późniejsze kontrole, bo będziesz musiała wypełnić formularze ze szczegółami twojej historii medycznej i dokumenty z firmy ubezpieczeniowej. Niektórzy lekarze wysyłają ci te druki wcześniej, tak abyś mogła je wypełnić w domu. Jeśli jeszcze nie zdecydowałaś się na placówkę medyczną, pod której opieką będziesz się znajdować, teraz jest na to najwyższy czas.

Lekarz będzie ci zadawał pytania na temat twojej historii medycznej i objawów, jakie odczuwasz przy tej ciąży. Upewnij się, że dobrze wykorzystasz tę pierwszą wizytę i zadasz pytania, co do wszelkich kwestii, jakie mogą cię niepokoić. Poza rozmową, lekarz cię gruntownie zbada, poprosi o próbkę moczu (pierwszą z wielu) i pobierze krew do rutynowych badań laboratoryjnych. Jeśli nie robiłaś cytologii w ciągu ostatniego roku, lekarz może wykonać ją teraz (więcej na temat badań diagnostycznych i przesiewowych w rozdziale 13).

Pamiętaj, twój partner też uczestniczy w tym procesie. Jak najbardziej zabieraj go ze sobą na wizyty u lekarza. Nie dość że będzie dla ciebie źródłem wsparcia moralnego, on lub ona ma zapewne tyle samo pytań o dziecko, co ty. Twój partner może też pomóc ci, jeśli nie pamiętasz, co powiedział lekarz. Niekiedy informacje znikają z twojej głowy tuż po przekroczeniu przekroczeniu progu gabinetu w drodze do wyjścia.

Personel medyczny najprawdopodobniej zaopatrzy cię w ulotki i broszurki na temat opieki prenatalnej, odżywiania, procedur administracyjnych placówki i innych ważnych spraw. Musisz teraz poukładać w głowie dużo nowych informacji, więc nie miej wrażenia, że musisz je studiować na miejscu. Zabierz je jednak do domu, żebyś mogła je przeczytać na spokojnie albo wrócić do nich, jeśli będziesz tego potrzebować. Załóż folder albo segregator i trzymaj wszystkie materiały dotyczące ciąży w jednym miejscu. Dodaj do tego notatnik, aby zapisywać w nim wszelkie pytania, jakie chcesz zadać lekarzowi.

Kiedy zadzwonić do lekarza, w dzień czy w nocy

Podczas pierwszej wizyty lekarz być może wyjaśni ci, jaka jest polityka placówki względem telefonów od pacjentów, zarówno w ciągu dnia, jak i w nocy. Często gabinety położnicze mają system, gdzie recepcjonistka bądź koordynator przyjęć odbiera telefon i ustala powagę sytuacji, a potem pielęgniarka, położna bądź lekarz oddzwania, w kolejności od najbardziej nagłych przypadków. Jeśli twoja lekarka jest akurat w gabinecie i czujesz się swobodniej, rozmawiając właśnie z nią, pamiętaj, żeby poinformować o tej preferencji osobę, która odbierze telefon.

Zazwyczaj telefony po godzinach są wyłapywane i przekazywane lekarzowi bądź położnej na dyżurze, którzy oddzwaniają po otrzymaniu wiadomości. Często w większych placówkach personel dyżuruje w weekendy i wieczory na zmianę, więc oddzwoni do ciebie ta osoba, która akurat pracuje. Jeśli nie dostaniesz żadnych informacji, jak skontaktować się z personelem po godzinach, koniecznie pamiętaj, żeby o to zapytać. Zadzwoń do lekarza natychmiast, jeśli pojawi się u ciebie któryś z następujących symptomów:

- Ból brzucha i/lub skurcze
- Ciecz albo krew wyciekająca z pochwy
- Nieprawidłowa wydzielina z pochwy (brzydko pachnąca, zielona, żółta)
- Ból przy oddawaniu moczu
- Mocny ból głowy
- Kłopoty ze wzrokiem (plamy przed oczami, rozmywający się obraz)
- Gorączka powyżej 38°C
- Dreszcze
- Nadmierna opuchlizna na twarzy i/lub reszcie ciała
- Intensywne i długotrwałe wymioty i/lub biegunka

Niektóre kobiety wahają się przed złapaniem za słuchawkę, bo nie chcą się wydawać nadwrażliwe albo wyjść na hipochondryczki. Chociaż trzeba używać zdrowego rozsądku, kontaktując się z lekarzem po godzinach, w większości przypadków obowiązuje zasada „lepiej na zimne dmuchać". Naucz się ufać swoim instynktom; jeśli coś zwyczajnie wydaje ci się nie w porządku, łap za telefon.

Jak najlepiej wykorzystać comiesięczne wizyty kontrolne

Weź ze sobą listę pytań, które przyszły do głowy tobie i twojemu partnerowi od czasu poprzedniej wizyty. Upewnij się, że otrzymasz odpowiedzi, zanim opuścisz gabinet; miło być zapytanym, czy coś cię niepokoi, ale w pełnej niecierpliwych pacjentów przychodni lekarz może czasem zwyczajnie zapomnieć. Nigdy nie poddawaj się wrażeniu, że jesteś nachalna albo apodyktyczna (pamiętaj, to ty prowadzisz tę drużynę). W większości przypadków lekarz będzie robił, co tylko może, by cię doinformować i rozwiać twoje wątpliwości. Jeśli tak nie jest, nigdy nie jest za późno, by poszukać kogoś, kto się lepiej sprawdzi.

Serduszko dziecka

Usłyszenie miarowego bum-bum wydawanego przez serce twojego maleństwa po raz pierwszy to jeden z bardziej wzruszających i pełnych emocji momentów ciąży. Twoja okazja na pierwszy kontakt nadarzy się w trzecim miesiącu, kiedy twój lekarz spróbuje znaleźć bicie serca dziecka, używając ultrasonografii dopplerowskiej. Upewnij się, że twój partner będzie obecny podczas tej akurat wizyty prenatalnej. Oboje was czeka gratka, w postaci po raz pierwszy doświadczenia, jak wygląda i jakie dźwięki wydaje wasz rozwijający się maluch.

Twój stan umysłu

Ciąża, zwłaszcza ta pierwsza, to okres intensywnego oczekiwania i wkraczania na nieznane wody. Jest to też wstępny etap do jednego z najbardziej przełomowych wydarzeń w życiu — narodzin dziecka — i samo to wystarczy, by pojawiły się w tobie nowe i nieoczekiwane uczucia.

Teraz, kiedy oficjalnie wyruszyłaś w tę podróż, możesz ze zdziwieniem odkryć w sobie sprzeczne emocje.

Euforia, ekscytacja i niepokój

Być może jesteś niewiarygodnie zachwycona! W końcu tworzysz nowe, jedyne w swoim rodzaju życie o nieograniczonym potencjale. Jako rodzina, będziecie dzielić się nadzieją, marzeniami, wiedzą i miłością. To jest jedno z najważniejszych zadań — i specjalnych przeżyć — całego twojego życia. Wiadomo więc, że ekscytacja jest na porządku dziennym.

Zachwytowi towarzyszą oczywiście zmartwienia. Możesz się niepokoić o zdrowie dziecka i ryzyko poronienia we wczesnej ciąży. Jeśli wcześniej poronienia doświadczyłaś, być może chodzisz jak na szpilkach i próbujesz monitorować każdy swój ruch. Dobra wiadomość jest taka, że lekarz, wiedząc o poprzednim poronieniu, będzie cię miał pod specjalnym nadzorem.

Chociaż łatwiej powiedzieć, trudniej zrobić, pozbycie się niepokoju to najlepsza rzecz, jaką teraz możesz wybrać dla siebie i swojego dziecka. Spróbuj oznaczyć jakiś obszar swojego domu, np. sypialnię, jako miejsce wolne od zmartwień, a potem dotrzymaj obietnicy, że nie będziesz się denerwować, przebywając w tym pomieszczeniu. Skorzystaj z dźwięków, ładnych przedmiotów i miłych zapachów, by ta przestrzeń stała się tak wygodna i kojąca, jak to tylko możliwe. Świeca do aromaterapii, którą lubisz, łagodna muzyka albo dźwięki natury i uspokajający pejzaż w formie plakatu czy fotografii mogą zdziałać cuda dla stanu twojego umysłu.

Być może zastanawiasz się też, czy będziesz w stanie utrzymać dziecko i odpowiednio się nim zaopiekować. Ważne, żeby pamiętać, że dobrzy rodzice uczą się na doświadczeniach, własnych i cudzych. Sam fakt, że czytasz tą książkę i korzystasz regularnie z opieki prenatalnej, świadczy, że chcesz jak najlepiej dla swojego maleństwa. Zdziwisz się, jak wiele się nauczysz, zanim dziecko się urodzi, na przestrzeni względnie krótkich dziewięciu miesięcy.

Zdrowie emocjonalne

Zmiany hormonalne zachodzące podczas ciąży mogą sprawić, że z sekundy na sekundę będziesz przechodziła od płaczliwości, przez irytację, do euforii. Jeśli na co dzień jesteś raczej zrównoważona, te nagłe huśtawki mogą cię zaniepokoić. Nie tracisz kontroli ani sprawności umysłowej; doświadczasz po prostu normalnych w ciąży wahań nastroju. Chociaż ta chwiejność emocjonalna trwa przez cały jej okres, zazwyczaj jest najintensywniejsza w pierwszym trymestrze, po którym przyzwyczajasz się do zmian hormonalnych.

Stres i radzenie sobie z nim

Łatwo się zestresować, bo przytłacza cię ogrom przygotowań na przyjęcie nowego członka rodziny. Twoje ciało już pracuje na dwie zmiany, podtrzymując rozwój dziecka; postaraj się utrzymać swoje inne zobowiązania i zadania na rozsądnym poziomie, by uniknąć mentalnego i fizycznego przeciążenia.

Kontrolowanie nacisków z zewnątrz staje się szczególnie istotne, kiedy twój ciężarny organizm zmaga się z fizycznym stresem dostarczania niezbędnych składników rosnącemu dziecku. Dodatkowy psychologiczny stres może sprawić, że dyskomfort towarzyszący ciąży będzie trwał dłużej i wydawał się bardziej intensywny.

Skuteczne radzenie sobie ze stresem zaczyna się od znalezienia techniki, która jest najlepsza dla ciebie. Techniki relaksacyjne i medytacja (dla przykładu, rozluźnianie kolejnych mięśni albo joga); zmiany w twoim harmonogramie zawodowym bądź towarzyskim; znalezienie godzinki dla siebie każdego wieczora, poświęcanej tylko na odprężanie się — to wszystko sposoby na kontrolowanie stresu. Wysiłek fizyczny to też świetny sposób na znalezienie ulgi, ale upewnij się, że twój lekarz potwierdzi, iż dana intensywność ćwiczeń jest dla ciebie odpowiednia.

Zapominalstwo

Czy zdarza ci się chodzić po domu w poszukiwaniu okularów przez dwadzieścia minut, tylko po to, by odkryć, że masz je na nosie? Jak każda przyszła mama, masz dużo na głowie. Samo to może powodować, że będziesz gubić rzeczy albo zapominać o szczegółach, z którymi kiedyś radziłaś sobie bez problemu. Naukowcy przeprowadzali badania na temat osłabienia pamięci w czasie ciąży, ale nie ma zgody co do tego, jaka jest dokładnie przyczyna tego zjawiska. Hormony ciążowe, brak snu i stres to możliwe źródła problemu. Spróbuj nosić ze sobą mały notesik i zapisywać w nim ważne rzeczy. To może cię uratować od utraty głowy — i samochodu.

Poranne mdłości

Twój żołądek zaczyna szemrać, a potem podjeżdża ci do gardła. Biegniesz do łazienki po raz piąty tego poranka. Brzmi znajomo? NWC to zapewne najbardziej powszechny i najbardziej męczący objaw ciąży. U większości kobiet NWC kończą się wraz z pierwszym trymestrem, ale u niektórych symptomy utrzymują się do drugiego albo nawet trzeciego. Jeśli spodziewasz się bliźniąt (albo więcej), mdłości mogą trwać dłużej i być bardziej intensywne.

Dokładne przyczyny NWC nie zostały jeszcze zdiagnozowane, ale istnieje wiele teorii co do tego, co je powoduje. Niektóre z możliwych kandydatur to: gonadotropina kosmówkowa (HCG), czyli hormon, który zalewa twój organizm w dużych ilościach we wczesnej ciąży; brak witaminy B_6; zmiany hormonalne, które rozluźniają twój układ pokarmowy i spowalniają trawienie; zmiany w układzie odpornościowym. Inna hipoteza zakłada, że poranne mdłości to w rzeczywistości mechanizm obronny, który chroni matkę i dziecko przed potencjalnie szkodliwymi mikroorganizmami, obecnymi w jedzeniu. Bez względu na to, jaka jest ich przyczyna, poranne mdłości są przykre dla wszystkich, którzy ich doświadczają.

Remedia i bezpieczeństwo

Następujące metody wykazały pewną skuteczność w zmniejszaniu NWC podczas badań klinicznych. Porozmawiaj z personelem medycznym, zanim dodasz jakiekolwiek nowe suplementy do swojej diety.

- Imbir. Ciasteczka imbirowe i inne produkty, zawierające tę przyprawę, mogą pomóc w uspokojeniu żołądka.
- Bransoletki naciskowe (akupresura). Czasami używane do walki z chorobą morską i lokomocyjną, bransoletki te naciskają akupresurowy punkt P6, zwany też Nei Guan. Można je kupić w wielu aptekach i jest to niedroga, nieinwazyjna metoda leczenia NWC.
- Witamina B_6. Suplement z tym związkiem zmniejszał objawy NWC w kilku badaniach klinicznych. Istnieje teoria, że poranne mdłości są objawem niedoboru tej witaminy.

Pieprz metystynowy (znany też jako kava), korzeń lukrecji, ruta, cynamon chiński i krokosz barwierski to tylko niektóre z ziołowych preparatów, o których wiadomo, że są niebezpieczne w ciąży. Nie sięgaj po suplement czy herbatkę bez skonsultowania się z lekarzem.

Inne metody, które kobiety zgłaszają jako pomocne, to m.in.:

- Jedzenie częstszych, mniejszych posiłków. Pusty żołądek produkuje kwasy, przez które możesz czuć się gorzej. Niski poziom cukru we krwi również może spowodować mdłości.
- Wybieraj białka i złożone węglowodany. Pokarmy bogate w proteiny (tofu, fasola) i złożone węglowodany (pieczone ziemniaki, pełnoziarnisty chleb) są dobre dla was obojga i mogą uspokoić twój żołądek.
- Jedz to, co lubisz. Większość ciężarnych kobiet czuje wstręt na myśl o co najmniej jednym rodzaju pożywienia. Jeśli brokuły sprawiają, że żołądek podjeżdża ci do gardła, nie jedz ich. Im lepiej jedzenie smakuje i wygląda, tym bardziej prawdopodobne, że twój organizm je zatrzyma.
- Trzymaj się neutralnych pokarmów, jeśli rzeczy tłuste albo ostro przyprawione ci nie smakują. Tradycyjne, domowe potrawy pomogły niejednej kobiecie przy nudnościach; podstawowe, takie jak rosół z makaronem, ryż lub makaron, albo pieczone czy tłuczone ziemniaki, mogą też zaspokoić zapotrzebowanie na kalorie.
- Pij dużo płynów. Pamiętaj, by się nie odwodnić. Przy wymiotach musisz uzupełniać płyny. Niektóre kobiety zgłaszają, że lepiej tolerują napoje, jeśli pije się je pomiędzy posiłkami, a nie wraz z nimi. Nie masz na razie ochoty na wodę czy sok? Spróbuj soczystych owoców, takich jak arbuz czy winogrona, albo zrób własne lizaki lodowe, zamrażając sok w specjalnej foremce.
- Regularnie myj zęby. Utrzymywanie jamy ustnej w czystości może ograniczyć nadmierne wydzielanie śliny, które dręczy niektóre ciężarne kobiety. Miętówki również mogą pomóc.
- Poproś o pomoc. Przygotowywanie posiłków, kiedy się źle czujesz, może być jeszcze większym wyzwaniem, niż jedzenie ich, więc spróbuj poprosić swojego małżonka czy drugą połówkę o pomoc w kuchni, jeśli to tylko możliwe. Jeśli nie, zrób zapasy pod dania, które wymagają minimalnych przygotowań, takich jak mrożone przekąski i zupy, tak żebyś mogła jeść z niewielkim wysiłkiem.

- Porozmawiaj z lekarzem o zmianie witamin prenatalnych. Jeśli robi ci się niedobrze od samego patrzenia na tabletkę, może pomoże zmiana ich na pastylki do ssania albo inną postać preparatu. Żelazo jest znane ze sprawiania kłopotów żołądkowych, więc lekarz może polecić środek z niższą jego dawką albo taki, gdzie żelazo uwalniane jest przez dłuższy czas. Jeśli nie jesteś w stanie zatrzymać w systemie witamin, bez względu na to, czego próbujesz, lekarz może zasugerować odstawienie ich do czasu, kiedy NWC przeminą.

Kiedy to może być coś poważniejszego niż poranne mdłości

Kiedy twoje ciało nie dostaje energii, jakiej potrzebuje, w formie jedzenia, zaczyna w tym celu metabolizować zapasy tłuszczu. Ten stan, zwany ketozą, wytwarza specjalne substancje, ketony, które wędrują po twoim układzie krwionośnym i mogą być szkodliwe dla płodu. Lekarz może zbadać twój mocz pod kątem obecności ketonów, jeśli męczą cię uporczywe mdłości i wymioty.

> Wrzuć do samochodu zestaw pierwszej pomocy na poranne mdłości. Zapakuj do niego mokre i zwykłe chusteczki, małą butelkę wody, podróżną szczoteczkę do zębów i tubkę pasty, miętówki, sucharki i paczkę dużych, szczelnie zamykanych worków z grubej folii. Na dłuższe wyprawy potrzebujesz dodatkowo telefonu komórkowego i kompletu odzieży na zmianę, tak na wszelki wypadek.

Niewielki odsetek ciężarnych kobiet (0,3–3 proc.) cierpi na ciężką postać porannych mdłości, zwaną niepowściągliwymi wymiotami ciężarnych (*hyperemesis gravidarum*). Jeśli nie jesteś w stanie utrzymać w organizmie żadnego jedzenia ani picia, tracisz na wadze i nie jesteś w stanie normalnie funkcjonować, możesz należeć do tej kategorii.

Chociaż hospitalizacja jest czasem wymagana w przypadku tej dolegliwości, dobra wiadomość jest taka, że leczenie — podawanie kroplówki, by uzupełnić płyny i elektrolity, oraz w niektórych przypadkach leki przeciwwymiotne — jest stosunkowo proste. Jeśli dostaniesz receptę na środki przeciwwymiotne, porozmawiaj z lekarzem o danych na temat ich bezpieczeństwa i zapytaj, czy ten lek może mieć jakiś wpływ na płód.

Jeśli zmagasz się z porannymi mdłościami, zdrowe odżywianie się (i zatrzymywanie jedzenia) to szczególne wyzwanie. Twój żołądek będzie wyrażał zdecydowane opinie na temat tego, co będzie tolerował, a czego nie; kiedy czujesz mdłości, potraktuj je jako wskazówkę. Trzymaj się tego, co działa — nawet jeśli to oznacza jedzenie tej samej rzeczy trzy razy dziennie. Poranne mdłości nie trwają wiecznie, a prenatalne witaminy pomogą wyrównać brakujące składniki odżywcze, kiedy przeminie trudny okres. Nie martw się, jeśli przez mdłości nie przybierzesz na wadze w pierwszym trymestrze; jest to ważniejsze w dalszych etapach ciąży.

Rozdział 13

Drugi trymestr

Witaj w drugim trymestrze, który wiele kobiet uznaje za „część rozrywkową". Poziom energii rośnie, a posiłki zostają w żołądku. Widać, że jesteś w ciąży, więc możesz korzystać z miejsc parkingowych dla kobiet ciężarnych bez wyrzutów sumienia. Ty i twoje dziecko przechodzicie teraz przez okres raptownego wzrostu, więc nic dziwnego, że czujesz zmęczenie — ciąża to ciężka praca! Pozwól sobie na drzemki i dłuższe spanie w weekend. Pamiętaj, pod koniec tego trymestru będziesz już dalej niż w połowie okresu oczekiwania!

Twoje ciało w tym trymestrze

Na początku tego trymestru prawdopodobnie wreszcie poczujesz obecność dziecka wewnątrz twojego ciała — przeżycie, które z jednej strony uczy pokory, a z drugiej zachwytu nad cudem egzystencji. Przed końcem trymestru będziesz mogła zobaczyć na swoim brzuchu ruch, gdy maleństwo będzie się wygodniej układać w kurczącej się przestrzeni mieszkalnej. Wraz z powiększającą się macicą, zmienia się twój punkt ciężkości, więc pamiętaj, by uważać, chodząc po oblodzonych albo śliskich powierzchniach.

Twój apetyt prawdopodobnie podskoczy wraz z początkiem tego etapu. To szczęśliwy zbieg okoliczności, bo około 60 proc. całej wagi, jaką przybierzesz podczas ciąży, pojawi się właśnie w tym trymestrze.

Ruch!

Myślałaś, że USG było ekscytujące? Poczekaj tylko, aż po raz pierwszy poczujesz, jak mały gimnastyk w twoim brzuchu przeciąga się i rozpycha. Do dziewiętnastego tygodnia większość kobiet poczuje pierwsze drgnięcie, często opisywane jako trzepot skrzydeł motyla albo bąbelki.

Jak dziecko zacznie się już ruszać regularnie, średnio powinnaś czuć pięć lub więcej ruchów na godzinę. Trzy poruszenia bądź mniej, albo nagły spadek aktywności płodu, mogą być znakiem, że dziecko ma kłopoty, więc jeśli coś takiego zauważysz, skontaktuj się z lekarzem tak szybko, jak to możliwe.

Szybko odkryjesz, że twoje maleństwo już ustala wzorce zachowań. Kiedy jesteś aktywna, dziecko często zasypia, ukołysane twoim ruchem. Potem, kiedy ty położysz się i będziesz próbowała odpocząć, maluch będzie chciał wstać i dokazywać. Jeśli twój partner nie może trafić na moment, by kładąc rękę na twoim brzuchu, poczuć płodowe kung fu, doradź jemu albo jej, by byli na to gotowi, gdy kładziesz się spać, a bardzo możliwe, że poczują kopnięcie lub dwa.

Rozstępy

Skóra na twoim brzuchu rozciąga się, napina i najprawdopodobniej swędzi jak szalona. Dobry krem nawilżający (poszukaj takiego, który nie zawiera produktów pochodzenia zwierzęcego, ani nie był testowany na zwierzętach) może pomóc w kontroli swędzenia i utrzymywaniu wilgotności skóry, ale nie będzie w stanie ani zapobiec rozstępom, ani ich usunąć. To, czy się one u ciebie pojawią, to głównie kwestia genetyki, aczkolwiek czynniki takie, jak nadmierne przybieranie na wadze albo wielokrotne ciąże, zwiększają ich prawdopodobieństwo.

> **Zwiększona ilość krwi podczas ciąży może uszkodzić zastawki, które regulują przepływ krwi przez naczynia krwionośne w nogach. Nadmiar krwi zbierający się w żyle pojawia się jako charakterystyczny, czerwony lub niebieskawy zygzak. Rajstopy uciskowe i odpoczywanie na lewym boku może pomóc, jeśli nogi są obolałe.**

Czerwone, fioletowe albo białawe rozstępy są efektem nadmiaru kolagenu, jaki twoje ciało wytwarza w odpowiedzi na szybko rozciągającą się skórę. Mogą się pojawić na twoim brzuchu, na piersiach albo na jakiejkolwiek powiększającej się teraz części ciała. Nie martw się za bardzo; rozstępy najczęściej bledną po ciąży do prawie niewidocznych, srebrnych nitek.

Bóle i dyskomfort

Możesz zacząć odczuwać okazjonalny dyskomfort w dole brzucha, wewnątrz ud, w biodrach i dolnej części pleców. Bóle takie to efekt ciężej pracujących mięśni w połączeniu z ciążowymi zmianami hormonalnymi. Ćwiczenia, takie jak unoszenie miednicy, mogą pomóc.

Miednicę można też przechylać w pozycji stojącej, odginając się od ściany, ale pewnie wygodniej ci będzie oprzeć się na rękach i kolanach. Trzymaj głowę równo z resztą kręgosłupa, wciągnij brzuch, napnij pośladki i przechyl miednicę do przodu. Twoje plecy naturalnie wygną się w łuk. Przytrzymaj tę pozycję przez trzy sekundy, a potem się rozluźnij. Pamiętaj, by trzymać plecy proste w neutralnej pozycji. Powtarzaj wygięcie trzy do pięciu razy, z czasem zwiększając liczbę powtórzeń do dziesięciu.

Staraj się zachować dobrą postawę, gdy siedzisz lub stoisz, gdyż pomoże ci to poradzić sobie z bólem w dolnej części pleców. Unikaj nagłych skrętów i obrotów, i odstaw na razie na półkę wysokie obcasy. Niektórym kobietom pomaga używanie niskiego stołeczka pod stopy, gdy siedzą. Jeśli musisz stać przez długi czas, opieraj stopy, na zmianę, na stopniu. Czasami zaleca się ćwiczenia na rozciąganie i elastyczność. Poproś lekarza o zgodę i rekomendacje; jeśli ból jest dokuczliwy albo masz problemy z plecami, lekarz może ci zalecić pracę z fizjoterapeutą.

> Jeśli bóle brzucha i/lub dolnej części pleców są intensywne i towarzyszy im gorączka, wymioty, krwawienie z pochwy albo drętwienie nóg, natychmiast zadzwoń do lekarza. Większość pomniejszych bólów w plecach podczas ciąży jest kompletnie normalna, ale w ciężkich przypadkach może to być oznaka przedwczesnego porodu, infekcji nerek albo innych komplikacji medycznych.

Mogą się pojawić skurcze w nogach. Rozciąganie mięśni łydek często jest w stanie taki skurcz zwalczyć. Pewna liczba badań naukowych sugeruje, że suplementy z magnezem zmniejszają u niektórych kobiet częstotliwość występowania skurczów. Zapytaj lekarza prowadzącego, co by polecił. Pokarmowe źródła magnezu to m.in. pełne ziarno, fasola, produkty sojowe, orzechy i zielenina.

Jeśli bólom w nodze towarzyszy opuchlizna, zaczerwienienie i jeśli skóra na niej wydaje się ciepła, zgłoś te objawy lekarzowi. Może to być zakrzepica żył głębokich, czyli skrzep w naczyniu krwionośnym w nodze, który blokuje krążenie, a potencjalnie może się urwać i całkowicie zablokować ważne naczynie krwionośne. U kobiet ciężarnych istnieje podwyższone ryzyko zakrzepicy, ale mimo to jest to dość rzadka dolegliwość, która zdarza się w mniej niż jednej ciąży na tysiąc.

W gabinecie lekarza

Poza rutynowym mierzeniem i ważeniem, lekarz może zlecić próbę glukozową (GCT) między dwudziestym czwartym a dwudziestym ósmym tygodniem. Kobiety, które zdecydowały się na badanie alfa-fetoproteiny, test potrójny albo poczwórny, będą miały pobraną krew pomiędzy piętnastym a osiemnastym tygodniem. Możesz się dowiedzieć więcej o tych badaniach w dalszej części rozdziału.

Przedwczesny poród

Urodzenie dziecka po dwudziestym, ale przed trzydziestym siódmym tygodniem ciąży, uznaje się za poród przedwczesny. W przypadkach bardzo wczesnego porodu, gdy dojrzałość płuc nie została jeszcze ustalona, lekarz prawdopodobnie spróbuje odwlec poród tak długo, jak jest to możliwe. Wcześniaki mogą cierpieć z powodu szerokiego wachlarza problemów fizycznych, neurologicznych i rozwojowych, więc każdy dodatkowy czas spędzony w łonie matki jest korzystny.

Jeśli zauważysz którąkolwiek z niżej wymienionych oznak przedwczesnego porodu, natychmiast zadzwoń do swojego lekarza. Jeśli jesteś poza miastem albo z jakiegoś powodu nie możesz się do niego dodzwonić, jedź od razu na pogotowie. Przy szybkiej reakcji może uda się odwlec poród, dopóki twoje nienarodzone dziecko nie będzie wystarczająco rozwinięte.

Objawy to m.in.:

- Bolesne skurcze porodowe w regularnych odstępach
- Kurcze w dole brzucha
- Ból w dolnej części pleców
- Krwawe upławy
- Ból żołądka
- Jakikolwiek wyciek płynu z pochwy, duży lub mały

Przedwczesny poród można zatrzymać przez leżenie w łóżku, podawanie leków zatrzymujących skurcze i nawadnianie dożylne. W zależności od twojej historii medycznej i stadium zaawansowania ciąży, możesz potrzebować pobytu w szpitalu. Możliwe też, że dostaniesz nakaz pozostania w łóżku w domu i może będzie wymagane częste podłączanie cię do aparatury monitorującej dziecko. Jeśli przedwczesny poród zdarzy się pomiędzy dwudziestym czwartym a trzydziestym czwartym tygodniem, być może trzeba będzie podać kortykosterydy, by przyspieszyć rozwój płuc płodu.

Twój stan umysłu

Może się wydawać, że jesteś na emocjonalnej karuzeli. Jednego dnia jesteś gotowa na podbijanie świata, następnego czujesz się poirytowana i zagubiona. Twoje emocje są bardzo blisko powierzchni. Postaraj się stworzyć plan działania w celu rozładowywania trudnych sytuacji. Nie wahaj się też przed przyjmowaniem drobnej pomocy, takiej jak lepsze miejsce parkingowe albo wygodne krzesło w pokoju konferencyjnym.

Poirytowanie

Przez wszystkie dodatkowe wymagania, z jakimi zmagasz się, próbując zachować równowagę ciała, ducha i emocji, możesz odkryć, że w tym okresie brakuje ci cierpliwości. Ciąża to świetna wymówka, by trzymać się z daleka od ludzi, którzy są — bądźmy szczerzy — zwyczajnie nieznośni. Unikanie ich to oczywiście nie jest ostateczne rozwiązanie, ale w tym krytycznym czasie, gdy twoja równowaga emocjonalna i fizyczna są tak ważne, jest to sposób, który na krótszą metę pozwoli ci zachować poczytalność.

> Zdecydowanie zapinaj pasy w samochodzie podczas ciąży. Dolna część pasa powinna mieścić się pod twoim brzuchem, a część naramienna, między piersiami. Nie martw się, że pas może skrzywdzić dziecko; macica i płyn owodniowy świetnie amortyzują wstrząsy.

Jeśli rodzina i przyjaciele też cię drażnią, to może być znak, że zaczynasz się gubić w sytuacji i brakuje ci wsparcia. Przyjrzyj się temu, co tak naprawdę cię gryzie. Pamiętaj, że nie jesteś w tym sama. Jeżeli jesteś singielką, poproś o pomoc rodzinę albo dobrą przyjaciółkę. Jeśli jesteś mężatką albo w związku i mimo to nie otrzymujesz pomocy i wsparcia, jakich oczekujesz, od swojego partnera, poproś o nie. Chociaż to miło, kiedy inni odgadują nasze potrzeby i spełniają je z własnej inicjatywy, oni też mogą być zapętleni we własnych przygotowaniach i niepokojach, związanych z nowym członkiem rodziny. Nie czuj się winna, przypominając im, że potrzebujesz ich pomocy.

Wysypianie się

Może to natura przygotowuje cię na zbliżające się bezsenne noce, ale rosnący brzuch i rozpychanie się małego pasażera sprawiają, że coraz trudniej jest ci spokojnie przespać przepisowe osiem godzin. Sen jest teraz niezbędny dla twojej kondycji fizycznej i psychicznej, nie wspominając już o tym, że potrzebny jest twojemu nienarodzonemu dziecku. Postaraj się odpoczywać często i dobrze.

- Wyznacz regularną godzinę chodzenia spać i trzymaj się jej.
- Jeśli pozwoli ci na to twój harmonogram, nadrabiaj zaległości drzemką w dzień.
- Poeksperymentuj z piankową warstwą na materacu albo poduszką pod ciało dla dodatkowej wyściółki.
- Ostatni przystanek przed pójściem spać: łazienka.

- Trzymaj się z dala od kofeiny (teraz i tak ci nie służy).
- Nie ćwicz co najmniej trzy godziny przed snem.

Aktywność fizyczna

Nie musisz unikać siłowni, basenu, ani innych ulubionych miejsc do ćwiczeń, tylko dlatego, że jesteś w ciąży. Ćwiczenia nie tylko sprawią, że będziesz się czuła lepiej, ale będą też utrzymywać w formie mięśnie, które czeka porządny wycisk podczas porodu.

> Niektóre rodzaje aktywności są stanowczo zakazane podczas ciąży. Należą do nich nurkowanie, narty wodne, narciarstwo zjazdowe i sporty kontaktowe. Gimnastyki i jazdy konnej należy unikać z powodu podwyższonego ryzyka upadku. Dodatkowo, bardzo uważaj przy uprawianiu intensywnych sportów, takich jak tenis, siatkówka czy aerobik.

Rekomendacje co do ćwiczeń, opublikowane przez Amerykańskie Kolegium Położników i Ginekologów, zalecają dla kobiet w ciąży (z wyjątkiem kobiet w grupie podwyższonego ryzyka) 20 do 30 minut. średnio intensywnej aktywności fizycznej każdego dnia, czyli ok. 150 minut tygodniowo. Pływanie i spacer są podane jako przykłady rekomendowanej formy ćwiczeń. Bardziej wymagające rodzaje aktywności (takie jak jogging albo niektóre sporty) mogą być dozwolone w czasie ciąży, jeśli jesteś sprawna fizycznie i ćwiczyłaś przed poczęciem. Wszystkie kobiety ciężarne, zwłaszcza te w grupie wysokiego ryzyka i te, które były wcześniej mało aktywne, powinny porozmawiać z lekarzem przed rozpoczęciem treningów.

Aktywność fizyczna nie musi być skomplikowana, droga albo trudna technicznie. Może to być coś tak prostego jak rzucanie dzieciakom piłki na podwórku, zabieranie psa na żwawy spacer każdego wieczora albo pływanie — albo nawet chodzenie — w lokalnym basenie. Trzydzieści minut regularnych, podnoszących tętno ćwiczeń, zaczętych i zakończonych rozciąganiem, to wszystko, co jest potrzebne, by przynieść korzyść tobie i dziecku. Ponad wszystko, upewnij się, że będzie to aktywność, która sprawia ci radość, w towarzystwie, z którego się cieszysz.

Jeśli służy ci rutyna i myślisz, że prędzej poruszasz się przy ustalonym harmonogramie, sprawdź, czy twój lokalny oddział YMCA, szpital albo dom kultury oferują gimnastykę prenatalną. Ćwiczenia w wodzie to też dobry, nieinwazyjny sposób na poprawienie kondycji.

Nawet jeśli zajęcia są przeznaczone specjalnie dla przyszłych mam, zapytaj swojego lekarza, czy wolno ci w nich uczestniczyć.

Środki ostrożności

Chociaż ćwiczenia mogą być dobrodziejstwem dla twojego ciała i twojego dziecka, trzeba podjąć podstawowe kroki w celu zachowania bezpieczeństwa. Przede wszystkim, opisz swój zestaw ćwiczeń lekarzowi, by dostać zielone światło od strony medycznej. Jeśli dopiero zaczynasz się ruszać, zacznij powoli. Zwracaj uwagę na sygnały, jakie wysyła ci twoje ciało i natychmiast przerwij trening, jeśli zauważysz takie znaki ostrzegawcze, jak ból brzucha lub klatki piersiowej, krwawienie z pochwy, zawroty głowy, rozmywający się wzrok, silne bóle głowy albo nadmierną zadyszkę.

Ubieraj się w obcisły, wygodny strój, który będzie przepuszczał powietrze i dobrze podtrzymywał brzuch i inne rosnące części twojego ciała. Jeśli twoje stopy spuchły tak, że ulubiona para adidasów już nie jest wygodna, zainwestuj w większy rozmiar. Pij dużo bezkofeinowych napojów przed, w trakcie i po treningu, by się nie odwodnić. Staraj się ćwiczyć w klimatyzowanych pomieszczeniach, żeby uniknąć nagłego wzrostu temperatury wewnątrz ciała, gdyż przegrzanie może być niebezpieczne dla rozwijającego się płodu.

Ćwiczenia mięśni Kegla to coś, co każda ciężarna kobieta powinna znać i praktykować. Wzmacniają one mięśnie miednicy potrzebne podczas porodu i pomagają przy nietrzymaniu moczu (albo kropelkowaniu), które się niektórym zdarza podczas ciąży. Jak ćwiczyć mięśnie Kegla? Zaciśnij mięśnie, których użyłabyś do przerwania strumienia moczu, przytrzymaj przez cztery sekundy, rozluźnij. Właśnie zrobiłaś swoje pierwsze ćwiczenie. Postaraj się ćwiczyć codziennie do dziesięciu minut.

Badania diagnostyczne i przesiewowe

Podczas ciąży będziesz kłuta, szturchana, smarowana, przecierana i skanowana. Wszystkie te badania są oczywiście robione w jednym celu — zdrowa mama i zdrowe dziecko. Prenatalne badania wywołują pełną gamę rodzicielskich emocji — od spokojnej pewności siebie oraz rozbawienia do niepokoju i strachu przed nieznanym. Może będziesz się czuła podczas badań trochę bardziej komfortowo, jeśli będziesz wiedziała, czego się spodziewać.

Badania moczu

Będziesz musiała oddawać próbkę moczu do analizy przy każdej wizycie prenatalnej. Twoja przychodnia albo laboratorium, z którego korzystają, zbada próbkę pod kątem ketonów, białka i glukozy, może też sprawdzić, czy są w niej obecne bakterie. Są to proste testy; polegają na zamoczeniu w fiolce paseczka specjalnie przygotowanego chemicznie papieru. Obecność ketonów w twoim moczu byłaby wskaźnikiem albo niedostatecznej ilości składników odżywczych, spowodowanej przez mocne mdłości i wymioty, albo słabo kontrolowanej cukrzycy ciążowej. Badanie pod kątem białka jest wykonywane, by wykluczyć preeklampsję, infekcje układu moczowego i uszkodzenie nerek. Glukoza (czyli cukier) w moczu (tzw. cukromocz) może być oznaką cukrzycy ciążowej. Niewielka ilość cukru w moczu podczas ciąży jest normalna, ale wciąż wysoki poziom w połączeniu z innymi czynnikami ryzyka to czerwona flaga, sygnalizująca, że cukrzyca ciążowa może być obecna. Dodatni wynik tych czy innych testów najczęściej oznacza dodatkowe badania.

Badania krwi

We wczesnej ciąży, a możliwe że również w drugim i trzecim trymestrze, ilość hemoglobiny w twojej krwi zostanie zbadana, by wykluczyć anemię, spowodowaną niedoborem żelaza. Przesiewowe badania krwi są też wykonywane wśród populacji zagrożonych genetyczną odmianą anemii. Dla przykładu, pary pochodzenia afrykańskiego, karaibskiego, wschodniośródziemnomorskiego, bliskowschodniego i azjatyckiego są w grupie ryzyka, jeśli chodzi o anemię sierpowatą. Rodziny o korzeniach greckich, włoskich, tureckich, afrykańskich, zachodnioindyjskich, arabskich bądź azjatyckich mogą być poddane badaniom pod kątem talasemii.

Twoją grupę krwi i czynnik Rh ustali się podczas pierwszej wizyty prenatalnej. Czynnik Rh może mieć albo wartość dodatnią, albo ujemną. Jeśli twoja krew to Rh plus, nie trzeba podejmować żadnych działań. Jeśli jednak twoja krew ma czynnik Rh ujemny, a twojego partnera dodatni, istnieje ryzyko konfliktu serologicznego pomiędzy tobą i dzieckiem. Może się tak zdarzyć, jeśli twoje nienarodzone dziecko ma czynnik krwi Rh plus. Jeśli odrobina krwi dziecka dostanie się do twojego krwiobiegu, twój organizm może wytworzyć przeciwciała atakujące krew maleństwa, co spowoduje u niego ciężką anemię. Kiedy coś takiego się dzieje, twój system odpornościowy może uznać dziecko za intruza i próbować z nim walczyć, powodując wiele poważnych komplikacji. Jeśli jednak wykryje się ten problem wcześnie, można skutecznie przeciwdziałać trudnościom w dalszej ciąży.

Badanie krwi wykaże również, czy jesteś odporna na różyczkę, która może powodować wady wrodzone płodu, zwłaszcza gdybyś zachorowała na nią w ciągu pierwszego trymestru. Czasem wykonuje się też test na HIV, żółtaczkę typu B i kiłę.

Kobiety powyżej trzydziestego piątego roku życia są bardziej zagrożone cukrzycą ciążową, nadciśnieniem i problemami z łożyskiem. Istnieje również podwyższone ryzyko urodzenia dziecka z zaburzeniami chromosomalnymi. Dobra wiadomość jest taka, że odpowiednia opieka prenatalna może znacznie zmniejszyć ryzyko tych komplikacji.

Zazwyczaj pomiędzy dwudziestym czwartym a dwudziestym ósmym tygodniem ciąży będziesz miała zrobioną próbę glukozową, czyli badanie, które ma wykluczyć cukrzycę ciążową. Podczas testu musisz wypić 50 g zawiesiny glukozowej, w postaci słodkiego napoju, często marki Glucola. Godzinę później pobierają ci krew i mierzą ją pod kątem zawartości glukozy. Jeżeli wyniki przekroczą ustalone normy, będziesz wysłana na dalsze badania.

Wymazy i rozmazy

Jeśli nie miałaś robionej cytologii w ciągu dwunastu miesięcy przed poczęciem, lekarz wykona to badanie podczas pierwszej wizyty prenatalnej. Dodatkowo wymazy z pochwy i odbytu będą pobrane między trzydziestym piątym a trzydziestym siódmym tygodniem ciąży, by wykluczyć obecność paciorkowców typu B (GBS). Jeśli u kobiety ciężarnej odkryje się te bakterie, mogące spowodować poważną infekcję u noworodka, najczęściej przepisuje się dla niej dożylne antybiotyki, do podania w trakcie porodu. W zależności od twojej historii medycznej i zauważonych czynników ryzyka, twój lekarz może też zlecić testy na chlamydiozę, rzeżączkę lub bakteryjną infekcję pochwy, które wykonuje się po pobraniu wymazu z pochwy.

USG

Wyglądane z niecierpliwością badanie USG pozwoli ci po raz pierwszy zobaczyć twoje maleństwo, a lekarzowi ocenić jego wzrost i rozwój. USG wykonuje się też w celu diagnozowania wad łożyska, ciąży pozamacicznej, niektórych wad wrodzonych oraz innych podejrzewanych komplikacji. Istnieją dwa rodzaje badań USG abdominalne (przezbrzuszne) i dopochwowe, gdzie skanuje się bezpośrednio przez waginę. We wczesnej ciąży operator urządzenia może wybrać tę drugą opcję, co oznacza, że głowica (czyli część, którą radiolog trzyma w ręku) będzie wsunięta do twojej pochwy. Mimo to, najpowszechniejsze są USG przezbrzuszne, gdyż większość badań ultrasonograficznych wykonywana jest w drugim i trzecim trymestrze.

Jeśli płód nie będzie wstydliwy w dniu badania, USG wykonane w szesnastym tygodniu ciąży może ujawnić jego płeć. Widok na wargi sromowe u dziewczynki (ukazane na ekranie jako trzy równoległe linie) albo penisa u chłopca to dość pewna metoda identyfikacji, ale pamiętaj, że USG nie jest nieomylne i zdarzają się niespodzianki na sali porodowej.

Badanie ultrasonograficzne zajmuje najczęściej mniej niż pół godziny. Jeśli jesteś w pierwszej połowie ciąży, prawdopodobnie poproszą cię, byś piła przed testem dużo wody i wstrzymała się z pójściem do toalety. To jest prawdopodobnie najtrudniejszy element badania. Dodatkowy płyn pozwala osobie przeprowadzającej USG lepiej zobrazować dziecko.

Wielu lekarzy położników rutynowo zleca badanie USG. Niektórzy robią je podczas pierwszej wizyty, by potwierdzić prawdziwość daty poczęcia i upewnić się, że ciąża jest prawidłowa, gdyż może im to zaoszczędzić zgadywania wieku ciążowego dziecka na późniejszych etapach (badanie w pierwszym trymestrze owocuje pewniejszą datą). Inni zalecają USG około dwudziestego tygodnia, by zbadać anatomię płodu i upewnić się, że ciąża przebiega normalnie.

AFP, badanie potrójne i poczwórne oraz badania wolnego płodowego DNA

Badanie surowicy AFP[30], zazwyczaj przeprowadzane między piętnastym a osiemnastym tygodniem, to badanie krwi, wykonywane celem wykrycia wad chromosomalnych, takich jak trisomii chromosomu 18 i 21 (zespół Downa), jak również wad cewki nerwowej. Badanie może też zasugerować obecność bliźniąt, trojaczków bądź większej liczby płodów. Bardziej precyzyjna jego wersja to test potrójny (AFP-3), który poza AFP mierzy poziom HCG i estriolu (rodzaj estrogenu). Test poczwórny, jeszcze bardziej dogłębne badanie pod kątem problemów chromosomalnych, mierzy trzy wyżej wymienione substancje i dodatkowo stężenie inhibiny A.

---

30 Badanie AFP jest wykonywane w Polsce np. w ramach programu badań prenatalnych, finansowanego przez NFZ.

Mogłaś też słyszeć o nieinwazyjnych prenatalnych testach (NIPT). Jest to badanie coraz popularniejsze w USA. Więcej, niektórzy lekarze położnicy standardowo oferują je teraz pacjentom w grupie podwyższonego ryzyka jako badanie wolnego płodowego DNA (cf-DNA). Jest to opcja droższa niż test poczwórny, ale niedawne badania naukowe, np. te opublikowane w *The New England Journal of Medicine*, potwierdziły, że przy testach cf-DNA znacznie rzadziej zdarzają się wyniki fałszywie pozytywne i że mają one większą skuteczność w wykrywaniu trisomii 18 i 21.

Amniopunkcja

Amniopunkcja[31] wiąże się z dwiema poważnymi ingerencjami: igłą wbijaną w brzuch i przebiciem się nią do wodnistego otoczenia twojego dziecka. Zabieg wiąże się z pewnym prawdopodobieństwem komplikacji, włączając w to niewielkie ryzyko poronienia. Mimo to, amniopunkcja to jedno z najlepszych dostępnych narzędzi diagnostycznych do orzekania o wadach genetycznych i chromosomalnych. Zazwyczaj wykonuje się to badanie w drugim trymestrze, pomiędzy piętnastym a dwudziestym tygodniem ciąży, chociaż możliwe jest także przeprowadzenie go później, jeśli istnieją ku temu wskazania.

CDC szacuje, że ryzyko poronienia po amniopunkcji zdarza się raz na 200 – 400 badań, natomiast prawdopodobieństwo infekcji macicy to mniej niż 1 przypadek na 1000. Istnieje również niewielkie ryzyko spowodowania traumy u dziecka, przez niewłaściwie umiejscowienie igły bądź nieumyślne rozerwanie worka owodniowego.

Twój lekarz może zasugerować wizytę w poradni genetycznej przed amniopunkcją, byś mogła porównać ryzyko z potencjalną korzyścią, jaką może przynieść badanie, biorąc pod uwagę twoją indywidualną sytuację medyczną i historię rodzinną.

Po amniopunkcji dziecko będzie monitorowane badaniem USG, a bicie jego serca będzie kontrolowane przez kilka minut, by upewnić się, że wszystko jest w porządku. Możesz czuć po zabiegu niewielkie skurcze. Zostaniesz poinstruowana, by unikać wysiłku przez resztę dnia (czyli żadnego aerobiku i żadnego seksu), chociaż poza tym będziesz mogła normalnie funkcjonować. Jeśli w ciągu kilku dni po amniopunkcji zauważysz płyn lub krew wyciekające z pochwy, natychmiast skontaktuj się z lekarzem.

---

31 Amniopunkcja jest to procedura finansowana przez NFZ. Może być wykonana np. w programie badań prenatalnych. Jest jedną z procedur inwazyjnych w diagnostyce prenatalnej – pobranie materiału do badań genetycznych w drodze amniopunkcji/biopsji trofoblastu/kordocentezy pod kontrolą USG.

Biopsja kosmówki (CVS)

Biopsji kosmówki dokonuje się w pierwszym trymestrze (zazwyczaj pomiędzy dziesiątym i dwunastym tygodniem ciąży), by wykryć wady chromosomalne i choroby dziedziczne u nienarodzonego dziecka. Lekarz, kierowany przez USG, wprowadzi cewnik do łożyska, albo przez szyjkę macicy, albo przez igłę wkłutą w brzuch. Cewnik użyty jest do pobrania biopsji (czyli próbki) z maleńkich kosmków kosmówki, czyli tkanki otaczającej embrion, z której rozwinie się łożysko. Kosmki są genetycznie identyczne z tkankami dziecka.

Lekkie skurcze i plamienie są normalne po zabiegu, i prawdopodobnie personel medyczny doradzi ci, byś oszczędzała się przez resztę dnia. Jeśli krwawienie nie ustanie, będzie intensywne bądź będzie mu towarzyszył ból i gorączka, natychmiast skontaktuj się z lekarzem.

> Niektóre badania naukowe sugerują, że doświadczenie i umiejętności lekarza, który wykonuje amniopunkcję bądź biopsję kosmówki, mogą robić wielką różnicę, jeśli chodzi o ryzyko komplikacji. Wielu lekarzy, dokładnie z tego powodu, skieruje cię do specjalisty. Jeśli twój lekarz prowadzący podejmie się przeprowadzenia zabiegu, zapytaj go, ile takich procedur już wykonał.

CVS ma kilka dodatkowych zalet w porównaniu z amniopunkcją. Można je przeprowadzić wcześniej (w pierwszym, a nie w drugim trymestrze), a wyniki są gotowe dużo szybciej (na wstępne wyniki z biopsji czeka się 5 do 7 dni, natomiast na wyniki amniopunkcji — 10–14 dni). Jednakowoż, zagrożenie poronieniem przy CVS jest wyższe; jedna na 100–200 kobiet poroni po tym zabiegu. Ryzyko rośnie jeszcze bardziej dla kobiet z tyłozgięciem macicy, u których biopsję pobiera się przez jej szyjkę (ok. 5 na 100, według Narodowej Służby Zdrowia w Wielkiej Brytanii). Z tego powodu, kobietom o takiej anatomii najczęściej zaleca się transabdominalne CVS (biopsję pobieraną przez ścianę brzucha). Wizyta w poradni genetycznej pomoże ci przyjrzeć się wadom i zaletom zabiegu i zdecydować, czy jest to właściwy wybór dla ciebie.

Monitorowanie płodu

Kardiotokografia (KTG) mierzy akcję serca płodu. Podstawowa (lub przeciętna) częstotliwość bicia serca u dziecka to 120–160 uderzeń na minutę i jest to wynik normalny. Podczas rutynowych wizyt prenatalnych często używa się ręcznie operowanego urządzenia do szybkiego wysłuchania akcji serca. Jeśli trzeba cię będzie monitorować przez dłuższy czas, mierniki zostaną przypięte do ciebie pasami na około dwadzieścia minut. Podczas obserwacji, twój lekarz przygląda się momentom, gdy serce twojego dziecka przyspiesza, co oznacza aktywność i dobre samopoczucie. Dłuższa obserwacja może być zlecona przy ciąży przenoszonej, hipotrofii wewnątrzmacicznej, cukrzycy ciążowej i innych problemach zdrowotnych.

Przyjazne weganom wersje badań prenatalnych

Istnieją dwa główne testy diagnostyczne, gdzie warto, jeśli to możliwe, wybrać opcję wegańską: próba glukozowa i USG.

Próba glukozowa

Próbę glukozową robi się, by wykryć cukrzycę ciążową. Ciąża może obniżyć u kobiety tolerancję na glukozę przez zwiększenie odporności na insulinę, czyli hormonu, który kieruje glukozę do komórek. W rezultacie może rozwinąć się cukrzyca ciążowa, która pojawia się w 2 do 10 proc. ciąż w USA, według danych CDC.

Otyłość to istotny czynnik ryzyka przy cukrzycy. Niestety, z powodu epidemii otyłości w naszym kraju, liczba osób cierpiących na tę dolegliwość również rośnie. Cukrzyca ciążowa zwiększa prawdopodobieństwo wystąpienia kłopotów z nadciśnieniem, wysokiej wagi dziecka i przedwczesnego porodu. Zwiększa również ryzyko zachorowania na cukrzycę typu 2, u matki w dalszej części życia (o 50 proc.) i u dziecka. To właśnie dlatego tak ważne jest przeprowadzenie badań przesiewowych.

Lekarz zaleci, byś wykonała test między dwudziestym czwartym a dwudziestym ósmym tygodniem ciąży. Najczęściej podaje się pacjentkom napój marki Glucola. Przed badaniem masz zjeść normalny posiłek. Potem wypijasz zawiesinę, która zawiera 50 g cukru. Godzinę później pobiera się od ciebie próbkę krwi i sprawdza ją pod kątem zawartości cukru. Jeśli stężenie cukru we krwi wynosi 130–140 mg/dl albo więcej, zostaniesz skierowana na test doustnego obciążenia glukozą, który polega na wypiciu 75 g cukru w przypadku dwugodzinnego testu albo 100 g przy teście trzygodzinnym.

W 2016 roku amerykańska Grupa Specjalna ds. Medycyny Prewencyjnej przeprowadziła metaanalizę z użyciem piętnastu różnych zbiorów danych i potwierdziła, że próba glukozowa jest dość dobrym sposobem na wykrycie cukrzycy ciążowej. Wykazano w ten sposób, że test z 50 g Glucoli to skuteczne narzędzie przesiewowe. Pytanie tylko, na ile bezpieczna jest Glucola oraz czy jest wegańska? Odpowiedź brzmi: tak, Glucola jest (w większości) wegańska; jednak inne składniki w niej zawarte są przez wielu uznawane jako niepokojące.

Napój zawiera dekstrozę, która zazwyczaj jest wegańska, ale może być filtrowana przez węgiel kostny. Zawiera również kwas cytrynowy i benzoesan sodu, również wegańskie substancje. Używa się w nim dwóch barwników spożywczych: kolor żółty nr 6 i kolor czerwony nr 40. Żółta farbka jest wegańska, ale to wciąż barwnik spożywczy, a czerwony barwnik pochodzi z węgla. Jest też naturalna substancja smakowa, której nie da się zidentyfikować. Napój smakuje raczej okropnie, powoduje też zawroty głowy i mdłości.

Czy istnieje alternatywa? Możliwe. Pytanie tylko, czy alternatywne opcje są tak samo skuteczne w wykrywaniu cukrzycy ciążowej?

W 1999 roku naukowcy użyli 28 żelowych fasolek zamiast Glucoli. Skuteczność badań była podobna, a żelki spowodowały mniej efektów ubocznych.

Jeśli wynik pierwszej próby okaże się pozytywny, można użyć większej liczby żelków, żeby zwiększyć gramaturę spożytego cukru (75 lub 100 g) w zgodzie z wymaganiami testu obciążenia glukozą (według artykułu z 1999 r. opublikowanego w *American Journal of Obstetrics and Gynecology*).

Badanie z 2013 roku wykazało, że 10 sztuk żelków marki Twizzlers Strawberry Twist było tak samo skuteczne przy wykrywaniu cukrzycy, jak Glucola. Badanie początkowo przeprowadzono na nieciężarnych pacjentkach. W 2015 roku potwierdzono, że są równie skuteczne w przypadku cukrzycy ciążowej. Zarejestrowano mniej efektów ubocznych i wyników fałszywie dodatnich.

USG

Podczas USG twoja skóra zostanie posmarowana żelem, który umożliwi głowicy urządzenia ślizganie się po twoim brzuchu, w celu obserwacji dziecka w macicy z użyciem fal dźwiękowych. Dzięki temu można wykryć bicie serca oraz potencjalne kłopoty, które mogą wpłynąć na rezultat twojej ciąży. Standardowy żel zawiera następujące składniki:

- Glikol propylenowy: organiczny olej.
- Glicerynę: alkohol polihydroksylowy, używany w żelach, które wychwytują wodę z powietrza.
- Fenoksyetanol: eter glikolu. Dotyczy go ostrzeżenie FDA z 2008 roku, stwierdzające, że związek ten może być potencjalnie toksyczny i uszkadzać układ nerwowy.
- Barwnik: w żelach do USG, zazwyczaj niebieski.

Składniki te są wegańskie, ale zawierają chemikalia. Istnieje nowy rodzaj żelu do USG (dostępny w sprzedaży dopiero od 2018), który nazywa się EcoVue. Nie zawiera parabenów ani glikolu propylenowego. Jest przyjazny środowisku, wegański i koszerny, oparty na fermentacji naturalnych produktów. Ponieważ jest to względnie nowy produkt, możesz potrzebować specjalnie o niego poprosić operatora USG.

Są to dwa główne badania, którym większość kobiet będzie poddana podczas ciąży, i istnieją sposoby, by stały się one bardziej przyjemnym i naturalnym doświadczeniem. Znajdź niekonfliktowy sposób, by poprosić o taką modyfikację swój personel medyczny.

Częste dolegliwości: zgaga i hemoroidy

Czasami podczas drugiego trymestru może pojawić się zgaga, czyli piekące uczucie w gardle i klatce piersiowej. Zjawisko to jest spowodowane kwasem żołądkowym, wędrującym w górę przełyku. Zdarza się często kobietom ciężarnym, ponieważ rosnąca macica zaczyna naciskać na żołądek. Zmiany hormonalne również mają wpływ na układ pokarmowy, ponieważ rozluźniają mięśnie, które zazwyczaj, zaciskając się, blokują przepływ kwasów żołądkowych.

Oto metody na kontrolowanie zgagi:

- Trzymaj się z daleka od alkoholu i napojów z kofeiną; mogą one rozluźniać zastawkę pomiędzy żołądkiem i przełykiem i pogarszać objawy zgagi.
- Prowadź dziennik żywieniowy, by zidentyfikować, co powoduje napady zgagi; wielu kobietom pomaga unikanie rzeczy tłustych bądź mocno przyprawionych.
- Jedz mniejsze, częstsze posiłki, zamiast trzech dużych.
- Nie jedz tuż przed snem lub położeniem się do łóżka.
- Oprzyj głowę na kilku dodatkowych poduszkach, by grawitacja mogła poradzić sobie ze zgagą kiedy śpisz.

Jeśli objawy zgagi nie przechodzą, można kupić kilka leków bez recepty, które są bezpieczne do stosowania w czasie ciąży. Zapytaj lekarza, jaki będzie odpowiedni dla ciebie.

Dieta wegańska może ci pozwolić uniknąć innej, powszechnej w ciąży dolegliwości: hemoroidów. Hemoroidy to opuchnięte, zaognione żyły wokół odbytu i dolnej części odbytnicy. Mogą stać się swędzące, bolesne, a w końcu nawet zacząć wystawać z odbytu. Pojawiają się, ponieważ rosnąca macica oraz rozszerzone i powiększone hormonami ciążowymi naczynia krwionośne wywierają coraz większy nacisk na żyły odbytnicy. Kiedy musisz się napinać przy oddawaniu stolca albo wydalasz twardy stolec, delikatna powierzchnia hemoroidu może zostać uszkodzona i może się pojawić krwawienie. Wegańska dieta jest najczęściej bogata w błonnik. Taki rodzaj odżywiania, w połączeniu z aktywnością fizyczną i piciem dużej ilości wody, może pozwolić ci uniknąć zaparć i napinania się przy oddawaniu stolca, czyli czynników pogarszających dolegliwości.

Jeśli masz problem z bolesnymi hemoroidami, spróbuj zmniejszyć ból, przykładając okład z lodu, długą kąpielą, wacikami bądź wkładkami nasączonymi wyciągiem z oczaru albo maścią zaleconą przez lekarza.

Rozdział 14

Trzeci trymestr

Oto ostatnia prosta, wielkie odliczanie: trzeci trymestr. Podjęłaś do tej pory wiele decyzji i jeszcze kilka zostało do podjęcia w ciągu zbliżających się miesięcy. Przygotowując się do porodu, musisz rozważyć opcje dotyczące szkoły rodzenia i doszlifować plan na akcję porodową. Możliwe, że poczujesz skurcze Braxtona Hicksa (szczegółowo omówione w dalszej części rozdziału), gdy twoje ciało zacznie się przygotowywać na trudne zadanie wydania dziecka na świat. Potraktuj je jako próbę generalną przed wielkim dniem.

Twoje ciało w tym trymestrze

Twoja rosnąca macica rozpycha się między innymi narządami wewnętrznymi, więc pewnie czujesz się wiecznie napchana i bez tchu. Uczucie ulgi i dodatkowej energii, jakie pojawiło się w drugim trymestrze, zaczyna teraz mijać. Pamiętaj: już prawie jesteś u celu!

Na początku tego trymestru górna część macicy znajduje się w połowie drogi między twoim pępkiem a mostkiem, wypychając żołądek, jelita i przeponę. Coraz łatwiej się zasapać, gdy twoje maleństwo na nią naciska. Nie spiesz się, oddychaj głęboko i staraj się utrzymywać dobrą postawę. By ułatwić oddychanie podczas snu, sięgnij po kilka dodatkowych poduszek albo piankowy klin, tak żeby twoja głowa była uniesiona.

Piersi nie tylko robią się cięższe, ale też bardziej gruczołowate w przygotowaniu na karmienie dziecka. W ostatnim trymestrze z twoich sutków może zacząć wyciekać siara, czyli żółtawy, bogaty w substancje odżywcze płyn, który pojawia się przed prawdziwym mlekiem. Być może zauważysz, że takie wycieki są bardziej obfite, jeśli jesteś pobudzona seksualnie. W celu zmniejszenia bólu pleców i wrażliwości piersi, upewnij się, że nosisz dobrze dopasowany stanik (nawet w łóżku, jeśli to pomaga). Jeżeli zamierzasz karmić piersią, rozważ zakup dobrego biustonosza do karmienia, który będzie przydatny przez resztę ciąży i po porodzie.

> Wybierając biustonosz do karmienia, pamiętaj, żeby sprawdzić, czy łatwo ci sięgnąć do zapięć. Spróbuj odczepić i zsunąć miseczkę jedną ręką. Teraz to się może wydawać bez znaczenia, ale kiedy będziesz w zatłoczonym centrum handlowym próbowała dyskretnie przyłożyć dziecko do piersi jedną ręką, będziesz sobie wdzięczna za przezorność.

Dziecko coraz mocniej opiera się o twój pęcherz, więc częstotliwość wycieczek do toalety znowu się zwiększa. Możesz nawet doświadczyć wysiłkowego nietrzymania moczu, czyli nieznacznego przeciekania lub kropelkowania, gdy kichniesz, zakaszlesz, zaśmiejesz się albo przy innych nagłych ruchach. To minie po porodzie. W międzyczasie ćwicz mięśnie Kegla, nie chodź z pełnym pęcherzem i noś wkładkę higieniczną.

Skurcze Braxtona-Hicksa

W tym trymestrze twoje ciało zaczyna rozgrzewkę przed porodem i możesz przez to zacząć doświadczać skurczów Braxtona-Hicksa. Przy tych bezbolesnych i nieregularnych skurczach możesz mieć wrażenie, że twoja macica zaciska się nagle w pięść, a potem stopniowo się rozluźnia. Jeśli twój maluch jest raczej ruchliwy, może na początku wydawać ci się, że rozciąga się na boki. Szybkie zerknięcie okiem na brzuch pokaże widoczne naprężenie.

Skurcze Braxtona-Hicksa mogą się zacząć nawet w dwudziestym tygodniu i pojawiać się aż do rozwiązania, chociaż najczęściej zdarzają się w ostatnim miesiącu ciąży. Niektóre mamy, po raz pierwszy spodziewające się dziecka, martwią się, że nie będą w stanie rozróżnić skurczów Braxtona-Hicksa od skurczów porodowych. Jak potwierdzi każda kobieta, która doświadczyła porodu, kiedy przyjdzie czas na prawdziwą akcję, będziesz wiedzieć. Ogólna zasada: jeśli boli, to poród.

> Średnio poród trwa od dwunastu do czternastu godzin, czyli będzie dużo czasu, żeby dostać się do szpitala. Aby uniknąć nieprzewidzianych opóźnień, opracuj trasę z wyprzedzeniem, pilnuj, by twój bak zawsze był pełny i miej pod ręką gotówkę na taksówkę, gdyby auto odmówiło posłuszeństwa wraz z pierwszym skurczem.

Jeśli twoje skurcze nagle zaczną się pojawiać w regularnych odstępach i zacznie im towarzyszyć ból lub dyskomfort, to może być prawdziwa akcja porodowa. Połóż się na lewym boku na pół godziny z zegarkiem w ręku i mierz czas między skurczami, od początku jednego do początku następnego. Jeśli odstępy są mniej więcej regularne, zadzwoń do lekarza. Jeżeli przy jakichkolwiek skurczach pojawi się krew albo wyciek płynu owodniowego, zadzwoń do lekarza natychmiast.

Twoje ciało — zmiany w ciągu ostatniego miesiąca

Obniżenie brzucha, czyli proces, gdzie dno macicy opada w przygotowaniu do porodu, może teraz nastąpić w każdej chwili. U niektórych kobiet, zwłaszcza tych, które już rodziły, może to się nie zdarzyć aż do samego porodu.

Twoja szyjka macicy dojrzewa (mięknie) w przygotowaniu na przejście przez nią dziecka. Gdy szyjka ulega zgładzeniu (czyli skróceniu) i rozwarciu (otwiera się), miękka „zatyczka" ze śluzu, która ją zamyka, może się obruszyć. Materia ta, o wdzięcznej nazwie *czop śluzowy*, może być zabarwiona na czerwono albo różowo.

Jeśli brzuch się obniżył, możesz zacząć biegać do toalety częściej niż kiedykolwiek. Dziecko może też wysyłać wibracje po twojej miednicy, gdy będzie jeszcze niżej opadać na jej dno. Dobra wiadomość jest taka, że wreszcie łatwiej ci oddychać, bo maluch nie naciska już tak mocno na płuca i przeponę. Skurcze Braxtona-Hicksa mogą zdarzać się częściej w ostatnim miesiącu, w przygotowaniu do rozwiązania. Jesteś już wystarczająco blisko, by wyglądać znaków prawdziwego porodu. Jak go rozpoznać?

Prawdziwe skurcze:

- Będą odczuwane w plecach i, być może, promieniować do brzucha.
- Nie będą ustawać wraz ze zmianą pozycji.
- Będą z czasem stawać się coraz intensywniejsze.
- Będą pojawiać się we względnie równych odstępach (na początku to może być co 20–45 minut).
- Będą bardziej intensywne przy ruchu, czyli np. jeśli będziesz chodzić.

Inne oznaki zbliżającego się porodu to m.in. płyn owodniowy, który wycieka albo strugą, albo strumyczkiem (odejście wód), nagła biegunka i pojawienie się czopu śluzowego. Pamiętaj jednak, że u wielu kobiet wody odchodzą dopiero, gdy zacznie się faza aktywna porodu.

W gabinecie lekarza

Podczas tego trymestru częstotliwość wizyt może zwiększyć się do dwóch na miesiąc i cotygodniowych w ciągu ostatniego miesiąca. Lekarz będzie pewnie chciał wiedzieć, czy pojawiły się skurcze Braxtona-Hicksa, powie ci, jakie są znaki ostrzegawcze przy przedwczesnym porodzie i co masz zrobić, jeśli je u siebie zauważysz.

Czasami w trakcie ósmego miesiąca lekarz sprawdza pozycję dziecka, by określić, czy ułożyło się główką w dół w przygotowaniu do porodu. Możesz usłyszeć, że dziecko jest w położeniu miednicowym (pośladki lub stopa z przodu). Nie panikuj. Twój kapryśny maluch prawdopodobnie obróci się znowu w nadchodzących tygodniach. Jeśli nie, lekarz może spróbować obrócić dziecko bliżej terminu porodu.

Płyn owodniowy jest przejrzysty do lekko żółtawego i ma delikatnie słodkawy zapach. Rzadziej może być zabarwiony na zielono lub brązowo. Jeśli masz wrażenie, że wycieka z ciebie płyn owodniowy, nawet jeśli w niewielkiej ilości, skontaktuj się z personelem medycznym. Jeżeli błona owodniowa pękła, ryzykujesz infekcję, jeśli szybko nie urodzisz.

Podczas ostatniego miesiąca — chyba że masz wyznaczoną datę na planowane cięcie cesarskie — lekarz będzie prawdopodobnie wykonywał badanie ginekologiczne przy każdej wizycie, by sprawdzić szyjkę macicy pod kątem zbliżającego się rozwiązania. Będzie też odnotowywać wszelkie oznaki obniżającego się brzucha i dziecka opadającego w stronę dna miednicy. Chociaż może się już teraz zacząć zgładzanie i rozwieranie szyjki macicy, nikt nie jest w stanie przewidzieć, kiedy zacznie się poród, i możesz jeszcze czekać kilka tygodni.

Twój stan umysłu

Wraz ze zbliżającym się rozwiązaniem, twoje myśli mogą częściej krążyć wokół porodu. Wkroczenie w akcję porodową z tak dokładną znajomością tego procesu, jak to tylko możliwe, może stanowić różnicę między doświadczeniem pozytywnym a frustrującym.

Czy poradzę sobie z wyzwaniem, jakim jest poród?

Kobiety robiły to od początku świata i to w dużo trudniejszych okolicznościach. Owszem, w większości przypadków poród to będzie ciężka praca, ale jeśli przygotujesz się i dowiesz się, czego się spodziewać, będziesz gotowa sprostać wszystkiemu, co może się przydarzyć. Odkryjesz też, że twój mąż lub partner będzie dla ciebie cennym oparciem podczas porodu.

Czy poradzę sobie z wyzwaniem, jakim jest macierzyństwo?

Dobrą mamą kobieta się staje, a nie rodzi. Chociaż niektóre aspekty macierzyństwa przyjdą do ciebie jakby instynktownie, praktyka oraz metoda prób i błędów będą stanowić większą część twojej rodzicielskiej edukacji. Używaj źródeł informacji dostępnych w twoim otoczeniu — pediatry, innych rodziców, książek oraz innych materiałów szkoleniowych — by zdobyć i ulepszyć swoje umiejętności. W ostatecznym rozrachunku słuchaj swojego głosu wewnętrznego, wprowadzając w życie wszystko, czego się nauczyłaś.

Budowanie gniazda

Budowanie gniazda to obezwładniająca potrzeba, by przygotować bezpieczne schronienie dla twojego maleństwa i upewnić się, że wszystkie jego potrzeby i pragnienia będą w sposób adekwatny spełnione. Może będziesz próbować umeblować pokój dziecinny albo posprzątać mieszkanie — są to instynktowne reakcje w oczekiwaniu na nowego przybysza.

Pamiętaj, że podczas pierwszych kilku tygodni trzymanie dziecka w zasięgu ręki ułatwi ci zachowanie spokoju i odpoczynek. Koszyk dla noworodka może sprawić, że maleństwo będzie się czuło bezpieczniej niż w otwartej przestrzeni łóżeczka, w końcu spędziło ono dziewięć miesięcy w ciasnym lokalu. Możesz też postawić koszyk tuż przy łóżku, żeby ułatwić karmienia o 4 nad ranem.

> Oto lista podstawowych produktów dla niemowlęcia, które powinnaś mieć pod ręką przed jego przybyciem: pieluchy, mokre chusteczki, waciki dezynfekcyjne (do pielęgnacji kikuta pępowiny), wegański szampon i mydło dla niemowląt, wegańską maść na odparzenia pupy, nieprzemakalne prześcieradełka, butelki, termometr i produkt na zbicie gorączki, wybrany przez twojego pediatrę.

Nie szalej z kupowaniem gigantycznych opakowań produktów dla niemowląt. Wybieraj małe paczki, żebyś mogła sprawdzić, co ci najbardziej odpowiada. Możesz zrobić większy zapas, gdy już zdecydujesz, co będzie najlepsze dla ciebie i twojego malucha. Teraz czas się zastanowić, czy chcesz używać pieluch tetrowych, czy jednorazowych. Jeśli starasz się myśleć ekologicznie, pieluchy z tkaniny nie lądują na wysypisku śmieci, ale wymagają zużycia dodatkowych kopalin przy ich produkcji, czyszczeniu i transporcie (jeśli korzystasz z pralni poza domem). Zadzwoń do lokalnej firmy oferującej pranie pieluch i zapytaj o cenę i co jest zawarte w pakiecie. Możesz też oczywiście prać pieluchy w domu, ale upewnij się, że będziesz miała czas na zrobienie prania każdego dnia. Jeśli niemowlę ma wrażliwą skórę, pieluchy tetrowe mogą ją mniej podrażniać. Jak większość rzeczy w rodzicielstwie, to kwestia prób i błędów – zrób zapas obu rodzajów i zobacz, który się lepiej sprawdza.

Wyprawka dla dziecka po wegańsku

Większość produktów dziecięcych, od kremu na odparzenia do szamponu, jest dostępna w wersjach wegańskich. Sprawdź dobrze zaopatrzony sklep ze zdrową żywnością, spółdzielnię rolniczą albo sklepy internetowe dla wegan. Na początek możesz kupować małe opakowania, by odkryć, która marka pasuje ci najbardziej. Zapytaj innych rodziców na wegańskiej bądź wegetariańskiej liście mailingowej, czy są jakieś marki, które mogą polecić.

Twój stan umysłu – ostatni miesiąc

Jesteś już tak bardzo gotowa na to dziecko. Nic na ciebie nie pasuje, nawet buty. Nie możesz spać dłużej niż kilka godzin. Patrzysz na termin porodu jak długodystansowy biegacz na zbliżającą się metę. Idąc kaczym krokiem w stronę finiszu, ciesz się ostatnimi chwilami odczuwania ruchów dziecka wewnątrz twojego ciała — śmieszne małe czkawki, łokcie i kolana, paradujące po twoim brzuchu, i delikatne kuksańce, które przypominają ci, że nie jesteś sama, nawet jeśli nikogo nie ma obok ciebie. Delektuj się tymi finałowymi dniami euforii i oczekiwania — są jedyne w swoim rodzaju.

Nowe mamy mogą się czuć przytłoczone niepokojem teraz, gdy rozwiązanie jest już tak blisko. Weź głęboki wdech, powtórz sobie wszystko, czego nauczyłaś się w szkole rodzenia, albo porozmawiaj z partnerem lub trenerem porodowym o tym, jak poradzić sobie z obawami. Lęk przed nieznanym jest jak najbardziej naturalny, ale nie pozwól, by strach odebrał ci kontrolę nad akcją porodową.

Nawet jeśli byłaś już w ciąży, możesz się denerwować, myśląc o nowym przybyszu. Może tym razem masz inny plan na poród albo martwisz się, jak starsze dziecko w domu zareaguje na nowe rodzeństwo. Znowu, porozmawiaj z partnerem, zadaj lekarzowi wszelkie pytania o poród, które jeszcze chodzą ci po głowie, i pamiętaj, że jeśli poradziłaś sobie już kiedyś, poradzisz sobie i tym razem.

Szkoła rodzenia

Większość zajęć przygotowujących do porodu, organizowanych przez szpitale i placówki położnicze, nazywa się *szkołą rodzenia*. Są to, odbywające się w klasie z użyciem pomocy audiowizualnych, wykłady oraz na sali ćwiczenia przygotowujące cię do porodu. Zajęcia w szkole rodzenia skupiają się najczęściej na jednym, dwóch lub więcej sposobach traktowania narodzin. Mogą się różnić okresem trwania, od zajęć każdej soboty przez kilka miesięcy do jednodniowego seminarium. Chociaż polityka każdego szpitala zadecyduje o tym, co dokładnie będzie w programie, możesz się spodziewać wycieczki z przewodnikiem po placówce, nauki o tym, co się dzieje podczas porodu i o podstawach opieki nad noworodkiem. Twój małżonek, partner albo trener porodowy nauczą się więcej o swojej roli w tym procesie. Dostaniesz różnego rodzaju broszury, materiały informacyjne i formularze do poczytania w domu. Być może najważniejszym elementem szkoły rodzenia (a na pewno tym, na który świeże mamy zwracają największą uwagę) są informacje na temat radzenia sobie z dyskomfortem, jaki towarzyszy akcji porodowej. Poza przeglądem środków przeciwbólowych i znieczulających, prowadzący zajęcia skupiają się na jednej lub więcej „filozofii porodowej" w poszukiwaniu metod na poradzenie z nim sobie.

Jeśli chcesz dowiedzieć się, jakie zajęcia są oferowane, zadzwoń do szpitala albo centrum położniczego i poproś o harmonogram i opis zbliżających się kursów. Jak zorientujesz się już, co jest w ofercie, zadzwoń jeszcze raz i zapytaj, jakie kwalifikacje i przygotowanie mają instruktorzy, jakich metod używają, jak liczna jest grupa, o program nauczania i koszt. Możesz też poprosić o namiar na pary, które ukończyły kurs i mogłyby podzielić się z tobą wrażeniami.[32]

> Jeśli miałaś poprzednio robione cesarskie cięcie, zapytaj o warsztaty VBAC, które dostarczają parom informacji na temat zalet, ryzyka i statystyk dotyczących porodów naturalnych po cesarskich cięciu.[33] Zazwyczaj poleca się je jako dodatek – nie jako substytut – do szkoły rodzenia.

Nawet jeśli postanowisz nie uczestniczyć w szkole rodzenia organizowanej przez placówkę, którą wybrałaś, spróbuj przynajmniej poprosić o wycieczkę po budynku. Zapoznanie się z otoczeniem przed godziną zero może ci oszczędzić cennego czasu i frustracji, gdy nadejdzie wielki dzień. Będziesz się też mniej niepokoić, jeśli będziesz wiedziała, czego możesz się spodziewać na sali porodowej.

Zajęcia „Rodzeństwo bez rywalizacji" mogą się okazać dobrodziejstwem dla rodzin, w których są już dzieci. Zazwyczaj podzielone na grupy wiekowe, tak żeby informacje mogły być przekazane na odpowiednim poziomie, takie lekcje kładą nacisk na to, co się będzie zmieniało w domu, jak rodzina dostosuje się do nowego domownika, i co dzieci

---

[32] W Polsce bezpłatne szkoły rodzenia realizowane są w ramach kontraktu z NFZ w placówkach medycznych, znajdziemy też takie organizowane w ramach współpracy z Wydziałem Zdrowia Publicznego Urzędu Miasta lub refundowane przez NFZ.

[33] Informacje o porodach przez cesarskie cięcie można znaleźć na stronach placówek medycznych lub organizacji zajmujących się tematyką okołoporodową, jak np. Fundacja Rodzić po Ludzku.

czują w związku z takim rozwojem sytuacji. Taki warsztat może sprawić, że starsze dziecko będzie się czuło częścią obrazu i, co za tym idzie, prędzej zaakceptuje nowego przybysza.

Jak stworzyć plan akcji porodowej

Czy pragnęłabyś porodu kompletnie wolnego od chemikaliów, czy może już przyglądasz się istniejącym opcjom środków przeciwbólowych? Czy chcesz, by był z tobą tylko twój partner, czy życzyłabyś sobie dodatkowego wsparcia? Twój plan akcji porodowej to okazja, by poinformować wszystkich zainteresowanych, jakiego rodzaju doświadczenia sobie życzysz. Jakkolwiek wygląda twoja wizja porodu idealnego, upewnij się, że kierunek, w jakim zmierza twój plan, jest dyktowany potrzebami twoimi i twojego partnera, a nie oczekiwaniami kogokolwiek z zewnątrz. Pamiętaj, oczywiście, że plany się zmieniają wraz ze zmieniającą się sytuacją w trakcie narodzin. W załączniku na końcu tej książki znajdziesz pomocną listę elementów, na których możesz zbudować swój plan akcji porodowej. Przeczytaj też następny rozdział, gdzie znajdziesz więcej informacji na temat porodu.

Tworzenie planu akcji porodowej może pomóc ukoić niepokój i być punktem startowym do rozmów z twoim partnerem. Ponieważ plan może zahaczać o delikatne i kontrowersyjne medycznie terytorium, to ważne, by twój lekarz uczestniczył w tym procesie.

Współpraca z personelem medycznym

Gdy ty i twój partner zdecydujecie się na plan, powinniście przedstawić go lekarzowi, by dać mu okazję wyrazić opinię i zadać pytania. Komunikowanie swoich życzeń i otwartość na sugestie może stanowić różnicę pomiędzy planem, który zadziała, a planem bezużytecznym.

Potraktuj plan, w momencie przekazania go lekarzowi, jako brudnopis. Bądź gotowa naprawdę rozważyć sugestie albo problemy, jakie może wskazać lekarz i włożyć wysiłek we wspólne znalezienie rozwiązania. Poza tym, staraj się, by twoje oczekiwania były zakorzenione w rzeczywistości i nie nadmiernie restrykcyjne. Po rozmowie możesz dołączyć wkład lekarza do ostatecznej wersji planu.

Chociaż podjęcie decyzji o wszystkich podstawowych kwestiach jest ważne, zwyczajnie nie jest możliwe, aby kontrolować każdy aspekt tego, co dzieje się podczas porodu. Zdarzają się sytuacje awaryjne, w końcu to właśnie dlatego jesteś pod opieką lekarza. Ważne, żebyś mogła zaufać lekarzowi, że będzie postępował w duchu twojego planu przy wprowadzaniu jakichkolwiek zmian dla zdrowia twojego i dziecka. Najlepiej się o tym upewnić, budując z nim dobrą, otwartą relację.

Lekarz poinformuje cię z wyprzedzeniem, że nieprzewidziane okoliczności będą oznaczać odejście od twojego planu akcji porodowej. Czasami kobiety czują, że poniosły porażkę, jeśli nie wszystko pójdzie zgodnie z ich wizją „idealnych narodzin", co z pewnością nie jest realistyczne. Najlepszym sposobem na uniknięcie rozczarowania jest stworzenie alternatywnych scenariuszy na okoliczność, gdy interwencja medyczna będzie wymagana. Dla przykładu, jeśli chcesz uniknąć nacięcia krocza, powinnaś zaznaczyć to w swoim planie i zasugerować masaż tych okolic olejkiem z witaminą E lub innym lubrykantem, ciepłe okłady albo inne możliwe sposoby. Bądź jednak gotowa na współpracę z lekarzem, jeśli okaże się, że podczas porodu twój plan zwyczajnie nie działa.

Niektórzy weganie zastanawiają się, czy lekarstwa i materiały stosowane podczas leczenia są wegańskie. Stowarzyszenie Wegańskie w Wielkiej Brytanii prowadzi listę lekarstw wolnych od elementów zwierzęcych (www.vegansociety.com/resources/nutrition-and--health/medications/list-animal-free-medications). Lista nie jest kompletna i może nie zawierać lekarstw używanych w Stanach Zjednoczonych. Z pewnością możesz zapytać lekarza, czy istnieją wegańskie alternatywy powszechnie używanych leków (jeśli środek jest w postaci kapsułki żelatynowej, być może da się go też brać jako tabletkę lub płyn). Możesz z nim też omówić swoje preferencje co do wegańskich leków i materiałów. W wielu przypadkach jednak lekarz zwyczajnie nie wie, czy dany środek jest wegański, czy nie. Staraj się, jak możesz, pamiętaj, że zdrowie twoje i dziecka są bardzo ważne, i że samymi wyborami żywieniowymi, których już dokonujesz, promujesz bardziej humanitarny świat.

Przygotowania do wielkiego dnia

Ponieważ nie możesz polegać na planowym pojawieniu się malucha, postaraj się uporządkować swoje sprawy już na początku dziewiątego miesiąca. Przyjrzyj się sprawom osobistym, zawodowym i rodzinnym, tak aby zapewnić sobie bezproblemową podróż z domu do szpitala i z powrotem do domu. Dla przykładu, zapytaj jeszcze raz lekarza, czy kopia twojego planu na akcję porodową została dołączona do twojej teczki oraz zweryfikuj jakiekolwiek zmiany do niego wprowadzone, odkąd pierwszy raz wszystkich z nim zapoznałaś.

Bycie weganinem w szpitalu

W większości szpitali, niestety, nie podaje się rutynowo posiłków wegańskich. Jeśli wolisz uniknąć posilania się sałatą i może odrobiną warzyw na parze podczas swojego pobytu, musisz planować z wyprzedzeniem. Zacznij od przypomnienia lekarzowi, że jesteś weganką, żeby zamówienie na pożywienie wegańskie zostało dołączone do twojej teczki.

Skontaktuj się z kuchnią szpitalną przed terminem porodu, opisz swoją dietę i zapytaj, w jaki sposób spełnią twoje potrzeby. Zapytaj o opcję przyniesienia własnej żywności, zwłaszcza podstaw, takich jak mleko sojowe. Czy twój partner może dostarczyć jedzenie na wynos, byś mogła posiłkiem uczcić udany poród? Pamiętaj, by sprawdzić, z kim i w jaki sposób możesz się skontaktować, jeśli rzeczy pójdą nie tak, gdy już będziesz w szpitalu.

Spakuj torbę

Prawdopodobnie podczas tego miesiąca spakujesz i rozpakujesz torbę tuzin razy, by upewnić się, że masz wszystko, czego możesz potrzebować. Nie szalej z materiałami do pracy i rozrywki — będziesz zbyt zajęta porodem, poznawaniem swojego maleństwa i opieką nad nim.

Oto podstawowe rzeczy, jakie powinnaś mieć:

- Narzędzia przeciwbólowe i muzykę do porodu: przedmioty, takie jak kulki do masażu, obrazek, na którym będziesz się mogła skupić podczas skurczów, butelkę z wodą. Zapytaj szpital lub placówkę położniczą, czy możesz przynieść mały magnetofon. Jeśli nie, weź słuchawki.
- Przekąski dla towarzysza porodu. Upewnij się, że to coś, przez co żołądek nie podejdzie ci do gardła.
- Aparat fotograficzny, by uwiecznić przybycie dziecka (albo chwile tuż po nim). Nie zapomnij o bateriach i dodatkowej karcie pamięci.
- Stoper albo zegarek z tą funkcją, do mierzenia odstępów między skurczami.
- Ubrania dla ciebie. Wlicz w to kilka koszul nocnych, z guzikami lub zatrzaskami z przodu, jeśli zamierzasz karmić piersią, szlafrok, zapasową bieliznę, skarpetki i kapcie na zimne podłogi, oraz coś luźnego i wygodnego na podróż do domu. Pamiętaj, by zapakować okulary lub soczewki kontaktowe, jeśli ich używasz.
- Podpaski. Szpital zaoferuje pewną ich ilość, ale dobrze mieć swój zapas.
- Numery telefonów. Weź ze sobą listę osób, do których będziesz chciała zadzwonić od razu.
- Coś dla rodzeństwa noworodka. Prezent dla starszego brata/siostry i zdjęcie niemowlaka w koszyku może ułatwić zaakceptowanie zmiany.
- Kosmetyki. Spakuj ulubiony rodzaj wegańskiej pasty do zębów, szampon i inne podstawowe produkty oraz szczoteczkę do zębów.
- Ubranko dla dziecka na podróż do domu. Spakuj zestaw ciuszków dla noworodka i kocyk. Niech twój partner przywiezie fotelik samochodowy w dniu wypisu.

Jeśli zamierzasz karmić piersią, możesz również spakować:

- Biustonosz do karmienia. Jeśli jeszcze go nie kupiłaś, biustonosz zapinany z przodu na razie wystarczy w jego miejsce.
- Opakowanie wkładek laktacyjnych.
- Olejek z witaminą E albo wegańską maść na bolesne lub popękane sutki.

Zwerbuj pomocników już teraz!

Teraz jest czas na to, aby skorzystać z pomocy oferowanej przez przyjaciół, rodzinę i sąsiadów. Jeśli zapytają, czy mogą jakoś pomóc, odpowiedz: tak! Zrób listę i harmonogram zadań. Podsuń przyjaciołom, którzy dobrze radzą sobie w kuchni, listę sugestii na proste, wegańskie posiłki, jakie mogą dla ciebie przygotować. Jeśli masz inne dzieci, upewnij się, że ich sprawy są załatwione.

Czujesz, że chciałabyś mieć kogoś do pomocy przez cały czas przez pierwszy tydzień czy dwa? Poproś doświadczoną mamę, może swoją własną, o przyjazd. Obgadaj pomysł ze swoim partnerem — on lub ona może uważać, że to specjalny czas tylko dla rodziny, ale być może zmieni zdanie po wysłuchaniu twoich argumentów. Upewnij się tylko, że gość to nie będzie ktoś, kto jeszcze dołoży ci stresu.

Zakończ przygotowania do urlopu macierzyńskiego

Jeśli zamierzasz pracować do samego terminu porodu, zacznij porządkować swoje biurko na początku dziewiątego miesiąca. Upewnij się, że współpracownicy i kierownik dostają częste aktualizacje na temat stanu twoich projektów, traktuj każdy dzień, jakby mógł być ostatnim przed urlopem. Im lepiej przygotujesz sytuację pod swoją nieobecność, tym mniejsze prawdopodobieństwo, że będą do ciebie dzwonić, gdy będziesz w domu.

Porozmawiaj ze zwierzchnikami na temat komunikacji podczas twojej nieobecności. Jeśli chcesz być niedostępna (a masz do tego wszelkie prawo), powiedz to wyraźnie. Możesz ograniczyć jakikolwiek kontakt, na jaki się zgodzisz, powiedzmy maile albo telefony, do konkretnego okienka w ciągu dnia. Pamiętaj, ten urlop jest po to, żebyś doszła do siebie i żebyś mogła zapoznać się ze swoim dzieckiem.

Pospiesz się i... czekaj (kiedy dziecko się spóźnia)

Nareszcie nadszedł magiczny dzień twojego terminu porodu i... nic. Nie dołuj się zbytnio. Zamiast tego, staraj się czymś zająć i, jeśli jesteś w stanie, wyjdź z domu. Określanie wieku płodowego to, delikatnie mówiąc, nieścisła nauka, chyba że masz dokładnie dwudziestoośmiodniowy cykl i wiesz co do dnia, kiedy plemnik dostał się do komórki jajowej. Jeśli jesteś tydzień lub więcej po terminie, lekarz zleci dodatkowe badania, by dokładniej sprawdzić, czy dziecko jest gotowe na pojawienie się na świecie.

Dzieci, które pozostają w macicy czterdzieści dwa tygodnie lub dłużej, uznaje się za przenoszone. W takich przypadkach może nastąpić makrosomia, czyli duży rozmiar ciała (4000 g lub więcej), który może utrudnić dziecku przedostanie się przez kanał rodny. Przenoszony płód może też wydalić smółkę, która może powodować problemy z płucami po narodzinach, jeśli przedostanie się do płynu owodniowego. Z ciążami po terminie wiąże się też podwyższone ryzyko wewnątrzmacicznego obumarcia płodu i niewydolności łożyska (gdy łożysko nie dostarcza już dziecku wystarczającej ilości tlenu i substancji odżywczych). Dlatego regularne kontrole podczas przenoszonej ciąży są niezmiernie istotne.

Rozdział 15

Poród

Nawet jeśli czytałaś dużo na temat rozwiązania, robiłaś starannie notatki na każdej lekcji w szkole rodzenia i pytałaś koleżanki o ich doświadczenia z sali porodowej, i tak odkryjesz, że twój poród w jakiś sposób różni się od innych. Rozwiązanie każdej kobiety jest unikatowe (tak samo jak każde narodziny), dlatego porównywanie długości, postępu i odczuwanego bólu może być nieprecyzyjne, a nawet zniechęcające. Idź swoją ścieżką, a wszystko będzie dobrze.

Przygotuj się: dziecko i twoje ciało podczas porodu

Poród to ciężka praca (nie pozwól, by ktokolwiek wmówił ci, że jest inaczej), ale jest to też jedno z najpiękniej wynagradzanych zadań w życiu.

Skurcze

Pierwszy znak porodu to skurcze — zaciskanie i rozluźnianie się macicy, które pomagają przekierować dziecko w stronę kanału rodnego. Różnią się one od skurczów Braxtona--Hicksa (które być może już miałaś) tym, że następują w regularnych odstępach, są bolesne i powoli, ale nieubłaganie, otwierają drzwi, którymi dziecko przyjdzie na świat (to znaczy szyjkę macicy).

Jeśli nie chcesz być zmuszona do leżenia w łóżku podczas porodu, dowiedz się, czy twoja placówka położnicza jest zaopatrzona w urządzenia monitorujące dziecko za pomocą telemetrii. Przy jej użyciu, bezprzewodowe kontrolki przypina się pasami tak samo jak zwyczajne czujniki, ale nie jesteś z niczym połączona kablami. Istnieją nawet wodoodporne urządzenia telemetryczne, z których można korzystać, jeśli planujesz łagodzić bóle porodowe za pomocą hydroterapii.

Kiedy zaczną się skurcze, zadzwoń do swojego lekarza, by poinformować, że poród się zaczął i w jakich odstępach następują. Pamiętaj, odstępy mierzy się od początku jednego skurczu do początku następnego. Lekarz powie ci, w jakim momencie powinnaś udać się do szpitala lub centrum położniczego.

Przygotowanie

Kiedy dotrzesz do swojego szpitala lub centrum położniczego, pielęgniarki przygotują cię do porodu. Zaczniesz od przebrania się w kaftan szpitalny lub koszulę nocną z domu. W zależności od polityki szpitala, może cię czekać częściowe golenie krocza lub, rzadziej, pełne golenie krocza i okolic łonowych.

Pielęgniarka może ci założyć igłę z korkiem heparynowym i zabezpieczyć ją taśmą chirurgiczną. Jeśli okazałoby się, że podczas porodu nagle potrzebne będzie podanie leku dożylnie, będzie można go łatwo podpiąć. W innych szpitalach rutynowo zakłada się kroplówkę i podaje się roztwór glukozy, by uniknąć odwodnienia. Inne leki mogą być dodane do kroplówki w razie potrzeby. Być może zostaniesz podpięta do sprzętu monitorującego płód i macicę, który pozwoli tobie i twojemu towarzyszowi zobaczyć, kiedy nadchodzi skurcz i, co ważniejsze, kiedy już prawie się kończy. Urządzenie to obserwuje również bicie serca dziecka i zaalarmuje personel medyczny, jeśli maleństwo doświadczy jakichkolwiek trudności. Jeśli znajdujesz się w grupie wysokiego ryzyka, może zostać też użyte wewnętrzne urządzenie monitorujące.

Gotowa do startu: sposoby kontrolowania bólu

We wczesnych stadiach porodu, kiedy skurcze robią się intensywne, ale nie są na tyle częste, by ruszać do szpitala, możesz złagodzić ból na kilka sposobów.

Rozwiązania niemedyczne

Eksperymentuj z różnymi pozycjami, takimi jak na czworaka, przy ścianie i opierając się o kogoś w skłonie do przodu.

Poród z ułożeniem tylnym, gdzie twarz dziecka jest obrócona w stronę twojego brzucha, zamiast twojego kręgosłupa, może powodować mocne bóle w dole pleców. Poproś partnera o masaż albo spróbuj przyłożyć termofor, by ulżyć sobie w czasie skurczów. Jeśli masz wannę z hydromasażem, łagodzące strumienie wody mogą zdziałać cuda. Jeśli jednak twoje wody już odeszły, nigdy nie zanurzaj się w wannie bez zgody lekarza.

Otaczaj się pozytywnymi, wspierającymi cię ludźmi. Niech twój towarzysz porodu utrzymuje wokół ciebie strefę buforową, do której nie będą miały dostępu żadne zakłócenia. Postaraj się skupić na przechodzeniu przez skurcze. Skoncentruj wzrok na czymś, co cię relaksuje i stosuj techniki oddechowe, których nauczyłaś się w szkole rodzenia, by utrzymywać poziom tlenu w krwiobiegu. Nie hiperwentyluj. Próbuj mówić albo jęczeć podczas największego natężenia skurczu, jeśli ci to pomoże. Relaksowanie się pomiędzy skurczami pomoże odprężyć ciało i umysł, i rozluźni cię przed zbliżającym się rozwiązaniem. Używaj ćwiczeń relaksacyjnych, których nauczyłaś się w szkole rodzenia.

Opcje farmaceutyczne

Jak już dotrzesz do szpitala, będziesz miała do dyspozycji środki przeciwbólowe i znieczulające, jeśli podejmiesz decyzję, by z nich korzystać.

Środki przeciwbólowe

Środki przeciwbólowe ograniczają ból przez tłumienie układu nerwowego. Sprawiają, że robisz się śpiąca i mogą ci pomóc odpocząć pomiędzy skurczami. Powszechnie podczas porodów używa się petydyny, butorfanolu, nalbufiny i fentanylu. Chociaż te lekarstwa mogą przedostać się przez łożysko, jeśli podaje się je w poprawny sposób i w odpowiednich dawkach, nie powinny powodować u dziecka żadnych poważnych efektów ubocznych.

Znieczulenie miejscowe

Znieczulenie miejscowe albo znieczulenie regionalne odbiera czucie tylko w konkretnej części ciała, gdy ty pozostajesz świadoma i sprawna umysłowo. Najczęściej używaną jego formą jest najprawdopodobniej znieczulenie zewnątrzoponowe. Wstrzykiwany w przestrzeń pomiędzy dwoma kręgami w dole pleców (przestrzeń zewnątrzoponową), ten rodzaj znieczulenia podaje się w zaawansowanej fazie porodu i na jakiś czas odrętwi ono nerwy od pępka do kolan. Znieczulenie zewnątrzoponowe potrzebuje jakichś dwudziestu minut, by zacząć działać i może obniżyć ci ciśnienie krwi. Z tego powodu zostaniesz podłączona do monitoringu płodowego i kroplówki. Odrętwienie może potrwać kilka godzin i ograniczać twoje ruchy podczas porodu, ale może być wspaniałym narzędziem do kontrolowania bólu.

> Znieczulenie podpajęczynówkowe jest podobne do zewnątrzoponowego, bo oba podaje się w dole pleców. Znieczulenie podpajęczynówkowe podaje się jednak bezpośrednio w kręgosłup, a nie w przestrzeń między kręgami, jak w przypadku znieczulenia zewnątrzoponowego. Używana tylko przy rozwiązaniu lub w przypadku cięcia cesarskiego taka forma znieczulenia odrętwi cię od klatki piersiowej do samego dołu.

Kobiety, które chcą ulgi w bólu, jaką daje znieczulenie zewnątrzoponowe, ale chcą też zachować zdolność do ruchu podczas porodu, to kandydatki na tzw. znieczulenie zewnątrzoponowe mobilne, z użyciem niskiej dawki mieszanki leków. Taka forma znieczulenia działa najczęściej szybciej niż wersja konwencjonalna i pozwala ci zachować dość czucia, by się ruszać, a nawet chodzić, co może przyspieszyć poród.

Znieczulenie ogólne

Znieczulenie ogólne jest rzadko używane podczas porodu, z wyjątkiem przypadków awaryjnego cięcia cesarskiego, gdzie nie ma czasu, by przygotować pacjentkę znieczuleniem miejscowym. Wiąże się z kompletną utratą świadomości. Noworodki przychodzące na świat pod jego działaniem mogą być senne i mieć powolne reakcje.

Start! Poród w trzech aktach

Poród odbywa się w trzech wyraźnych etapach, nazywanych fazami pierwszą, drugą i trzecią. Dla większości kobiet, najdłuższą częścią jest pierwszy etap, który trwa od najwcześniejszych oznak rozpoczynającego się porodu do zejścia dziecka do kanału rodnego w przygotowaniu na fazę drugą — parcie. Etap trzeci to urodzenie łożyska, które mamom najczęściej wydaje się łatwizną po ciężkiej pracy związanej z wydaniem na świat noworodka.

Pierwszy etap

Pierwszy etap zaczyna się wczesnym porodem i kończy porodem aktywnym. Twój lekarz może, w odniesieniu do końca tej fazy, używać słów takich jak przejście albo zejście. Podczas wczesnej fazy, szyjka macicy zgładza (skraca) i rozwiera (otwiera) się. Ten proces mógł się zacząć kilka tygodni temu. Teraz szyjka macicy rozewrze się do 4–5 cm. Skurcze będą się pojawiać co 15–20 minut i trwać 60–90 sekund. Postaraj się zachować pozycję pionową i ruszać się tyle, ile dasz radę, by grawitacja pomogła dziecku zejść w dół. Używaj technik oddechowych i relaksacyjnych, których nauczyłaś się w szkole rodzenia, by przetrwać te pierwsze kilka godzin. Potem ruszaj do szpitala na następną fazę — czynny poród.

Podczas aktywnego porodu skurcze pojawiają się częściej, może co 3–5 minut, i mogą być intensywne, trwając 45–60 sekund. Te mocne skurcze rozwierają twoją szyjkę macicy z 4–5 cm na około 8.

> Jeśli w twoim centrum położniczym lub szpitalu dostępne są wanny lub prysznice do hydromasażu, pulsujące strumienie wody mogą przynieść ci ulgę podczas skurczów. Taka metoda kontrolowania bólu (zwaną hydroterapią) to nie jest to samo co poród w wodzie, gdzie dziecko dosłownie przychodzi na świat zanurzone w zbiorniku z wodą.

Nie czuj się nie na miejscu albo winna, jeśli potrzebujesz w którymkolwiek momencie poprosić o środki przeciwbólowe. Leki na ból to narzędzie takie samo jak techniki oddechowe. Używane z rozwagą pomogą złagodzić doświadczenie, jakim jest poród dla ciebie i dla dziecka.

Gdy twoja szyjka macicy otworzy się na 8 cm, a skurcze zaczną się pojawiać jeden po drugim, by doprowadzić cię do pełnego rozwarcia, następuje koniec pierwszego etapu. Przez częstotliwość skurczów i wszechogarniającą potrzebę parcia, to jest najtrudniejszy moment porodu. Na szczęście, jego finałem są narodziny twojego maleństwa, gdy tylko pokonasz te ostatnie 2 cm, dzielące cię od pełnego rozwarcia.

Wraz z początkiem przejścia do drugiej fazy porodu:

- Możesz czuć mdłości albo nawet wymiotować.
- Pojawiają się dreszcze lub poty oraz drgania mięśni.
- Twoje plecy bardzo, bardzo bolą.
- Skurcze pojawiają się co minutę, a nawet częściej.
- Dziecko naciska na twoją odbytnicę.
- Jesteś absolutnie wycieńczona.
- Możesz czuć potrzebę parcia, nawet jeśli szyjka macicy nie jest w pełni rozwarta.

Chociaż każda komórka twojego ciała krzyczy teraz do ciebie, byś parła, musisz się powstrzymać jeszcze przez kilka chwil. Twoja szyjka macicy jest już prawie, ale nie do końca, otwarta na tyle, by pozwolić na bezpieczne przejście dziecka. Bierz szybkie, płytkie oddechy i opieraj się potrzebie parcia, aż lekarz lub położna dadzą ci znać, że możesz.

Drugi etap (albo PRZYJ!)

Twoja szyjka macicy osiągnęła rozwarcie 10 cm i nareszcie wolno ci przeć. Ta faza może trwać od kilku minut (przy drugim lub kolejnym dziecku) do kilku godzin. Skurcze wciąż będą się pojawiać regularnie, ale już nie tak często — mile widziana ulga. Parcie to bardzo ciężka praca, ale odczucia, jakie zarejestrujesz, mogą się zmienić z intensywnego uścisku, jaki już znasz, do czegoś, co bardziej przypomina pieczenie lub szczypanie.

> Jeśli to możliwe, postaraj się znaleźć do parcia pozycję, w jakiej jest ci wygodnie i czujesz, że masz kontrolę. Korzystaj z pomocy grawitacji, klękając, kucając lub siadając z szeroko rozłożonymi nogami. Prawdopodobnie masz do dyspozycji strzemiona na nogi, ale nie czuj się zmuszona do używania ich, jeśli ci nie pomagają.

Osoba przyjmująca poród i/lub twój towarzysz dadzą ci znać, kiedy nastąpi szczytowy okres skurczów i najlepszy moment na skuteczne parcie. Używaj czego chcesz, by przeć efektywnie. Jeśli to oznacza jęczenie, stękanie albo inne prymitywne dźwięki, przy których chrapanie przed porodem to kołysanka, nie krępuj się. Ludzie obecni na sali porodowej pewnie słyszeli już praktycznie wszystko. Nie wstydź się, bo dźwięki pewnie kompletnie ich nie ruszą.

Być może zostaniesz poproszona, by na chwilę przestać przeć, w momencie gdy główka dziecka będzie miała przyjść na świat, by zapobiec rozdarciu krocza. Sapanie może pomóc stłumić potrzebę. Lekarz lub położna mogą zadecydować o zrobieniu nacięcia, jeśli wygląda na to, że twoja skóra nie rozciągnie się ani milimetr więcej, albo mogą spróbować zrobić masaż krocza.

Wreszcie, główka wyślizguje się przez krocze twarzą w dół i jest delikatnie wyciągana, by uniknąć urazu u dziecka. Osoba przyjmująca poród może przetrzeć oczka, nosek i buzię i odessać wszelki śluz lub płyn z górnych dróg oddechowych noworodka. Od teraz jest już z górki i reszta ciała przychodzi na świat.

Gdy twoje dziecko opuszcza ciche, przyciemnione ciepło łona, aktywuje się jego odruch oddechowy i płuca napełniają się powietrzem po raz pierwszy. Prawdopodobnie maluch przetestuje je, wydając z siebie potężny ryk. Lekarz położy dziecko na twoim brzuchu, byście mogli się zapoznać, zazwyczaj z wciąż doczepioną pępowiną.

Trzeci etap (jeszcze nie koniec!)

Trzecia faza to urodzenie łożyska. Musi ono zostać wydalone w całości, by uniknąć później krwawienia i infekcji. Skurcze dalej przychodzą, a lekarz może naciskać na twój brzuch i masować macicę oraz delikatnie pociągać za pępowinę, wystającą z twojej pochwy. Możesz też dostać zastrzyk z hormonu oksytocyny, by wzmocnić skurcze i wydalić łożysko. Kiedy jest już ono na zewnątrz, zakładane są szwy, jeśli potrzebujesz ich po rozdarciu bądź nacięciu krocza. Jeśli nie jesteś już znieczulona zewnątrzoponowo, dostaniesz znieczulenie miejscowe.

Cesarskie cięcie

Poród za pomocą cesarskiego cięcia będzie zaplanowany, jeśli dziecko jest ułożone poprzecznie lub w razie innych komplikacji czy dolegliwości, przy których jest wymagany. Może też nastąpić w sytuacji awaryjnej, jeśli płód znajdzie się w opałach. Cięcie cesarskie to poważna operacja brzucha i jako taka niesie ze sobą ryzyko infekcji i komplikacji, jak każdy zabieg chirurgiczny. Zaletą jego jest to, że przy planowanym zabiegu data operacji to twój termin porodu i niepotrzebne są żadne skurcze, chyba że zaczniesz rodzić przed czasem.

Przed operacją

Jeśli decyzja o operacji została podjęta z wyprzedzeniem, prawdopodobnie zostanie ci zaproponowane znieczulenie zewnątrzoponowe lub podpajęczynówkowe, zamiast ogólnego. Przed zabiegiem zostaniesz przygotowana. Pielęgniarka może ogolić okolicę nacięcia, a twoje ramię zostanie podłączone do kroplówki, by można było ci podawać płyny i środki przeciwbólowe. Być może zostaniesz poproszona o wypicie roztworu cytrynianu sodu, by zobojętnić kwas żołądkowy.

Zanim zacznie się zabieg, zostanie ci założony cewnik do pęcherza. Znieczulenie odbierze ci władzę nad mięśniami, które kontrolują przepływ moczu, więc cewnik będzie robił to zadanie za ciebie w czasie zabiegu i po nim. Zakładanie go może być nieprzyjemne, dlatego poproś, by zostało to zrobione dopiero po podaniu znieczulenia (co najprawdopodobniej nastąpi na sali operacyjnej).

Na sali operacyjnej

Kiedy już będziesz przygotowana, zostaniesz wwieziona na salę operacyjną. Tam anestezjolog poda znieczulenie przez plecy. Zostaniesz poproszona o położenie się na plecach, z ramionami wzdłuż boków. Niewysoka zasłonka zostanie umieszczona na twojej klatce piersiowej, by utrzymać sterylność pola operacyjnego (czyli obszaru, gdzie wszystko się dzieje). Stoi ona na linii twojego wzroku, więc jeśli upierasz się, by zobaczyć ruchy dziecka w momencie wyjścia na świat, będziesz musiała poprosić o odpowiednio umieszczone lustro tak wcześnie, jak to możliwe.

Twoje ręce zostaną lekko przypięte do boków rzepami, by zapobiec przypadkowym ruchom, które mogłyby zakłócić sterylność pola operacyjnego.

Najbardziej niewygodna część zabiegu to prawdopodobnie fakt, że musisz leżeć płasko. Całkiem możliwe, że poczujesz mdłości, gdy ciężka macica zacznie naciskać na żyłę główną i obniżać twoje ciśnienie. Dodatkowo znieczulenie również może spowodować spadek ciśnienia. Chociaż anestezjolog poda leki, by zneutralizować ten spadek (zwany hipotensją), może ci być bardzo niedobrze. Dyskomfort jest tym większy, że będziesz musiała wymiotować leżąc płasko, z głową obróconą na bok. W tym momencie dobrze ustawiony towarzysz z miską w ręku jest bezcenny. Trzymaj się i pamiętaj, że to potrwa tylko chwilę.

Lekarz dokona cięcia i główka dziecka, idealnie okrągła, ponieważ nie musiała się ścierać z kanałem rodnym, zostanie wyciągnięta jako pierwsza, a usta i nosek odessane. Możesz mieć dziwne wrażenie, że coś cię ciągnie, w czasie gdy lekarz pomaga dziecku wydostać się przez nacięcie. Po podwiązaniu pępowiny, będziesz nareszcie mogła zobaczyć swoje maleństwo, na krótko, zanim pielęgniarki zabiorą je na kontrolę i szybkie obczyszczenie. W niektórych przypadkach zespół pediatrów będzie obecny na sali operacyjnej, by zbadać dziecko natychmiast. Nacięcie na twoim brzuchu zostanie zaszyte, po czym zostaniesz przewieziona do sali pooperacyjnej, gdzie znowu spotkasz swoje maleństwo. Cały zabieg zajmuje 30–45 minut.

Cięcie cesarskie w nagłych przypadkach

Jeśli cięcie cesarskie jest wykonywane w sytuacji awaryjnej, wszystko może dziać się prędzej i możesz nie mieć tylu opcji. Może też zostać ci podane znieczulenie ogólne, przy którym stracisz przytomność. W większości przypadków partnera prosi się o opuszczenie sali po podaniu narkozy, ale możesz spróbować porozmawiać z lekarzem z wyprzedzeniem na temat specjalnych okoliczności podczas narodzin.

Wywoływanie porodu (indukcja)

W przypadku gdy jesteś już na pewno w czterdziestym pierwszym tygodniu albo dalej, i wygląda na to, że maluch szykuje się do spędzenia całego dzieciństwa w macicy, lekarz może zalecić wywołanie porodu. Składa się ono ze stymulacji skurczów macicy i przyspieszenia dojrzewania szyjki macicy do przejścia przez nią dziecka; oba elementy są ważne, by poród był udany.

Lekarz może zalecić jedną z kilku metod usprawniania procesu dojrzewania szyjki macicy, m.in. masaż szyjki macicy i amniotomię (ręczne przerwanie błony owodniowej). Masaż szyjki to inaczej odklejenie dolnego bieguna pęcherza płodowego od ścian macicy. Lekarz wsunie palec w szyjkę macicy i delikatnie będzie go przesuwał pomiędzy błoną owodniową a ścianą macicy.

Jeśli wybierze amniotomię, użyje narzędzia z małym tępym haczykiem na końcu do przebicia worka owodniowego. Przy tej metodzie, jeśli poród nie zacznie się sam w ciągu dwudziestu czterech godzin, sztuczne wywołanie porodu może być niezbędne ze względu na ryzyko infekcji u dziecka.

Ponieważ planowana indukcja jest bardziej skuteczna, gdy szyjka macicy jest na to przygotowana, lekarz może zalecić zaaplikowanie na nią prostaglandyny, poprzedniego dnia albo już w szpitalu. Hormon ten pomaga szyjce dojrzeć do porodu. W niektórych przypadkach sama prostaglandyna wystarcza, by poród wywołać. Stosuje się ją w formie żelu bądź tabletki dopochwowej. Niekiedy tabletkę podaje się ustnie. Praca serca dziecka jest kontrolowana po podaniu prostaglandyny i podczas porodu. Czasem konieczne jest podanie więcej niż jednej dawki.

Ręczne rozwieracze i cewniki Foleya również mogą być używane do przyspieszania dojrzewania szyjki macicy jako alternatywa dla środków farmaceutycznych. To, jaka metoda zostanie wykorzystana, zależy od twoich osobistych preferencji, historii medycznej i wyników badania ginekologicznego.

Syntetyczna wersja hormonu oksytocyny, który stymuluje skurcze macicy, może ci zostać przepisana jako środek wywołujący poród. Hormon ten podaje się dożylnie, zostaniesz też podpięta do urządzenia monitorującego płód, by kontrolować jego postępy.

Według CDC, w 2005 r. więcej niż jeden na pięć porodów było wywoływanych. Naukowcy tłumaczą ten wzrost wcześniejszą opieką prenatalną, większą dostępnością środków indukcyjnych oraz niemedycznymi względami, takimi jak wygoda pacjenta i lekarza. Wywołanie porodu może powodować silne skurcze i zakończyć się dłuższą akcją porodową, więc jego użycie powinno być zawsze starannie przemyślane.

Po porodzie

Finał dziewięciu miesięcy fizycznego chaosu i huśtawek emocjonalnych, motyli w brzuchu, bólów, niewygód i przechodzenia od śmiechu do płaczu w ułamku sekundy nareszcie nadszedł. Twoje maleństwo jest na świecie, przyłożone do twojej skóry, by po raz pierwszy doświadczyć ciepła swojej mamy z zewnątrz.

Zapoznanie się z dzieckiem

Tysiąc przeróżnych emocji, od kompletnego wycieńczenia do nieopisanej radości, zaleje cię, gdy tylko spojrzysz na tę pomarszczoną twarzyczkę, wciąż przestawiającą się na życie w środowisku, gdzie nie ma wody. Zawinięty w kocyk, z maleńką czapeczką, by utrzymać jego głowę w cieple, maluch wydaje się tak idealny, a jednak tak kruchy.

Jeśli zamierzasz karmić piersią, możesz mu ją podać, kiedy się zapoznajecie, nawet na sali pooperacyjnej, jeśli miałaś cięcie cesarskie. To niesamowite, jak bobas zwyczajnie wie, co ma robić, instynktownie szukając twojej piersi i przyssając się do niej z ledwo otwartymi oczyma. Poświęć tyle czasu, ile chcesz, na poznawanie się i pozwól partnerowi uczestniczyć w tym procesie. To jest cenny czas dla twojej nowej rodziny.

Pierwsze spotkanie dziecka z lekarzem

Dziecko będzie poddane wstępnym badaniom i zabiegom, by zapewnić mu zdrowy start w życie. Pierwszy z nich to sprawdzenie, gdzie maluch znajduje się na skali Apgar. Stworzone przez znaną pediatrę, dr Virginię Apgar, badanie mierzy wygląd (kolor skóry), puls, grymas (odruchy), aktywność i oddychanie. Dokonuje się je minutę po narodzinach, a potem powtórnie pięć minut po narodzinach. Osoba odbierająca poród przydzieli wartość od 0 do 2 dla każdej kategorii, a potem doda liczby, by osiągnąć wynik końcowy; średni wynik to 7–10.

Po teście Apgar noworodek zostanie zmierzony, zważony i zrobi się odbitkę jego stopek i paluszków. W oczka może mieć wpuszczone krople z azotanem srebra lub antybiotykiem, albo maść, by zapobiec infekcjom z kanału rodnego. Otrzyma również zastrzyk z witaminą K, by zapobiec problemom z krwawieniem oraz pobierze się mu odrobinę krwi z piętki na badania pod kątem fenyloketonurii i niedoczynności tarczycy. W niektórych szpitalach podaje się też szczepionkę na żółtaczkę typu B. Dodatkowe badania mogą zostać przeprowadzone, jeśli zmagasz się z przewlekłą chorobą lub doświadczyłaś komplikacji przy ciąży.

Opieka nad mamą

Po porodzie będziesz potrzebować pewnej pomocy, by się doprowadzić do porządku, dostaniesz również spory zapas bardzo chłonnych podpasek. Otrzymasz też sprzęt do irygacji krocza, plastikową butelkę z aplikatorem, której używa się do obmywania krocza przy każdej wizycie w toalecie.

> Jeśli krwawienie wymaga więcej niż jednej podpaski na godzinę, poinformuj lekarza. To może być znak, że część łożyska wciąż jest w macicy. Dolegliwość ta zazwyczaj wymaga zabiegu chirurgicznego, zwanego łyżeczkowaniem, celem usunięcia jego fragmentów.

Będziesz wydzielać odchody połogowe do sześciu tygodni od porodu, bez względu na to, czy rodziłaś naturalnie, czy przez cesarskie cięcie. Odchody połogowe — mieszanka krwi, śluzu, i tkanki pochodzącej z miejsca implantacji łożyska — mogą być dość obfite w pierwszych dniach po rozwiązaniu, więc nie martw się, gdy je zaobserwujesz.

Jeśli miałaś cesarskie cięcie, spędzisz pewien czas na sali pooperacyjnej, zanim wrócisz do swojego pokoju na oddziale. Rana pooperacyjna będzie regularnie sprawdzana, będziesz też dostawać leki przeciwbólowe wedle potrzeby. Następnego dnia będzie ci zalecone, byś jak najszybciej zaczęła chodzić, żeby pobudzić do pracy twój układ pokarmowy, będziesz też do znudzenia pytana o gazy i wizyty w toalecie. Personel pielęgniarski stara się tylko upewnić, że wszystko wraca do normy, jeśli chodzi o trawienie.

Kobiety, którym nacięto krocze, mogą robić nasiadówki, by zmniejszyć ból, przyspieszać gojenie i utrzymywać okolice intymne w czystości. Nasiadówka to niewielka płytka miska z wodą, czasami z dodanym lekarstwem, w której się siada. Łagodne środki przeciwbólowe mogą też zostać przepisane, by złagodzić ból po nacięciu.

Jeśli zamierzasz karmić piersią, teraz jest idealny moment, by doszlifować swoją technikę. Pielęgniarki na oddziale macierzyńskim będą cię najpewniej pytały, jak idzie karmienie i mogą skontrolować, jak przykładasz dziecko do piersi, oraz pomóc rozwiązać problemy, jeśli karmienie nie idzie gładko. W niektórych przypadkach jest nawet dostępny doradca od laktacji, jak również wiele szpitali oferuje nowym mamom/pacjentkom zajęcia z karmienia piersią.

Pamiętaj, że nawet jeśli minie kilka dni, zanim twoje piersi zaczną produkować mleko, już teraz dostarczasz dziecku bogatą w składniki odżywcze siarę, która mleko poprzedza. Kiedy pokarm się pojawi, około trzech dni od porodu, piersi mogą stać się opuchnięte, twarde i bolesne. Ten obrzęk zmniejszy się po karmieniu. Jeśli zamierzasz karmić butelką, zimne okłady i dobrze podtrzymujący biust stanik mogą pomóc w dyskomforcie. Wrażliwość i obrzęk najczęściej mijają w ciągu dwóch, trzech dni, a ulgę mogą przynieść łagodne środki przeciwbólowe, przepisane przez lekarza.

Konkluzja

Teraz masz niemowlę pod opieką! Twoja ciężka praca i wegańska dieta podczas ciąży opłaciły się. Bez względu na to, czy jesteś mamą po raz pierwszy, czy masz starsze dzieci, to może być przytłaczający okres. Porządne jedzenie to wyzwanie, ale jest to rzecz niezbędna dla zdrowia twojego i dziecka. Następna część książki zawiera proste przepisy na wegańskie potrawy. Smacznego!

Część 5

Przepisy

Rozdział 16

Wegańskie śniadania

Szybkie śniadaniowe burrito z tofu

SKŁADNIKI:

Na 4 porcje

kostka (450 g) twardego, dobrze
odciśniętego tofu

2 łyżki oliwy z oliwek

½ szklanki łagodnej salsy

½ łyżeczki ostrej papryki

⅛ łyżeczki soli

⅛ łyżeczki czarnego pieprzu

4 (15 cm) wegańskie tortille,
ogrzane

4 plastry wegańskiego sera
cheddar

średnie awokado, obrane,
pozbawione pestki
i pokrojone w plastry

1. Tofu pokrój albo połam w 2 cm kostkę. Smaż
kawałki na oliwie na średniej patelni, przez około
2–3 minuty na średnim ogniu.
2. Dodaj salsę i ostrą paprykę, i smaż przez
dodatkowe 2–3 minuty, często mieszając.
Dopraw solą i pieprzem.
3. Rozłóż ¼ masy z tofu na każdej ciepłej tortilli.
4. Dodaj wegański ser i awokado, a potem zawiń
w burrito.

Na porcję
Kcal: 362 | Tłuszcz: 21,1 g | Sód: 686 mg | Błonnik: 4,1 g |
Węglowodany: 28,8 g | Węglowodany netto: 24,7 g | Cukier: 3,7 g |
Białko: 15,3 g

DODAJ SOS
*Keczup albo mocno przyprawiony sos to świetny sposób
na dodanie temu daniu pikanterii. Zanim zawiniesz
burrito, polej tofu łyżką albo więcej keczupu lub ostrego
sosu. Pycha!*

Śniadaniowa komosa ryżowa z cynamonem i syropem klonowym

SKŁADNIKI:

Na 4 porcje

szklanka komosy ryżowej,
przepłukanej i odsączonej

2 szklanki wody

łyżeczka wegańskiej margaryny

⅔ szklanki niesłodzonego mleka
sojowego

½ łyżeczki mielonego
cynamonu

2 łyżki syropu klonowego

2 łyżki rodzynek

2 duże banany, obrane
i pokrojone w plastry

1. W małym garnku, na dużym ogniu zagotuj
do wrzenia komosę i wodę. Zredukuj
temperaturę, gotuj na wolnym ogniu pod
przykryciem dalsze 15 minut, aż cały płyn
zostanie wchłonięty.
2. Zdejmij z ognia i spulchnij komosę widelcem.
Przykryj i odstaw na 5 minut.
3. Wmieszaj margarynę i mleko sojowe, potem
dodaj pozostałe składniki.

Na porcję
Kcal: 276 | Tłuszcz: 3,6 g | Sód: 25 mg | Błonnik: 5,3 g |
Węglowodany: 54,6 g | Węglowodany netto: 49,3 g | Cukier: 17,6 g |
Białko: 8,1 g

Wegańskie placuszki

SKŁADNIKI:

Na tuzin placków

szklanka mąki
łyżka cukru
1¾ łyżeczki proszku
    do pieczenia
¼ łyżeczki soli
½ dużego banana, obranego
łyżeczka ekstraktu waniliowego
szklanka niesłodzonego mleka
    sojowego

1. W dużej misce zmieszaj mąkę, cukier, proszek do pieczenia i sól.
2. W małej misce rozgnieć banana widelcem. Dodaj wanilię; mieszaj, aż uzyskasz gładką, puszystą masę. Dodaj mleko sojowe; dobrze wymieszaj.
3. Dodaj mokre składniki do suchych, wymieszaj.
4. Natłuść dużą patelnię roślinnym sprayem do smażenia i postaw na średnim ogniu. Wylewaj po trzy łyżki ciasta na patelnię i smaż, aż na wierzchniej stronie pojawią się bąbelki, ok. 2–3 minuty. Przewróć na drugą stronę i smaż, aż placki osiągną lekko złoty kolor, ok. 1–2 minuty.

___

Na placek
Kcal: 54 | Tłuszcz: 0,4 g | Sód: 127 mg | Błonnik: 0,5 g |
Węglowodany: 10,9 g | Węglowodany netto: 10,4 g | Cukier: 1,9 g |
Białko: 1,7 g

Gofry z jabłkami i cynamonem

SKŁADNIKI:

Na 4 porcje

1¼ szklanki mąki
2 łyżeczki proszku do pieczenia
½ łyżeczki mielonego
    cynamonu
2 łyżeczki cukru
szklanka niesłodzonego mleka
    sojowego
½ szklanki niesłodzonego musu
    z jabłek
łyżeczka ekstraktu z wanilii
łyżka oleju roślinnego

1. W dużej misce wymieszaj mąkę, proszek do pieczenia, cynamon i cukier. Odstaw.
2. W małej misce wymieszaj mleko sojowe, mus jabłkowy, wanilię i olej.
3. Dodaj mieszankę mleczną do suchych składników, zamieszaj do połączenia; nie mieszaj za długo.
4. Ostrożnie wylej ok. ¼ szklanki ciasta na gofra do rozgrzanej gofrownicy i piecz, aż będą gotowe, ok. 5–7 minut.

___

Na porcję
Kcal: 218 | Tłuszcz: 4,5 g | Sód: 267 mg | Błonnik: 1,9 g |
Węglowodany: 37,4 g | Węglowodany netto: 35,5 g | Cukier: 5,5 g |
Białko: 5,8 g

Bardzo zielona tarta

SKŁADNIKI:

Na 4 porcje

opakowanie (280 g) mrożonego
  szpinaku, rozmrożonego
  i odsączonego
½ szklanki pociętych brokułów
kostka (450 g) twardego lub
  bardzo twardego tofu
łyżka sosu sojowego
¼ szklanki niesłodzonego mleka
  sojowego
łyżeczka musztardy
2 łyżki drożdży odżywczych
½ łyżeczki sproszkowanego
  czosnku
łyżeczka suszonej natki
  pietruszki
½ łyżeczki suszonego
  rozmarynu
¾ łyżeczki soli
¼ łyżeczki czarnego pieprzu
opakowanie gotowego
  wegańskiego ciasta kruchego

1. Rozgrzej piekarnik do 180°C.
2. Podgrzewaj na parze szpinak i brokuły około 4 minuty, aż będą lekko podgotowane, potem odstaw do wystudzenia. Wyciśnij jak najwięcej płynu ze szpinaku.
3. W malakserze zmieszaj tofu z pozostałymi składnikami (oprócz ciasta kruchego) i dobrze zmiksuj. Dodaj szpinak i brokuły, wymieszaj ręcznie.
4. Rozsmaruj miksturę na spodzie z ciasta.
5. Piecz 35–40 minut do ściętego wierzchu. Odstaw na co najmniej 10 minut przed podaniem. Tarta będzie trochę bardziej stabilna, gdy się ochłodzi.

Na porcję
Kcal: 385 | Tłuszcz: 21,1 g | Sód: 932 mg | Błonnik: 4,1 g | Węglowodany: 35,5 g | Węglowodany netto: 31,4 g | Cukier: 5,5 g | Białko: 16,5 g

Pełnoziarniste babeczki z borówkami amerykańskimi

SKŁADNIKI:

Na 1½ tuzina babeczek

2 szklanki mąki pełnoziarnistej
szklanka zwykłej mąki
1¼ szklanki cukru
łyżka proszku do pieczenia
łyżeczka soli
1½ szklanki niesłodzonego
mleka sojowego
½ szklanki niesłodzonego musu
jabłkowego
½ łyżeczki ekstraktu
waniliowego
2 szklanki borówek
amerykańskich, podzielone

1. Rozgrzej piekarnik do 200°C.
2. W dużej misce wymieszaj oba rodzaje mąki, cukier, proszek do pieczenia i sól. Odstaw.
3. W małej misce wymieszaj porządnie mleko sojowe, mus jabłkowy i wanilię.
4. Dodaj mokre składniki do suchych; wymieszaj, aż tylko się połączą. Delikatnie dosyp połowę borówek amerykańskich.
5. Rozlej ciasto do formy na babeczki, wyłożonej papilotkami, napełniając je do ⅔ wysokości. Rozłóż na wierzchu pozostałe borówki.
6. Piecz 20–25 minut, aż babeczki będą lekko złociste z wierzchu.

———————

Na babeczkę
Kcal: 143 | Tłuszcz: 0,7 g | Sód: 218 mg | Błonnik: 2,2 g |
Węglowodany: 32,5 g | Węglowodany netto: 30,3 g | Cukier: 16,3 g |
Białko: 3,2 g

JAK ZROBIĆ WEGAŃSKIE BABECZKI

Masz ulubiony przepis na babeczki? Spróbuj go zmodyfikować tak, by pasował do diety wegańskiej. Użyj komercyjnego substytutu jajek, zamiast jaj kurzych i wegańskiej margaryny oraz mleka sojowego, zamiast mleka i masła. Gotowe!

Rozdział 17

Dania główne

Kasza jęczmienna zapiekana z fasolą

SKŁADNIKI:

Na 8 porcji

2 szklanki ugotowanej kaszy
    jęczmiennej (pęczak)
2 puszki (400 g) białej drobnej
    fasoli, odsączonej i opłukanej
średniej wielkości cebula, obrana
    i pokrojona w kostkę
puszka (800 g) krojonych
    pomidorów
½ szklanki wody
¼ szklanki ciemnego brązowego
    cukru
⅓ szklanki sosu barbecue
2 łyżki melasy
2 łyżeczki musztardy w proszku
łyżeczka sproszkowanego
    czosnku
łyżeczka soli

1. Nagrzej piekarnik do 150°C.
2. W dużym naczyniu żaroodpornym
   (o pojemności 10 szklanek lub większej),
   spryskanym roślinnym sprayem do smarowania,
   wymieszaj wszystkie składniki. Przykryj i piecz
   przez dwie godziny, mieszając od czasu
   do czasu.
3. Zdejmij z naczynia pokrywkę i piecz kolejne
   15 minut, aż sos zgęstnieje.

Na porcję
Kcal: 281 | Tłuszcz: 1,0 g | Sód: 905 mg | Błonnik: 9,6 g |
Węglowodany: 59,0 g | Węglowodany netto: 49,4 g | Cukier: 20,1 g
| Białko: 11,6 g

Miękkie tacos z ciecierzycą

SKŁADNIKI:

Na 4 porcje

2 puszki (400 g) ciecierzycy,
odsączonej i opłukanej
½ szklanki wody
puszka (170 g) przecieru
pomidorowego
łyżka ostrej papryki
łyżeczka sproszkowanego
czosnku
½ łyżeczki sproszkowanej cebuli
½ łyżeczki kminu rzymskiego
¼ szklanki świeżej, posiekanej
kolendry
4 wegańskie tortille (15 cm),
pszenne

1. W dużym garnku wymieszaj ciecierzycę, wodę,
   przecier pomidorowy, paprykę, czosnek i cebulę
   w proszku oraz kmin rzymski. Przykryj i gotuj
   na wolnym ogniu przez 10 minut, mieszając
   od czasu do czasu. Zdejmij pokrywkę i gotuj
   dalsze 1–2 minuty, aż większość płynu zostanie
   wchłonięta.
2. Widelcem lub tłuczkiem do ziemniaków lekko
   rozdrobnij ciecierzycę. Dodaj kolendrę.
3. Nałóż mieszankę na tortille i zwiń.

Na porcję
Kcal: 315 | Tłuszcz: 4,3 g | Sód: 577 mg | Błonnik: 11,7 g |
Węglowodany: 55,8 g | Węglowodany netto: 44,1 g | Cukier: 11,7 g |
Białko: 14,1 g

SŁÓWKO NA TEMAT KOLENDRY

*Nie przepadasz za kolendrą? Nie ma sprawy! Potrawa
będzie smakować równie dobrze bez niej. Zwyczajnie
pomiń ją i ciesz się smakiem.*

Meksykańska micha białkowa

SKŁADNIKI:

Na 2 porcje

½ kostki (225 g) twardego tofu,
   pokrojonego w małą kostkę

zielona cebulka (dymka), posiekana

łyżka oliwy z oliwek

½ szklanki mrożonego groszku,
   rozmrożonego

½ szklanki mrożonej kukurydzy,
   rozmrożonej

½ łyżeczki ostrej papryki

puszka (425 g) czarnej fasoli,
   odsączonej i opłukanej

2 tortille (15 cm), kukurydziane

1. W średnim garnku, na średnim ogniu, podsmaż cebulkę i tofu na oliwie (2–3 minuty); dodaj groszek, kukurydzę i ostrą paprykę. Smaż dalsze 1–2 minuty, często mieszając.
2. Zredukuj temperaturę; dodaj czarną fasolę. Gotuj 4–5 minut, aż składniki będą dobrze wymieszane i gorące.
3. Połóż kukurydzianą tortillę na dnie miski; wyłóż połowę masy z tofu na każdą porcję.

Na porcję
Kcal: 443 | Tłuszcz: 12,7 g | Sód: 524 mg | Błonnik: 19,9 g | Węglowodany: 59,9 g | Węglowodany netto: 40,0 g | Cukier: 5,8 g | Białko: 26,6 g

RADA: OSTRY SOS
Brakuje ci pikanterii? Dodaj do michy białkowej odrobinę, nie więcej niż łyżeczkę, ostrego sosu.

Makaron z zielonym groszkiem

SKŁADNIKI:

Na 6 porcji

1½ szklanki niesłodzonego
   mleka sojowego

łyżeczka sproszkowanego
   czosnku

2 łyżki wegańskiej margaryny

łyżka mąki

1½ szklanki mrożonego
   zielonego groszku,
   rozmrożonego

⅓ szklanki drożdży odżywczych

paczka (340 g) pełnoziarnistego
   makaronu świderki,
   ugotowanego

¼ łyżeczki soli

⅛ łyżeczki czarnego pieprzu

1. W średnim garnku wymieszaj na małym ogniu mleko sojowe, sproszkowany czosnek i margarynę, aż margaryna stopnieje. Dodaj mąkę, mieszaj dokładnie, podgrzewając aż sos zgęstnieje – ok. 5 minut.
2. Dodaj groszek i drożdże odżywcze, podgrzewaj, aż wszystko będzie dobrze ciepłe i wymieszane – ok. 5 minut; polej sosem makaron.
3. Dopraw solą i pieprzem.

Na porcję
Kcal: 291 | Tłuszcz: 3,3 g | Sód: 191 mg | Błonnik: 4,4 g | Węglowodany: 50,6 g | Węglowodany netto: 46,2 g | Cukier: 3,5 g | Białko: 12,9 g

Makaron z kremowym sosem
z suszonych pomidorów

SKŁADNIKI:

Na 6 porcji

kostka (340 g) miękkiego tofu,
odsączonego

¼ szklanki niesłodzonego mleka
sojowego

2 łyżki octu z czerwonego wina

½ łyżeczki sproszkowanego
czosnku

½ łyżeczki soli

1¼ szklanki suszonych
pomidorów, namoczonych

łyżeczka suszonej natki pietruszki

paczka (340 g) makaronu
spaghetti, ugotowanego

2 łyżki świeżej posiekanej bazylii

1. W malakserze zmiksuj tofu, mleko sojowe, ocet, czosnek i sól do uzyskania gładkiej, kremowej konsystencji, czyli ok. 1 minuty. Dodaj pomidory i pietruszkę; miksuj na funkcji pulsacyjnej, aż pomidory będą posiekane.

2. Przełóż sos do małego garnuszka i podgrzewaj na wolnym ogniu przez ok. 5–10 minut.

3. Polej sosem makaron, posyp po wierzchu bazylią.

———————

Na porcję
Kcal: 279 | Tłuszcz: 2,3 g | Sód: 249 mg | Błonnik: 3,4 g |
Węglowodany: 50,4 g | Węglowodany netto: 47,0 g | Cukier: 6,5 g |
Białko: 13,3 g

Tofu cytrynowo-bazyliowe

SKŁADNIKI:

Na 6 porcji

3 łyżki soku z cytryny

łyżka sosu sojowego

2 łyżeczki octu jabłkowego

łyżka musztardy dijon

¾ łyżeczki cukru

3 łyżki oliwy z oliwek

2 łyżki świeżej, posiekanej bazylii
+ pewna ilość do dekoracji

2 kostki (450 g) twardego lub
ekstratwardego tofu, dobrze
odciśniętego

1. Wymieszaj wszystkie składniki, oprócz tofu, przełóż do nie natłuszczonego naczynia do zapiekania (22 × 33 cm).
2. Pokrój tofu na plastry lub w trójkąty grubości 1 cm.
3. Umieść tofu w marynacie i upewnij się, że jest nią dobrze pokryte. Odstaw do lodówki co najmniej na godzinę albo na całą noc.
4. Rozgrzej piekarnik do 180°C.
5. Piecz kawałki tofu przez 15 minut, potem obróć je na drugą stronę i piecz dalsze 12 minut, aż większość marynaty zostanie wchłonięta. Podawaj przyozdobione posiekaną bazylią.

Na porcję
Kcal: 176 | Tłuszcz: 12,7 g | Sód: 227 mg | Błonnik: 1,4 g | Węglowodany: 4,0 g | Węglowodany netto: 2,6 g | Cukier: 1,7 g | Białko: 12,9 g

Łatwe kotleciki falafel

SKŁADNIKI:

Na 4 porcje

puszka (425 g) ciecierzycy,
odsączonej i opłukanej

½ średniej wielkości cebuli,
obranej i posiekanej

łyżka mąki

łyżeczka kminu rzymskiego

¾ łyżeczki sproszkowanego
czosnku

¾ łyżeczki soli

substytut jajka

¼ szklanki posiekanej natki
pietruszki

2 łyżki posiekanej świeżej
kolendry

1. Rozgrzej piekarnik do 190°C.
2. Włóż ciecierzycę do dużej miski i rozgnieć widelcem albo zmiksuj krótko w malakserze.
3. Wymieszaj ciecierzycę z cebulą, mąką, kminem, czosnkiem, solą i substytutem jajka; wymieszaj. Dodaj pietruszkę i kolendrę.
4. Podziel miksturę na 8 części i ulep z niej kotleciki grubości 1 cm. Ułóż na blasze lekko spryskanej roślinnym sprayem do pieczenia i piecz przez ok. 15 minut, aż będą chrupkie.

Na porcję (2 kotleciki)
Kcal: 116 | Tłuszcz: 1,5 g | Sód: 585 mg | Błonnik: 5,0 g | Węglowodany: 19,4 g | Węglowodany netto: 14,4 g | Cukier: 3,6 g | Białko: 6,1 g

Makaron orzo w sosie balsamiczno-musztardowym

SKŁADNIKI:

Na 4 porcje

3 łyżki octu balsamicznego
1½ łyżki musztardy dijon
1½ łyżki oliwy z oliwek
łyżeczka suszonej bazylii
łyżeczka suszonej natki
   pietruszki
½ łyżeczki suszonego oregano
1½ szklanki suchego makaronu
   orzo
2 średniej wielkości dojrzałe
   czerwone pomidory,
   wydrążone i pokrojone
½ szklanki posiekanych czarnych
   oliwek
puszka (425 g) drobnej białej
   fasoli, odsączonej i opłukanej
½ łyżeczki soli
¼ łyżeczki czarnego pieprzu

1. W małym naczyniu wymieszaj porządnie ocet, musztardę, oliwę z oliwek, bazylię, natkę pietruszki i oregano.
2. Ugotuj makaron orzo według zaleceń na opakowaniu.
3. W średnim garnku, na wolnym ogniu, wymieszaj orzo z balsamicznym sosem; dodaj pomidory, oliwki i fasolę. Gotuj przez 3–4 minuty, mieszając, by składniki się połączyły.
4. Dopraw solą i pieprzem.

Na porcję
Kcal: 453 | Tłuszcz: 8,8 g | Sód: 810 mg | Błonnik: 9,3 g |
Węglowodany: 77,6 g | Węglowodany netto: 68,3 g | Cukier: 7,3 g |
Białko: 17,6 g

Seitan po indyjsku (tandoori)

SKŁADNIKI:

Na 6 porcji

⅔ szklanki naturalnego jogurtu
    sojowego
2 łyżki soku z cytryny
1½ łyżki mieszanki przypraw
    tandoori
½ łyżeczki kminu rzymskiego
½ łyżeczki sproszkowanego
    czosnku
¼ łyżeczki soli
paczka (425 g) gotowego
    seitanu, pociętego na 2 cm
    kawałki
średniej wielkości czerwona
    papryka, pozbawiona nasion
    i posiekana
średniej wielkości żółta cebula,
    obrana i posiekana
średniej wielkości dojrzały
    czerwony pomidor,
    wydrążony i posiekany
2 łyżki oliwy z oliwek

1. W płytkiej misce o pojemności litra wymieszaj jogurt, sok z cytryny i wszystkie przyprawy; dodaj seitan. Marynuj w lodówce przez co najmniej godzinę. Zachowaj marynatę.

2. W średniej wielkości garnku, na średnim ogniu, podsmaż na oliwie paprykę, cebulę i pomidor, aż zmiękną, czyli ok. 4 minut.

3. Zmniejsz ogień; dodaj seitan. Gotuj, od czasu do czasu mieszając, przez 8–10 minut.

4. Podawaj z pozostałą marynatą.

Na porcję
Kcal: 161 | Tłuszcz: 4,9 g | Sód: 574 mg | Błonnik: 2,7 g |
Węglowodany: 14,1 g | Węglowodany netto: 11,4 g | Cukier: 4,5 g |
Białko: 15,2 g

Tofu à la nuggetsy z kurczaka

SKŁADNIKI:

Na 4 porcje

¼ szklanki niesłodzonego mleka
   sojowego
2 łyżki musztardy
3 łyżki drożdży odżywczych
½ szklanki bułki tartej
½ szklanki mąki
łyżeczka przyprawy do drobiu
łyżeczka sproszkowanego
   czosnku
łyżeczka sproszkowanej cebuli
½ łyżeczki soli
¼ łyżeczki czarnego pieprzu
kostka (425 g) twardego
   lub ekstratwardego tofu,
   pociętego na cienkie paski

1. Nagrzej piekarnik do 190°C.
2. W płytkiej misce wymieszaj mleko sojowe, musztardę i drożdże odżywcze.
3. W osobnej, średniej wielkości, misce wymieszaj bułkę tartą, mąkę, przyprawę do drobiu i czosnek.
4. Zamocz każdy kawałek tofu w mieszance z mlekiem sojowym, a potem obtocz w bułce tartej z dodatkami.
5. Piecz przez 20 minut, obracając raz w trakcie pieczenia.

Na porcję
Kcal: 157 | Tłuszcz: 5,3 g | Sód: 303 mg | Błonnik: 2,6 g |
Węglowodany: 15,1 g | Węglowodany netto: 12,5 g | Cukier: 1,3 g |
Białko: 13,3 g

Najprostszy na świecie kotlet z czarnej fasoli

SKŁADNIKI:

Na 6 kotletów

puszka (425 g) czarnej fasoli,
odsączonej i opłukanej
3 łyżki drobno posiekanej cebuli
łyżeczka soli
1½ łyżeczki sproszkowanego
czosnku
2 łyżeczki suszonej natki
pietruszki
łyżeczka ostrej papryki
⅔ szklanki mąki
2 łyżki oliwy z oliwek

1. Zmiksuj fasolę w malakserze przez ok. 10 sekund lub rozgnieć ją widelcem.
2. Przełóż do średniej wielkości miski, dodaj cebulę, sól, czosnek, pietruszkę, ostrą paprykę i wymieszaj.
3. Dodaj małymi porcjami mąkę, raz jeszcze wymieszaj. Możesz potrzebować trochę więcej lub mniej niż ⅔ szklanki. Fasola powinna mieć kleistą konsystencję.
4. Uformuj kotleciki. Smaż na oliwie na dużej patelni, na średnim ogniu, przez ok. 2–3 minuty z każdej strony. Nawet jeśli kotlety będą się wydawały gotowe z zewnątrz, to w środku ciągle będą lekko papkowate, dlatego smaż je kilka chwil dłużej.

Na kotlet
Kcal: 159 | Tłuszcz: 4,7 g | Sód: 559 mg | Błonnik: 5,5 g | Węglowodany: 23,5 g | Węglowodany netto: 18,0 g | Cukier: 0,5 g | Białko: 5,9 g

Pieczeń z ryżu i soczewicy

SKŁADNIKI:

Na 6 porcji

3 ząbki czosnku, zmiażdżone

duża żółta cebula, obrana
  i pokrojona w kostkę

2 łyżki oliwy z oliwek

3½ szklanki ugotowanej
  brązowej soczewicy

2¼ szklanki ugotowanego
  białego ryżu

⅓ szklanki + 3 łyżki keczupu

2 łyżki mąki

substytut jajka

½ łyżeczki suszonej natki
  pietruszki

½ łyżeczki suszonego tymianku

½ łyżeczki suszonego oregano

¼ łyżeczki suszonej szałwii

¾ łyżeczki soli

½ łyżeczki czarnego pieprzu

1. Rozgrzej piekarnik do 180°C.
2. Podsmaż czosnek i cebulę na oliwie,
   na średniej patelni, aż cebula zrobi się miękka
   i przezroczysta – ok. 3–4 minuty.
3. W dużej misce rozgnieć soczewicę widelcem
   lub tłuczkiem do ziemniaków, aż w ⅔ będzie
   rozrobniona.
4. Dodaj czosnek i cebulę, ryż, ⅓ szklanki keczupu
   i mąkę; dodaj substytut jajka i przyprawy; dobrze
   wymieszaj.
5. Delikatne przełóż miksturę do formy
   o wymiarach 22 × 12 × 7,5 cm, lekko
   natłuszczonej roślinnym sprayem do pieczenia.
   Posmaruj wierzch pozostałymi trzema łyżkami
   keczupu.
6. Piecz przez 60 minut. Studź co najmniej przez
   10 minut przed podaniem, gdyż pieczeń robi się
   stabilniejsza z utratą temperatury.

Na porcję
Kcal: 313 | Tłuszcz: 5,0 g | Sód: 495 mg | Błonnik: 10,2 g |
Węglowodany: 54,5 g | Węglowodany netto: 44,3 g | Cukier: 8,0 g |
Białko: 13,5 g

Łatwy makaron po tajsku (pad thai)

SKŁADNIKI:

Na 4 porcje

½ kg cienkiego makaronu
   ryżowego
¼ szklanki tahini
¼ szklanki keczupu
¼ szklanki sosu sojowego
2 łyżki octu ryżowego
3 łyżki soku z limonki
2 łyżki cukru
¾ łyżeczki płatków chili
kostka (450 g) twardego
   lub ekstratwardego tofu,
   pociętego w drobną kostkę
3 ząbki czosnku, zmiażdżone
¼ szklanki oleju roślinnego
4 zielone cebulki, pokrojone
½ łyżeczki soli

1. Zalej makaron gorącą wodą i odstaw
   na ok. 5 minut, aż zmięknie.
2. W małej misce wymieszaj tahini, keczup, sos
   sojowy, ocet, sok z limonki, cukier i płatki chili.
3. W dużej patelni, na średnim ogniu, podsmaż
   na oliwie tofu i czosnek, aż tofu będzie
   złotobrązowe, ok. 8–10 minut. Dodaj odsączony
   z wody makaron, dobrze wymieszaj. Podgrzewaj
   przez następne 2–3 minuty.
4. Zmniejsz ogień do minimum; dodaj miksturę
   z tahini, porządnie wymieszaj. Gotuj dalsze
   3–4 minuty, aż wszystkie składniki dobrze się
   połączą i zagrzeją. Dodaj zieloną cebulkę i sól,
   smaż jeszcze przez minutę, mieszając.

Na porcję
Kcal: 692 | Tłuszcz: 18,4 g | Sód: 1533 mg | Błonnik: 4,6 g |
Węglowodany: 109,6 g | Węglowodany netto: 105,0 g |
Cukier: 10,7 g | Białko: 20,3 g

OPCJE Z DODATKAMI
*Ewentualne dodatki, jakimi można wzbogacić ten
przepis, to: więcej zielonej cebulki, pokruszone prażone
orzeszki ziemne i pokrojona w plastry limonka.*

Zapiekane tofu o smaku sezamowym

SKŁADNIKI:

Na 6 porcji

¼ szklanki sosu sojowego

2 łyżki oleju sezamowego

¾ łyżeczki sproszkowanego czosnku

½ łyżeczki sproszkowanego imbiru

2 kostki (450 g) twardego lub ekstratwardego tofu, dobrze odciśniętego

1. W małej misce wymieszaj sos sojowy, olej sezamowy, sproszkowany imbir i czosnek; przełóż mieszankę do płytkiego naczynia żaroodpornego (22 × 35 cm).
2. Pokrój tofu na plastry lub w trójkąty grubości 1 cm.
3. Włóż tofu w marynatę, tak by było nią dobrze pokryte. Marynuj w lodówce co najmniej przez godzinę albo przez całą noc.
4. Rozgrzej piekarnik do 200°C.
5. Spryskaj blachę roślinnym sprayem do pieczenia lub oliwą z oliwek, ewentualnie wyłóż folią aluminiową. Połóż tofu na blasze.
6. Piecz 20–25 minut; obróć na drugą stronę i zapiekaj dalsze 10–15 minut, aż większość marynaty zostanie wchłonięta.

Na porcję
Kcal: 110 | Tłuszcz: 6,3 g | Sód: 76 mg | Błonnik: 1,4 g | Węglowodany: 2,6 g | Węglowodany netto: 1,2 g | Cukier: 0,9 g | Białko: 12,5 g

....

MARYNOWANIE TOFU

W przygotowaniu potraw, wymagających marynowanego tofu, może pomóc woreczek ze strunowym zapięciem, w którym łatwo jest dobrze pokryć tofu marynatą. Zwyczajnie włóż tofu do worka, wlej marynatę, szczelnie zamknij i włóż do lodówki, co jakiś czas potrząsając woreczkiem, by dobrze rozprowadzić przyprawy.

....

Rozdział 18

Przystawki: ziarna

Ryż kokosowy

SKŁADNIKI:

Na 4 porcje

szklanka wody
puszka (400 g) mleka
    kokosowego
1½ szklanki białego ryżu
⅓ szklanki wiórków kokosowych
łyżeczka soku z limonki
½ łyżeczki soli

1. W dużym garnku wymieszaj wodę, mleko kokosowe i ryż; doprowadź do wrzenia na dużym ogniu. Zmniejsz temperaturę, przykryj i gotuj przez ok. 20 minut, aż ryż będzie gotowy.
2. Na małej patelni upraż na wolnym ogniu wiórki kokosowe, aż nabiorą złotego koloru, ok. 3 minuty. Cały czas delikatnie mieszaj, by wiórki się nie przypaliły.
3. Wymieszaj wiórki z ryżem, dodaj sok z limonki i sól.

Na porcję
Kcal: 507 | Tłuszcz: 24,7 g | Sód: 305 mg | Błonnik: 0,9 g |
Węglowodany: 62,7 g | Węglowodany netto: 61,8 g | Cukier: 0,2 g |
Białko: 7,3 g

Zapiekane kotleciki z kaszy jaglanej

SKŁADNIKI:

Na 8 kotlecików

1½ szklanki ugotowanej kaszy
    jaglanej
½ szklanki tahini
szklanka bułki tartej
łyżeczka suszonej natki
    pietruszki
¾ łyżeczki sproszkowanego
    czosnku
½ łyżeczki sproszkowanej cebuli
⅓ łyżeczki soli

1. Rozgrzej piekarnik do 180°C.
2. W dużej misce porządnie wymieszaj wszystkie składniki.
3. Rękoma formuj kotleciki grubości ok. 1 cm. Połóż je na blasze, spryskanej roślinnym sprayem do pieczenia.
4. Piecz po 10–12 minut z każdej strony.

Na kotlecik
Kcal: 178 | Tłuszcz: 7,7 g | Sód: 207 mg | Błonnik: 2,5 g |
Węglowodany: 21,7 g | Węglowodany netto: 19,2 g | Cukier: 0,9 g |
Białko: 5,7 g

Kuskus z cytryną i kolendrą

SKŁADNIKI:

Na 4 porcje

2 szklanki bulionu warzywnego

szklanka kaszy kuskus

⅓ szklanki soku z cytryny

½ szklanki posiekanej świeżej
   kolendry

¼ łyżeczki soli

1. W średniej wielkości garnku, na dużym ogniu, doprowadź bulion do wrzenia. Dodaj kuskus, wyłącz palnik, przykryj garnek i odstaw na 10 minut, aż kasza zmięknie. Rozpulchnij widelcem.
2. Wmieszaj sok z cytryny, kolendrę i sól.

Na porcję
Kcal: 176 | Tłuszcz: 0,2 g | Sód: 420 mg | Błonnik: 2,8 g |
Węglowodany: 37,2 g | Węglowodany netto: 34,4 g | Cukier: 1,3 g |
Białko: 5,7 g

Meksykański ryż z kukurydzą i papryką

SKŁADNIKI:

Na 4 porcje

2 ząbki czosnku, zmiażdżone

szklanka białego ryżu

2 łyżki oliwy z oliwek

2 szklanki bulionu warzywnego

szklanka przecieru
   pomidorowego

średniej wielkości zielona
   papryka, pozbawiona nasion
   i posiekana

średniej wielkości czerwona
   papryka, pozbawiona nasion
   i posiekana

ziarna ze średniej kolby
   kukurydzy

średnia marchewka, obrana
   i pokrojona w kostkę

łyżeczka ostrej papryki

½ łyżeczki kminu rzymskiego

⅓ łyżeczki suszonego oregano

⅓ łyżeczki pieprzu cayenne

⅓ łyżeczki soli

1. Na dużą patelnię, postawioną na średnim ogniu, wsyp ryż, oliwę i czosnek. Praż ryż, często mieszając, aż nabierze złotego koloru, ok. 2–3 minuty.
2. Zmniejsz ogień do minimum i dodaj pozostałe składniki.
3. Doprowadź do wrzenia, przykryj i gotuj, mieszając od czasu do czasu, aż cały płyn zostanie wchłonięty, a ryż będzie gotowy, ok. 20–25 minut.

Na porcję
Kcal: 344 | Tłuszcz: 7,6 g | Sód: 538 mg | Błonnik: 5,6 g |
Węglowodany: 63,2 g | Węglowodany netto: 57,6 g | Cukier: 12,9 g |
Białko: 7,9 g

....

WEGAŃSKIE BURRITO

Aby zrobić wegańskie burrito, podsmaż trochę wegetariańskiego chorizo albo substytutu kiełbasy, wymieszaj z meksykańskim ryżem z kukurydzą i papryką, zawiń w tortillę; ewentualnie posyp tartym wegańskim serem.

....

Śródziemnomorski pilaw z komosy ryżowej

SKŁADNIKI:

Na 4 porcje

1½ szklanki komosy ryżowej,
    opłukanej i odsączonej
3 szklanki bulionu warzywnego
3 łyżki octu balsamicznego
2 łyżki oliwy z oliwek
łyżka soku z cytryny
⅓ łyżeczki soli
½ szklanki pokrojonych
    suszonych pomidorów
½ szklanki pokrojonych serc
    karczochów z puszki
½ szklanki pokrojonych
    czarnych oliwek

1. W dużym garnku, na dużym ogniu, doprowadź do wrzenia komosę i bulion; zredukuj temperaturę tak, by garnek ledwo bulgotał. Przykryj, gotuj, aż komosa wchłonie cały płyn, ok. 15 minut. Zestaw garnek z ognia, spulchnij komosę widelcem i odstaw na 5 minut.
2. Dodaj ocet, oliwę, sok z cytryny i sól, zamieszaj, a potem resztę składników i raz jeszcze delikatnie wymieszaj.

Na porcję
Kcal: 374 | Tłuszcz: 13,3 g | Sód: 815 mg | Błonnik: 7,3 g |
Węglowodany: 53,1 g | Węglowodany netto: 45,8 g | Cukier: 5,4 g |
Białko: 10,8 g

Duszona dynia z kaszą jaglaną

SKŁADNIKI:

Na 4 porcje

szklanka kaszy jaglanej
2 szklanki bulionu warzywnego
mała dynia piżmowa, obrana,
    wydrążona i posiekana
½ szklanki wody
łyżeczka przyprawy curry
½ szklanki soku
    pomarańczowego
2 łyżki drożdży odżywczych
½ łyżeczki soli morskiej

1. Wymieszaj kaszę i bulion w niewielkim garnku. Doprowadź do wrzenia na dużym ogniu. Przykryj, zmniejsz temperaturę i gotuj, aż kasza będzie gotowa, ok. 20 minut.
2. Na średniej wielkości patelni, na średnim ogniu, zagrzej dynię i wodę. Przykryj i gotuj ok. 10–15 minut, aż dynia będzie prawie miękka. Zdejmij pokrywkę i odlej wodę.
3. Na małym ogniu wymieszaj kaszę i dynię; dodaj przyprawę curry i sok pomarańczowy, dobrze wymieszaj.
4. Podgrzewaj przez dalsze 3–4 minuty; dodaj sól i drożdże odżywcze.

Na porcję
Kcal: 282 | Tłuszcz: 2,1 g | Sód: 476 mg | Błonnik: 8,3 g |
Węglowodany: 58,4 g | Węglowodany netto: 40,1 g | Cukier: 6,2 g |
Białko: 8,2 g

„Serowa" zapiekanka z brokułów i ryżu

SKŁADNIKI:

Na 4 porcje

główka brokuła, drobno
    posiekana
średniej wielkości żółta cebula,
    obrana i posiekana
4 ząbki czosnku, zmiażdżone
2 łyżki oliwy z oliwek
2 łyżki mąki
2 szklanki niesłodzonego mleka
    sojowego
½ szklanki bulionu warzywnego
2 łyżki drożdży odżywczych
łyżka wegańskiej margaryny
¼ łyżeczki gałki muszkatołowej
¼ łyżeczki musztardy w proszku
½ łyżeczki soli
3½ szklanki ugotowanego
    białego ryżu
⅔ szklanki bułki tartej

1. Rozgrzej piekarnik do 160°C.
2. Ugotuj brokuły na parze lub w mikrofali, tylko do momentu gdy zaczną się robić miękkie (ok. 3–4 minuty). Uważaj, by ich nie rozgotować.
3. Na średniej wielkości patelni, na średnim ogniu, podsmaż na oliwie cebulę i czosnek, aż zmiękną, ok. 3–4 minuty. Zmniejsz ogień i dodaj mąkę, mieszając ciągle, aż składniki się połączą.
4. Dodaj mleko sojowe i bulion, podgrzewaj, aż mieszanka zgęstnieje. Zdejmij z ognia i dodaj drożdże odżywcze, margarynę, gałkę muszkatołową, musztardę w proszku i sól.
5. Wymieszaj sos, brokuły oraz ryż i przełóż do natłuszczonego (roślinnym sprayem) naczynia żaroodpornego o wymiarach 22 × 22 cm. Posyp po wierzchu bułką tartą.
6. Przykryj i piecz przez 25 minut. Zdejmij pokrywkę i zapiekaj przez kolejne 10 minut.

Na porcję
Kcal: 485 | Tłuszcz: 11,0 g | Sód: 609 mg | Błonnik: 7,0 g | Węglowodany: 79,4 g | Węglowodany netto: 72,4 g | Cukier: 5,6 g | Białko: 16,0 g

Sałatka tabbouleh z kaszy bulgur i pomidorów

SKŁADNIKI:

Na 4 porcje

1¼ szklanki bulionu warzywnego

szklanka kaszy bulgur

3 łyżki oliwy z oliwek

¼ szklanki soku z cytryny

łyżeczka sproszkowanego
    czosnku

½ łyżeczki soli

½ łyżeczki czarnego pieprzu

3 zielone cebulki, posiekane

½ szklanki posiekanej świeżej
    mięty

½ szklanki posiekanej świeżej
    natki pietruszki

puszka (425 g) ciecierzycy,
    opłukanej i odsączonej

3 duże dojrzałe czerwone
    pomidory, wydrążone
    i pokrojone w kostkę

1. W dużej misce zalej kaszę bulgur bulionem. Przykryj i odstaw na ok. 30 minut, aż kasza będzie miękka.

2. Wymieszaj starannie bulgur z oliwą, sokiem z cytryny, czosnkiem i solą. Dodaj resztę składników, na końcu pomidory.

3. Schładzaj co najmniej godzinę przed podaniem.

_____

Na porcję
Kcal: 341 | Tłuszcz: 11,6 g | Sód: 618 mg | Błonnik: 11,3 g | Węglowodany: 51,0 g | Węglowodany netto: 39,7 g | Cukier: 7,3 g | Białko: 10,8 g

KANAPKI Z RESZTKAMI TABBOULEH

Zrób szybką kanapkę albo wrapa na lunch: posmaruj humusem kromkę chleba lub tortillę, przykryj resztkami tabbouleh, sosem z pikli, plasterkami ogórka i sałatą.

Rozdział 19

Przystawki: sałatki i warzywa

Sałatka z edamame

SKŁADNIKI:

Na 4 porcje

2 szklanki fasolek edamame,
  rozmrożonych i odsączonych
średniej wielkości czerwona
  papryka, pozbawiona nasion
  i posiekana
¾ szklanki kukurydzy,
  rozmrożonej
3 łyżki świeżej posiekanej
  kolendry
3 łyżki oliwy z oliwek
2 łyżki octu z czerwonego wina
łyżeczka sosu sojowego
łyżeczka ostrej papryki
2 łyżeczki soku z limonki
¼ łyżeczki soli
⅛ łyżeczki czarnego pieprzu

1. W dużej misce wymieszaj edamame, paprykę, kukurydzę i kolendrę.
2. W średniej misce wymieszaj oliwę, ocet, sos sojowy, ostrą paprykę i sok z limonki; połącz z edamame. Dodaj sól i pieprz.
3. Schładzaj co najmniej godzinę przed podaniem.

Na porcję
Kcal: 190 | Tłuszcz: 10,3 g | Sód: 246 mg | Błonnik: 4,3 g |
Węglowodany: 12,6 g | Węglowodany netto: 8,3 g | Cukier: 4,5 g |
Białko: 7,5 g

Słodko-ostra sałatka z ogórka

SKŁADNIKI:

Na 2 porcje

2 średniej wielkości ogórki,
  pocięte w cienkie plastry
¾ łyżeczki soli
¼ szklanki octu z wina ryżowego
łyżeczka cukru
łyżeczka oleju sezamowego
¼ łyżeczki płatków chili
½ średniej wielkości cebuli,
  obranej i pokrojonej w cienkie
  plastry

1. Rozłóż plastry ogórka na nie natłuszczonej
   blasze rozmiaru 28 × 36 cm, jedną warstwą;
   posyp solą. Odstaw na co najmniej 10 minut.
2. Odsącz z ogórków płyn.
3. W małej misce wymieszaj ocet, cukier, olej
   i płatki chili.
4. Polej sosem ogórki, dodaj cebulę i delikatnie
   wymieszaj.
5. Zaczekaj co najmniej 10 minut przed podaniem,
   aby smaki mogły się wymieszać.

_____

Na porcję
Kcal: 88 | Tłuszcz: 2,4 g | Sód: 748 mg | Błonnik: 2,0 g |
Węglowodany: 15,6 g | Węglowodany netto: 13,6 g | Cukier: 8,3 g |
Białko: 2,3 g

Sałatka ziemniaczana z cytryną
i kminem rzymskim

SKŁADNIKI:

Na 4 porcje

2 łyżki oliwy z oliwek
mała żółta cebula, obrana
  i pokrojona w kostkę
1½ łyżeczki kminu rzymskiego
4 duże ugotowane ziemniaki,
  posiekane
3 łyżki soku z cytryny
2 łyżeczki musztardy dijon
zielona cebulka, posiekana
¼ łyżeczki pieprzu cayenne
2 łyżki świeżej posiekanej
  kolendry

1. Na dużej patelni, na średnim ogniu, rozgrzej
   oliwę z oliwek. Dodaj cebulę i smaż, aż zmięknie,
   ok. 5 minut.
2. Dodaj kmin i ziemniaki; smaż przez 1 minutę,
   dokładnie mieszając. Zdejmij z ognia.
3. W małej misce wymieszaj sok z cytryny
   z musztardą; polej powstałym sosem ziemniaki,
   delikatnie wymieszaj.
4. Dodaj zieloną cebulkę, pieprz cayenne
   i kolendrę, dobrze wymieszaj.
5. Podawaj po schłodzeniu.

_____

Na porcję
Kcal: 355 | Tłuszcz: 7,3 g | Sód: 94 mg | Błonnik: 7,1 g |
Węglowodany: 66,4 g | Węglowodany netto: 59,3 g | Cukier: 4,6 g |
Białko: 8,1 g

Sałatka z czerwonej fasoli i ciecierzycy

SKŁADNIKI:

Na 6 porcji

¼ szklanki oliwy z oliwek

¼ szklanki octu z czerwonego
   wina

½ łyżeczki sproszkowanej papryki

2 łyżki soku z cytryny

puszka (400 g) ciecierzycy,
   odsączonej i opłukanej

puszka (400 g) czerwonej fasoli,
   odsączonej i opłukanej

½ szklanki pokrojonych
   czarnych oliwek

puszka (225 g) kukurydzy,
   odsączonej

½ średniej wielkości czerwonej
   cebuli, obranej i posiekanej

łyżka świeżej posiekanej natki
   pietruszki

½ łyżeczki soli

¼ łyżeczki czarnego pieprzu

1. W małej misce wymieszaj oliwę, ocet, paprykę
   i sok z cytryny.
2. W dużej misce wymieszaj ciecierzycę, fasolę,
   oliwki, kukurydzę, cebulę i pietruszkę. Polej
   sosem; porządnie wymieszaj.
3. Dopraw pieprzem i solą.
4. Schładzaj co najmniej godzinę przed podaniem,
   aby smaki wymieszały się.

———————

Na porcję
Kcal: 250 | Tłuszcz: 11,6 g | Sód: 578 mg | Błonnik: 7,5 g |
Węglowodany: 28,8 g | Węglowodany netto: 21,3 g | Cukier: 4,6 g |
Białko: 8,2 g

Pieczone frytki ze słodkich ziemniaków

SKŁADNIKI:

Na 3 porcje

2 duże słodkie ziemniaki, pocięte
   w słupki

2 łyżki oliwy z oliwek

¼ łyżeczki sproszkowanego
   czosnku

½ łyżeczki sproszkowanej
   papryki

½ łyżeczki ciemnego brązowego
   cukru

½ łyżeczki ostrej papryki

¼ łyżeczki soli

1. Rozgrzej piekarnik do 200°C.
2. Rozłóż frytki na dużej, nie natłuszczonej blasze.
   Spryskaj oliwą, delikatnie przemieszaj.
3. W małej misce wymieszaj pozostałe składniki.
   Posyp mieszanką słodkie ziemniaki, mieszając by
   przyprawy były równomiernie rozłożone.
4. Piecz przez 10 minut, obracając raz w trakcie
   pieczenia.

———————

Na porcję
Kcal: 159 | Tłuszcz: 8,9 g | Sód: 254 mg | Błonnik: 2,9 g |
Węglowodany: 18,8 g | Węglowodany netto: 15,9 g | Cukier: 4,4 g |
Białko: 1,5 g

Pieczone warzywa w glazurze z syropu klonowego

SKŁADNIKI:

Na 4 porcje

3 średniej wielkości marchewki,
obrane i pokrojone

2 małe pasternaki, obrane
i pokrojone

2 średniej wielkości słodkie
ziemniaki, obrane i pokrojone

2 łyżki oliwy z oliwek

¼ łyżeczki soli

⅛ łyżeczki czarnego pieprzu

⅓ szklanki syropu klonowego

2 łyżki musztardy Dijon

łyżka octu balsamicznego

½ łyżeczki ostrego sosu

1. Rozgrzej piekarnik do 200°C.
2. Rozłóż marchewkę, pasternak i ziemniaki
   na dużej nie natłuszczonej blasze.
3. Spryskaj oliwą z oliwek, dopraw solą i pieprzem.
   Piecz przez 40 minut, obracając w połowie
   pieczenia.
4. W małej misce wymieszaj syrop, musztardę, ocet
   i ostry sos.
5. Przełóż upieczone warzywa do dużej miski; polej
   syropem i dobrze wymieszaj.

Na porcję
Kcal: 239 | Tłuszcz: 7,5 g | Sód: 409 mg | Błonnik: 4,5 g |
Węglowodany: 40,9 g | Węglowodany netto: 36,4 g | Cukier: 22,6 g |
Białko: 2,4 g

Ziemniaki tłuczone z pieczonym czosnkiem

SKŁADNIKI:

Na 4 porcje

średniej wielkości główka
czosnku (w całości)

2 łyżki oliwy z oliwek

6 średniej wielkości ziemniaków,
pociętych na mniejsze
kawałki i ugotowanych

¼ szklanki wegańskiej margaryny

½ szklanki śmietanki sojowej

½ łyżeczki soli

¼ łyżeczki czarnego pieprzu

1. Rozgrzej piekarnik do 200°C.
2. Zdejmij zewnętrzną warstwę łupiny z główki
   czosnku. Spryskaj ją oliwą, zawiń w folię
   aluminiową i połóż na blasze. Piecz przez
   30 minut.
3. Delikatnie wyciśnij upieczony czosnek z łupinek;
   rozgnieć widelcem na gładko.
4. Mikserem lub tłuczkiem do ziemniaków
   wymieszaj czosnek z ziemniakami, margaryną
   i śmietanką, do uzyskania gładkiej masy.
5. Dopraw solą i pieprzem.

Na porcję
Kcal: 564 | Tłuszcz: 11,7 g | Sód: 437 mg | Błonnik: 10,1 g |
Węglowodany: 99,7 g | Węglowodany netto: 89,6 g | Cukier: 5,4 g |
Białko: 11,7 g

Pomarańczowo-imbirowe smażone warzywa

SKŁADNIKI:

Na 4 porcje

3 łyżki soku pomarańczowego
łyżka octu jabłkowego
2 łyżki sosu sojowego
2 łyżki wody
łyżka syropu klonowego
łyżeczka sproszkowanego imbiru
2 łyżki oliwy z oliwek
2 ząbki czosnku, zmiażdżone
średniej wielkości brokuł,
   posiekany
½ szklanki pieczarek, pociętych
   w plastry
½ szklanki groszku cukrowego
   w strączkach, pokrojonych
   na mniejsze kawałki
średniej wielkości marchewka,
   obrana i pokrojona w plastry
szklanka pociętej kapusty
   chińskiej

1. W małej misce wymieszaj sok pomarańczowy, ocet, sos sojowy, wodę, syrop klonowy i imbir.
2. Na dużym ogniu, na dużej patelni rozgrzej olej, dodaj czosnek, smaż przez 1–2 minuty. Dodaj resztę warzyw. Smaż w wysokiej temperaturze, często mieszając, tylko do momentu gdy warzywa zaczną się robić miękkie.
3. Dodaj sos, zmniejsz ogień. Duś, często mieszając, przez kolejne 3–4 minuty, aż warzywa będą ugotowane.

Na porcję
Kcal: 154 | Tłuszcz: 6,8 g | Sód: 505 mg | Błonnik: 5,5 g |
Węglowodany: 19,8 g | Węglowodany netto: 14,3 g | Cukier: 8,7 g |
Białko: 6,1 g

Rozdział 20

Zupy
i gulasze

Chili z czarnej fasoli i dyni piżmowej

SKŁADNIKI:

Na 6 porcji

średniej wielkości żółta cebula,
  obrana i pokrojona
3 ząbki czosnku, zmiażdżone
2 łyżki oliwy z oliwek
średniej wielkości dynia
  piżmowa, obrana, wydrążona
  i pokrojona na kawałki
2 puszki (425 g) czarnej fasoli,
  odsączonej i opłukanej
puszka (800 g) krojonych
  pomidorów, nie odsączonych
¾ szklanki bulionu warzywnego
łyżka ostrej papryki
łyżeczka kminu rzymskiego
¼ łyżeczki pieprzu cayenne
½ łyżeczki soli
2 łyżki świeżej posiekanej
  kolendry

1. W dużym garnku, na dużym ogniu, podsmaż na oliwie cebulę i czosnek, aż zmiękną, ok. 4 minut.
2. Zmniejsz ogień, dodaj pozostałe składniki, poza kolendrą.
3. Przykryj i duś przez 25 minut.
4. Zdejmij pokrywkę i gotuj na małym ogniu jeszcze przez 5 minut. Posyp świeżą kolendrą tuż przed podaniem.

Na porcję
Kcal: 235 | Tłuszcz: 6,9 g | Sód: 1152 mg | Błonnik: 15,0 g |
Węglowodany: 40,8 g | Węglowodany netto: 25,8 g | Cukier: 9,7 g |
Białko: 8,8 g

Łatwa zupa z pieczonych pomidorów

SKŁADNIKI:

Na 4 porcje

6 dużych dojrzałych czerwonych
    pomidorów, wydrążonych
mała żółta cebula, obrana
4 ząbki czosnku
2 łyżki oliwy z oliwek
1¼ szklanki niesłodzonego
    mleka sojowego
2 łyżki posiekanej świeżej bazylii
1½ łyżeczki octu balsamicznego
¾ łyżeczki soli
¼ łyżeczki czarnego pieprzu

1. Rozgrzej piekarnik do 220°C.
2. Potnij pomidory na połówki, a cebulę na ćwiartki. Połóż pomidory, cebulę i czosnek na nie natłuszczonej blasze i skrop je oliwą z oliwek.
3. Piecz przez 45 minut, do godziny.
4. Ostrożnie przełóż pomidory, cebulę i czosnek do blendera, razem z sokiem, który wyciekł na blachę. Dodaj pozostałe składniki, miksuj prawie do gładkości.
5. Jeśli potrzeba, przelej do dużego garnka i podgrzewaj przez 1–2 minuty.

___

Na porcję
Kcal: 146 | Tłuszcz: 8,2 g | Sód: 478 mg | Błonnik: 4,1 g | Węglowodany: 15,0 g | Węglowodany netto: 10,9 g | Cukier: 8,6 g | Białko: 5,0 g

Afrykańska zupa z orzeszków ziemnych i zieleniny

SKŁADNIKI:

Na 4 porcje

średniej wielkości żółta cebula,
    obrana i pokrojona w kostkę
3 średniej wielkości dojrzałe
    czerwone pomidory,
    wydrążone i pokrojone
2 łyżki oliwy z oliwek
2 szklanki bulionu warzywnego
szklanka mleka kokosowego
⅓ szklanki masła orzechowego
puszka (425 g) ciecierzycy,
    odsączonej i opłukanej
½ łyżeczki soli
łyżeczka przyprawy curry
    w proszku
łyżeczka cukru
⅓ łyżeczki płatków chili
340 g świeżego szpinaku,
    pozbawionego łodyżek

1. W dużym garnku, na średnim ogniu, podsmaż na oliwie cebulę i pomidory, aż cebula zmięknie, ok. 2–3 minut.
2. Zmniejsz temperaturę; dodaj pozostałe składniki, z wyjątkiem szpinaku. Starannie wymieszaj.
3. Gotuj na wolnym ogniu bez przykrycia przez 8–10 minut, od czasu do czasu mieszając.
4. Dodaj szpinak i gotuj jeszcze przez 1–2 minuty, tak aby szpinak tylko zwiotczał.
5. Zdejmij z ognia. Zupa zrobi się gęstsza, gdy ostygnie.

___

Na porcję
Kcal: 455 | Tłuszcz: 30,7 g | Sód: 781 mg | Błonnik: 9,7 g | Węglowodany: 31,5 g | Węglowodany netto: 21,8 g | Cukier: 8,8 g | Białko: 14,8 g

Zupa warzywna z kaszą jęczmienną pęczak

SKŁADNIKI:

Na 6 porcji

średniej wielkości żółta cebula,
obrana i pokrojona

2 średniej wielkości marchewki,
obrane i pokrojone w plastry

2 średniej wielkości łodygi selera
naciowego, pokrojone

2 łyżki oliwy z oliwek

8 szklanek bulionu warzywnego

szklanka kaszy jęczmiennej
pęczak

1½ szklanki mrożonej mieszanki
warzyw

puszka (400 g) krojonych
pomidorów

½ łyżeczki suszonej natki
pietruszki

½ łyżeczki suszonego tymianku

2 liście laurowe

½ łyżeczki soli

¼ łyżeczki czarnego pieprzu

1. W dużym garnku, na dużym ogniu, smaż
   na oliwie cebulę, marchewkę i seler przez
   3–5 minut, aż cebula zrobi się prawie miękka.
2. Zmniejsz temperaturę; dodaj pozostałe składniki,
   poza solą i pieprzem.
3. Doprowadź do wrzenia; przykryj i gotuj przez
   co najmniej 45 minut, od czasu do czasu
   mieszając.
4. Zdejmij pokrywkę; gotuj jeszcze przez 10 minut.
5. Wyciągnij liście laurowe; dopraw solą i pieprzem.

Na porcję
Kcal: 245 | Tłuszcz: 4,9 g | Sód: 1080 mg | Błonnik: 10,9 g |
Węglowodany: 44,8 g | Węglowodany netto: 33,9 g | Cukier: 7,9 g |
Białko: 6,2 g

Zupa minestrone z białą fasolą i makaronem orzo

SKŁADNIKI:

Na 6 porcji

3 ząbki czosnku, zmiażdżone

średniej wielkości żółta cebula,
   obrana i pokrojona

2 łodygi selera naciowego,
   pokrojone

2 łyżki oliwy z oliwek

5 szklanek bulionu warzywnego

średniej wielkości marchewka,
   obrana i pokrojona w kostkę

szklanka pokrojonej zielonej
   fasolki

2 małe czerwone ziemniaki,
   drobno pokrojone

2 średniej wielkości czerwone
   dojrzałe pomidory,
   wydrążone i pokrojone

puszka (425 g) białej fasoli

łyżeczka suszonej bazylii

½ łyżeczki suszonego oregano

¾ szklanki makaronu orzo

¾ łyżeczki soli

⅓ łyżeczki czarnego pieprzu

1. W dużym garnku, na dużym ogniu, smaż na oliwie czosnek, cebulę i seler, aż zmiękną, ok. 3–4 minut.
2. Dodaj bulion, marchew, zieloną fasolkę, ziemniaki, pomidory, białą fasolę, bazylię i oregano; doprowadź do wrzenia na średnim ogniu. Przykryj i gotuj jeszcze przez 20–25 minut.
3. Dodaj makaron orzo; podgrzewaj dalsze 10 minut, aż makaron się ugotuje. Dopraw solą i pieprzem.

___

Na porcję
Kcal: 246 | Tłuszcz: 4,9 g | Sód: 879 mg | Błonnik: 8,8 g |
Węglowodany: 45,2 g | Węglowodany netto: 36,4 g | Cukier: 5,1 g |
Białko: 8,5 g

Zupa z porów i ziemniaków

SKŁADNIKI:

Na 6 porcji

średniej wielkości cebula, obrana
   i pokrojona w kostkę

2 ząbki czosnku, zmiażdżone

2 łyżki oliwy z oliwek

6 szklanek bulionu warzywnego

3 pory, pokrojone w plastry

2 duże ziemniaki gatunku Yukon
   Gold, obrane i pokrojone

2 liście laurowe

szklanka niesłodzonego mleka
   sojowego

2 łyżki wegańskiej margaryny

¾ łyżeczki soli

⅓ łyżeczki czarnego pieprzu

½ łyżeczki szałwii

½ łyżeczki tymianku

2 łyżki drożdży odżywczych

1. W dużym garnku, na dużym ogniu, smaż
   na oliwie cebulę i czosnek przez 1–2 minuty,
   aż cebula zmięknie.

2. Zmniejsz temperaturę, dodaj bulion, pory,
   ziemniaki i liście laurowe; doprowadź
   do wrzenia. Gotuj częściowo przykryte przez
   30 minut, aż ziemniaki będą miękkie.

3. Wyciągnij liście laurowe. Zmiksuj zupę na gładko
   lub do konsystencji, jaką lubisz. Jeśli trzeba,
   miksuj partiami.

4. Przelej zupę z powrotem do garnka, dodaj resztę
   składników i zagrzej wedle potrzeby.

Na porcję
Kcal: 173 | Tłuszcz: 6,8 g | Sód: 1009 mg | Błonnik: 3,4 g |
Węglowodany: 23,9 g | Węglowodany netto: 20,5 g | Cukier: 4,6 g |
Białko: 3,8 g

NIE MASZ DROŻDŻY? NIE MA SPRAWY!
*Jeśli nie masz w domu drożdży odżywczych, nie martw
się. Potrawa będzie smakować wyśmienicie również bez
nich.*

Chińska zupa ostro-kwaśna

SKŁADNIKI:

Na 6 porcji

2 szklanki seitanu, pokrojonego
   w drobną kostkę
2 łyżki oleju roślinnego
1½ łyżeczki ostrego sosu
6 szklanek bulionu warzywnego
½ główki średniej wielkości
   kapusty pekińskiej,
   pozbawionej głąba
   i poszatkowanej
¾ szklanki pokrojonych w paski
   grzybów shiitake
puszka (225 g) pędów bambusa,
   odsączonych
2 łyżki sosu sojowego
2 łyżki białego octu
¾ łyżeczki pokruszonych
   płatków chili
¾ łyżeczki soli
2 łyżki skrobi kukurydzianej
¼ szklanki wody
3 zielone cebulki, pokrojone
   w plastry
2 łyżeczki oleju sezamowego

1. Na średniej wielkości patelni podsmaż na oleju seitan, aż zbrązowieje, 2–3 minuty. Zmniejsz temperaturę; dodaj ostry sos, starannie wymieszaj. Smaż na małym ogniu jeszcze przez minutę, a potem odstaw na bok.
2. W dużym garnku wymieszaj bulion, kapustę, grzyby, pędy bambusa, sos sojowy, ocet, paprykę i sól. Powoli doprowadź do wrzenia i przykryj. Gotuj przez co najmniej 15 minut.
3. W małej misce wymieszaj wodę ze skrobią kukurydzianą; powoli wmieszaj do zupy. Podgrzewaj, aż zupa zgęstnieje, ok. 3–5 minut.
4. Przełóż zupę do miseczek, w których będzie podana; posyp wierzch każdej zieloną cebulką i spryskaj olejem sezamowym.

Na porcję
Kcal: 200 | Tłuszcz: 5,9 g | Sód: 1400 mg | Błonnik: 4,6 g | Węglowodany: 18,8 g | Węglowodany netto: 14,2 g | Cukier: 5,2 g | Białko: 17,3 g

Rozdział 21

Przekąski i desery

Dip bakłażanowy Baba Ghanoush

SKŁADNIKI:

Na 1½ szklanki

2 średniej wielkości bakłażany
3 łyżki oliwy z oliwek,
    podzielone
2 łyżki soku z cytryny
¼ szklanki tahini
3 ząbki czosnku, zmiażdżone
½ łyżeczki kminu rzymskiego
½ łyżeczki ostrej papryki
¼ łyżeczki soli
łyżka posiekanej świeżej natki
    pietruszki

1. Rozgrzej piekarnik do 200°C.
2. Przetnij bakłażany na pół; nakłuj w kilku
   miejscach widelcem.
3. Połóż bakłażany na natłuszczonej (roślinnym
   sprayem do pieczenia) blasze; skrop łyżką oliwy.
   Piecz przez ok. 30 minut, aż zmiękną. Wystudź.
4. Wydrąż miąższ i przełóż go do średniej wielkości
   miski.
5. Widelcem lub tłuczkiem do ziemniaków
   wymieszaj z pozostałymi składnikami na prawie
   gładką masę.

Na 2 łyżki
Kcal: 79 | Tłuszcz: 5,7 g | Sód: 57 mg | Błonnik: 2,8 g |
Węglowodany: 6,3 g | Węglowodany netto: 3,5 g | Cukier: 2,8 g |
Białko: 1,7 g

Ostry dip ze szpinakiem i karczochem

SKŁADNIKI:

Na 8 porcji

paczka (340 g) mrożonego
    szpinaku, rozmrożonego
puszka (400 g) serc karczochów,
    odsączonych
¼ szklanki wegańskiej margaryny
¼ szklanki mąki
2 szklanki niesłodzonego mleka
    sojowego
½ szklanki drożdży odżywczych
łyżeczka sproszkowanego
    czosnku
1½ łyżeczki sproszkowanej
    cebuli
¼ łyżeczki soli

1. Rozgrzej piekarnik do 180°C. Zmiksuj szpinak
   i karczochy prawie do gładkości i odstaw na bok.
2. W średniej wielkości rondlu roztop margarynę
   na małym ogniu. Powoli dosyp mąkę, po łyżce,
   cały czas mieszając, by uniknąć grudek, aż masa
   zgęstnieje, ok. 1–3 minut.
3. Zdejmij z ognia, dodaj szpinak i karczochy;
   dokładnie wymieszaj. Dodaj pozostałe składniki.
4. Przełóż do natłuszczonej (sprayem roślinnym
   do pieczenia) formy żaroodpornej o pojemności
   3 szklanek; zapiekaj 20 minut. Podawaj
   na gorąco.

Na porcję
Kcal: 110 | Tłuszcz: 4,3 g | Sód: 503 mg | Błonnik: 4,0 g |
Węglowodany: 10,9 g | Węglowodany netto: 6,9 g | Cukier: 0,6 g |
Białko: 7,3 g

Salsa z mango i cytrusów

SKŁADNIKI:

Na 2 szklanki

średniej wielkości mango,
   obrane i pokrojone
2 średniej wielkości mandarynki,
   obrane i pokrojone
½ średniej wielkości czerwonej
   papryki, wydrążonej
   i pokrojonej
½ średniej wielkości czerwonej
   cebuli, obranej i drobniutko
   posiekanej
3 ząbki czosnku, zmiażdżone
½ papryczki jalapeno,
   drobniutko posiekanej
2 łyżki soku z limonki
½ łyżeczki soli
¼ łyżeczki czarnego pieprzu
3 łyżki posiekanej świeżej
   kolendry

1. Delikatnie wymieszaj wszystkie składniki w dużej misce.
2. Odstaw na co najmniej 15 minut, aby smaki mogły się wymieszać.

Na 2 łyżki
Kcal: 22 | Tłuszcz: 0,1 g | Sód: 73 mg | Błonnik: 0,7 g |
Węglowodany: 5,6 g | Węglowodany netto: 4,9 g | Cukier: 4,4 g |
Białko: 0,4 g

Humus z pieczoną czerwoną papryką

SKŁADNIKI:

Na 1½ szklanki

puszka (425 g) ciecierzycy,
   odsączonej i opłukanej
⅓ szklanki tahini
⅔ szklanki pokrojonej pieczonej
   czerwonej papryki
3 łyżki soku z cytryny
2 łyżki oliwy z oliwek
2 ząbki czosnku
½ łyżeczki kminu rzymskiego
⅓ łyżeczki soli
¼ łyżeczki pieprzu cayenne

W malakserze lub blenderze zmiksuj wszystkie składniki na gładką masę, robiąc przerwy na zdrapywanie jej ze ścianek, jeśli trzeba.

Na 2 łyżki
Kcal: 91 | Tłuszcz: 5,7 g | Sód: 223 mg | Błonnik: 2,2 g |
Węglowodany: 7,6 g | Węglowodany netto: 5,4 g | Cukier: 1,0 g |
Białko: 2,9 g

Chińskie pierożki na parze
z awokado i grzybami shiitake

SKŁADNIKI:

Na 15 pierożków

średniej wielkości awokado,
   obrane, pozbawione pestki
   i pokrojone w drobną kostkę
½ szklanki grzybów shiitake,
   pociętych w kostkę
½ kostki (170 g) miękkiego tofu,
   pokruszonego
ząbek czosnku, zmiażdżony
2 łyżeczki octu balsamicznego
łyżeczka sosu sojowego
15 płatów wegańskiego ciasta
   na chińskie pierożki

1. W małej misce delikatnie wymieszaj wszystkie składniki (z wyjątkiem ciasta na pierożki), tylko do ich połączenia się.
2. Nakładaj ok. 1½ łyżeczki nadzienia na środek każdego płata ciasta. Zegnij wpół i zlep brzegi, formując malutkie zakładki z ciasta. Jeśli potrzeba, możesz moczyć palce w wodzie, aby łatwiej było sklejać pierożki.
3. Połóż warstwę pierożków w koszyku do gotowania na parze tak, aby nie dotykały się. Postaw koszyk na garnku z gotującą się wodą; gotuj pod przykryciem przez ok. 3−4 minuty.

Na 1 pierożek ugotowany na parze
Kcal: 46 | Tłuszcz: 1,5 g | Sód: 71 mg | Błonnik: 0,7 g |
Węglowodany: 6,2 g | Węglowodany netto: 5,5 g | Cukier: 0,3 g |
Białko: 1,6 g

GOTOWAĆ NA PARZE CZY SMAŻYĆ...

Jeśli wolisz pierożki smażone, rozgrzej patelnię pokrytą cienką warstwą oleju. Ostrożnie połóż na niej pierożki, smaż tylko przez minutę. Dodaj ok. ½ szklanki wody, przykryj patelnię, smaż jeszcze przez 3−4 minuty.
W pierogarniach w Azji Wschodniej do pierożków podaje się małe miseczki z tartym imbirem, a klienci sami mieszają do nich sosy z przypraw stojących na stołach. Jeśli chcesz spróbować, zalej odrobinę imbiru octem ryżowym i odrobiną sosu sojowego, dodaj do smaku trochę ostrego oleju z chili.

Klasyczne ciasteczka drobinkami czekolady

SKŁADNIKI:

Na ok. 2 tuziny ciastek

⅔ szklanki wegańskiej margaryny
⅔ szklanki białego cukru
⅔ szklanki ciemnego brązowego
 cukru
⅓ szklanki niesłodzonego soku
 jabłkowego
1½ łyżeczki ekstraktu waniliowego
substytut 2 jaj
2½ szklanki mąki
łyżeczka sody oczyszczonej
½ łyżeczki proszku do pieczenia
łyżeczka soli
⅔ szklanki płatków owsianych
 (na owsiankę instant)
1½ szklanki wegańskich drobinek
 czekoladowych

1. Rozgrzej piekarnik do 190°C.
2. W dużej misce utrzyj masło z białym cukrem;
   dodaj brązowy cukier, sos jabłkowy, wanilię,
   a potem substytut jajek.
3. W średniej wielkości misce wymieszaj mąkę,
   sodę, proszek do pieczenia i sól; dodaj
   do mokrych składników, starannie wymieszaj.
4. Dosyp płatki owsiane i drobinki czekoladowe,
   wymieszaj tylko do połączenia składników.
5. Nakładaj łyżeczką spore porcje ciasta na blachę
   wyłożoną papierem do pieczenia; piecz przez
   10–12 minut.

Na ciastko
Kcal: 206 | Tłuszcz: 7,4 g | Sód: 199 mg | Błonnik: 1,7 g |
Węglowodany: 31,7 g | Węglowodany netto: 30,0 g | Cukier: 18,0 g |
Białko: 2,3 g

Budyń kokosowo-ryżowy

SKŁADNIKI:

Na 4 porcje

1½ szklanki ugotowanego
 białego ryżu
1½ szklanki waniliowego mleka
 sojowego
1½ szklanki mleka kokosowego
3 łyżki brązowego syropu
 ryżowego
2 łyżki nektaru z agawy
5 daktyli, pozbawionych pestek
 i posiekanych
¼ łyżeczki sproszkowanego
 cynamonu
2 średniej wielkości mango,
 obrane i pokrojone

1. W średniej wielkości garnku, na wolnym ogniu,
   wymieszaj ryż, mleko sojowe i kokosowe. Gotuj
   powoli przez ok. 10 minut, aż mikstura zacznie
   gęstnieć.
2. Wmieszaj syrop ryżowy, nektar z agawy i daktyle;
   podgrzewaj jeszcze przez 2–3 minuty.
3. Wystudź lekko przed podaniem, aby budyń
   trochę zgęstniał. Posyp cynamonem i obłóż
   plastrami mango przed podaniem.

Na porcję
Kcal: 484 | Tłuszcz: 17,8 g | Sód: 75 mg | Błonnik: 4,1 g |
Węglowodany: 73,5 g | Węglowodany netto: 69,4 g | Cukier: 44,2 g |
Białko: 7,2 g

Kakaowe kulki bez pieczenia

SKŁADNIKI:

Na 4 porcje

szklanka posiekanych,
  pozbawionych pestek daktyli
szklanka orzechów włoskich
¼ szklanki kakao
łyżka masła orzechowego
¼ szklanki wiórków kokosowych

1. Zalej daktyle wodą, namaczaj przez ok. 10 minut, aż zmiękną. Odcedź.
2. W malakserze zmiksuj daktyle, orzechy, kakao i masło orzechowe na kleistą masę.
3. Dodaj wiórki kokosowe, przemieszaj.
4. Ulep z masy kulki; schładzaj rozłożone na wyłożonym pergaminem talerzu przez godzinę.

Na porcję
Kcal: 373 | Tłuszcz: 24,9 g | Sód: 3 mg | Błonnik: 7,9 g | Węglowodany: 36,6 g | Węglowodany netto: 28,7 g | Cukier: 24,4 g | Białko: 7,9 g

WARIACJE

Obtocz kulki w dodatkowych wiórkach kokosowych dla lepszego efektu, albo użyj proszku z karobu zamiast kakao – takie alternatywne wersje są równie zadowalające. Nie masz pod ręką świeżych daktyli? Można zamiast tego użyć rodzynek, ale omiń namaczanie. Nawet w wersji z rodzynkami, nie będziesz mogła uwierzyć, że nie ma w nich cukru. Wskazówka: jeśli masa jest zbyt mokra, gdy formujesz kulki, dodaj więcej orzechów lub kokosa; jeśli jest zbyt sucha i się kruszy, dolej odrobinę wody.

Placek z dynią i syropem klonowym

SKŁADNIKI:

Na 8 porcji

puszka (450 g) puree dyniowego

½ szklanki syropu klonowego

kostka (340 g) miękkiego tofu

¼ szklanki cukru

1½ łyżeczki sproszkowanego
cynamonu

½ łyżeczki sproszkowanego
imbiru

½ łyżeczki gałki muszkatołowej

¼ łyżeczki mielonych goździków

½ łyżeczki soli

gotowa baza do placka
z wegańskiego ciasta
kruchego

1. Nagrzej piekarnik do 200°C.
2. W malakserze zmiksuj dynię, syrop klonowy i tofu na gładką, kremową masę, zajmie to ok. minuty.
3. Dodaj cukier i przyprawy, wymieszaj ponownie; przelej masę na gotowy kruchy spód.
4. Piecz przez ok. godzinę; nadzienie powinno być ścięte, a ciasto złociste. Wystudź przed podaniem, gdyż ciasto będzie wtedy bardziej stabilne.

Na porcję

Kcal: 256 | Tłuszcz: 9,3 g | Sód: 255 mg | Błonnik: 1,8 g | Węglowodany: 39,7 g | Węglowodany netto: 37,9 g | Cukier: 23,0 g | Białko: 4,5 g

Słodziutkie babeczki cytrynowo-malinowe

SKŁADNIKI:

Na 12 babeczek

½ szklanki miękkiej wegańskiej
  margaryny

szklanka cukru

½ łyżeczki ekstraktu
  waniliowego

⅔ szklanki niesłodzonego mleka
  sojowego

3 łyżki soku z cytryny

skórka otarta z 2 średniej
  wielkości cytryn

1¾ szklanki mąki

1½ łyżeczki proszku
  do pieczenia

½ łyżeczki sody oczyszczonej

¼ łyżeczki soli

¾ szklanki świeżych malin,
  pokrojonych

1. Nagrzej piekarnik do 180°C, natłuść olejem rzepakowym lub wyłóż papilotkami dwie blachy do babeczek.
2. W dużej misce utrzyj margarynę i cukier na puszystą masę przez ok. 3 minuty.
3. Dodaj wanilię, mleko sojowe, sok z cytryny i skórkę cytrynową.
4. Do średniej wielkości miski przesiej mąkę, proszek do pieczenia, sodę i sól.
5. Wymieszaj przesianą mąkę z mokrymi składnikami; nie mieszaj zbyt długo.
6. Delikatnie dodaj do ciasta maliny.
7. Nakładaj ciasto do foremek do ⅔ ich wysokości; piecz przez ok. 16–18 minut, aż babeczki będą gotowe (wykałaczka wbita w środek babeczki będzie sucha).

Na babeczkę z kremem
Kcal: 315 | Tłuszcz: 9,1 g | Sód: 350 mg | Błonnik: 1,3 g |
Węglowodany: 55,5 g | Węglowodany netto: 54,2 g | Cukier: 36,8 g |
Białko: 2,7 g

MALINOWY KREM SEROWY
Wymieszaj pół 225-gramowego opakowania wegańskiego serka kremowego z ¼ szklanki dżemu malinowego i ½ szklanki miękkiej wegańskiej margaryny. Ubij do gładkości, a potem dodaj cukier puder (ok. 2 szklanek – więcej, jeśli trzeba), aż masa osiągnie konsystencję kremu. Z tego przepisu wyjdzie dość kremu, by posmarować jedną partię babeczek. Nałóż wysoką górę kremu na babeczki i udekoruj je plasterkami świeżych truskawek albo różowymi landrynkami wegańskimi.

Lody czekoladowo-kawowe

SKŁADNIKI:

Na 6 porcji

szklanka wegańskich drobinek
czekoladowych
szklanka niesłodzonego mleka
sojowego
kostka (340 g) miękkiego tofu
⅓ szklanka cukru
2 łyżki kawy instant
2 łyżeczki ekstraktu z wanilii
¼ łyżeczki soli

1. Rozpuść drobinki czekoladowe w kąpieli wodnej, aż osiągniesz gładką masę, ok. 5 minut. Lekko wystudź.
2. W malakserze zmiksuj na gładką masę mleko sojowe, tofu, cukier, kawę, wanilię i sól, ok. 2 minuty.
3. Dodaj stopione drobinki czekoladowe, wymieszaj starannie.
4. Przelej miksturę do nie natłuszczonego naczynia, odpornego na zamrażanie, o wymiarach 20 × 20 cm; wstaw do zamrażalnika.
5. Mieszaj co 30 minut, aż wytworzą się gładkie lody, zajmie to ok. 4 godzin. Jeśli mikstura stanie się zbyt twarda, przełóż do malaksera, zmiksuj i znowu włóż do zamrażalnika.

Na porcję
Kcal: 312 | Tłuszcz: 15,4 g | Sód: 132 mg | Błonnik: 2,9 g |
Węglowodany: 35,4 g | Węglowodany netto: 32,5 g | Cukier: 28,2 g |
Białko: 6,3 g

Aneks: szablon planu akcji porodowej

Rozważ przygotowanie swojego planu akcji porodowej od krótkiej notki do swojego lekarza i personelu pielęgniarskiego, którzy będą się tobą opiekować podczas rozwiązania. Wyjaśnij, że twoje ogólne życzenia to zdrowy i bezpieczny poród, wspólne podejmowanie decyzji, jeśli interwencja medyczna okaże się niezbędna, i otwarta komunikacja podczas całego procesu. Przeczytaj rozdział 14, aby dowiedzieć się więcej o planach akcji porodowej. Potem użyj tego szablonu do spisania podstawowych danych.

1. Gdzie nastąpi poród?
   - W szpitalu
   - W centrum położniczym
   - W domu
   - W innym miejscu _____

   _____

   _____

2. Kto będzie cię wspierał podczas porodu?
   - Partner
   - Akuszerka
   - Przyjaciółka
   - Członek rodziny

3. Czy będą potrzebne jakieś modyfikacje sali porodowej albo specjalny sprzęt, aby zwiększyć twój komfort fizyczny i psychiczny?
   - Przedmioty z domu (np. obrazki, koc, poduszka)
   - Zmiany w oświetleniu
   - Muzyka
   - Filmy albo zdjęcia z porodu
   - Inne _____

   _____

   _____

4. Czy masz jakieś specjalne życzenia w związku z przygotowaniem do porodu?
   - Pominięcie lewatywy
   - Własnoręczne podanie lewatywy
   - Pominięcie golenia
   - Własnoręczne golenie
   - Korek heparynowy zamiast rutynowego wkłucia dożylnego
   - Inne _____
   _____
   _____

5. Jedzenie i picie podczas porodu
   - Dostęp do lekkich przekąsek
   - Dostęp do wody, napojów dla sportowców albo innych odpowiednich płynów
   - Dostęp do kawałków lodu do ssania
   - Inne _____
   _____
   _____

6. Czy chcesz środki przeciwbólowe?
   - Leki przeciwbólowe (takie jak butorfanol, petydyna, nalbufina)
   - Znieczulenie zewnątrzoponowe (jeśli tak, czy wybranie odpowiedniego momentu jest ważne?)
   - Inne _____
   _____
   _____

7. Do jakich niefarmaceutycznych środków kontroli bólu chciałabyś mieć dostęp?
   - Hydroterapia (prysznic, wanna z masażem wodnym)
   - Ciepłe okłady
   - Piłka do rodzenia
   - Inne _____
   _____
   _____

8. Jakich interwencji chciałabyś uniknąć, chyba że personel medyczny uzna je za niezbędne? Opisz preferowane zamienniki
   - Nacięcie krocza
   - Kleszcze
   - Przezpochwowy monitoring płodu
   - Oksytocyna
   - Inne _____

   _____

   _____

9. Jak ma wyglądać twoje pierwsze spotkanie twarzą w twarz z noworodkiem?
   - Wszystkie niekluczowe zabiegi, badania i oceny mają zaczekać przez określony czas
   - Jeśli natychmiastowe badania są konieczne, ty, twój partner lub ktoś inny, kto cię wspiera, będzie towarzyszył dziecku
   - Karmienie natychmiast po porodzie
   - Spotkanie członków rodziny zaraz po rozwiązaniu
   - Inne _____

   _____

   _____

10. Co jest ważne dla ciebie i twojego partnera, jeśli konieczne będzie cięcie cesarskie?
    - Rodzaj znieczulenia (ogólne czy podpajęczynówkowe)
    - Obecność partnera lub innej osoby wspomagającej
    - Spędzenie czasu z noworodkiem tuż po zabiegu
    - Zapoznanie się z dzieckiem na sali pooperacyjnej
    - Rodzaj środków przeciwbólowych po operacji i ich wpływ na karmienie piersią
    - Inne _____

    _____

    _____

11. Czy masz jakieś preferencje co do tego, kto ma przeciąć pępowinę i kiedy?

- Mama
- Partner
- Lekarz
- Odwlec cięcie, aż pępowina przestanie pulsować
- Krew z pępowiny ma być przekazana do banku komórek macierzystych; cięcie ma być wykonane według wytycznych tej instytucji
- Cięcie zgodnie z wyborem lekarza
- Inne _____

_____

_____

12. Jakiego rodzaju opiekę poporodową może zapewnić szpital tobie i dziecku?

- Noworodek w pokoju z mamą
- Noworodek będzie spał w nocy w pokoju dziecinnym
- Noworodek będzie karmiony piersią
- Noworodek będzie karmiony butelką (wskaż, który pokarm powinien być mu podawany)
- Noworodek nie będzie karmiony sztucznym mlekiem ani wodą z glukozą, chyba że będzie to niezbędne ze względów medycznych
- Noworodek nie dostanie smoczka
- Inne _____

_____

_____

13. Czy trzeba rozważyć jakieś kwestie przed wypisem?

- Wsparcie i krótkoterminowa opieka nad rodzeństwem noworodka
- Wsparcie, jeśli robiono ci cięcie cesarskie
- Urlop macierzyński
- Inne _____

_____

_____

Notatki